认知盈余

与最聪明的人共同进化

CHEERS

HERE COMES EVERYBODY

英格兰的商业冒险史

NEW WORLD, INC.

[英]约翰·巴特曼（John Butman）
西蒙·塔吉特（Simon Targett） 著

武上晖 译

中国纺织出版社有限公司

商业大冒险开创现代世界

　　1621 年 5 月 6 日，"五月花"号从尚未完全开发的普利茅斯美洲殖民地返回英国[①]。在这艘小船离开英国海岸线后的 8 个月以来，资助此次航行的 70 位投资人没有收到一点儿消息。其中大部分投资人是伦敦商人。如今，船长克里斯托弗·琼斯（Christopher Jones）将"五月花"号慢慢驶入罗瑟希德（Rotherhithe）[②]码头。这座古老渡口位于伦敦下游 3 000 米处，周围遍布造船厂、水手宿舍和商人货仓。投资人热切地盼望着：船只会从新世界带回新的畅销货，船上或许装有造船和制桶所用的橡树木材；或许装有打造精美客厅家具所用的珍贵材料——雪松；或许装有大量檫树，这一广受欢迎的植物常用来熬制治疗梅毒、疟疾、大小便失禁及伤风感冒等疾病的药剂。船上最好还有用来制作高档时尚帽子的昂贵海狸皮。这些商品在英国乃至欧洲大陆销路甚好，即使在亚洲，它们也可用来交换英国人迫切需要的上等货：中国丝绸、亚麻、珍贵的宝石、香料、良药、红酒、异域美食以及土

[①]　追溯历史，公元 829 年，英格兰统一，史称"盎格鲁—撒克逊"时代；1536 年，英格兰与威尔士统一；1707 年，英格兰、威尔士与苏格兰合并为大不列颠王国；1801 年，大不列颠王国与北爱尔兰合并为大不列颠及北爱尔兰联合王国。在本书之中，当涉及具体的地理位置、事件时，用"英格兰"作为与威尔士、苏格兰和北爱尔兰的区分；当涉及与其他国家相对比的叙述时，用"英国"来指代整个国家。——编者注

[②]　罗瑟希德的英文 Rotherhithe 源于撒克逊语，名字衍生自 rothra（水手）和 hythe（渡口）。

耳其地毯等。

但他们的愿望落空了。"五月花"号没有带回热销品或其他任何有价值的东西。相反，船上堆满了石头，以此作为压舱物，替代留在遥远海岸线的102位乘客的重量。

赔了夫人又折兵，投资人非常失望，不愿意再投钱，大部分人最终卖掉了"五月花"号的风险投资，与普利茅斯美洲殖民者划清界限。这群定居在美洲的人后来称自己为"朝圣客"。然而400年后，事情出现了翻天覆地的变化。"五月花"号航行的组织者已淹没在历史长河中，而那群普利茅斯美洲殖民者却被奉为真正意义上的国家开创者——美国的缔造者。的确，最畅销的英语出版物《牛津英语词典》将他们称为"美国奠基人"。

不过，美国故事实际上始于16世纪中期的英国——早在"五月花"号勇敢横渡大西洋的70年前。当时，英国尚是欧洲的小国，在国际事务中无足轻重。这个海岛王国还面临着一系列令人头痛的社会、商业和政治难题：失业率上升、粮食减产、贫富差距加大以及皇室危机频发。暴君亨利八世死后，他的继承人——9岁的爱德华六世成了名义上的国王，实权掌握在野心勃勃的贵族集团手里。英国上空弥漫着反抗或者革命的气息。但更令人惶恐的是，名为"汗热病"的致命疾病25年来再次席卷英格兰，夺去民众生命，让社区从繁荣走向萧条。人们一旦染病，早上可能还活蹦乱跳，中午就一命呜呼了。短短几天内，伦敦近1 000人因汗热病而丧命。

事态恶化得非常快，整个国家，从首都到各个村落都笼罩在疑云中：英国能得以幸存吗？

而以家族联盟为纽带维系的英国精英阶层则涌现出三代人一起寻找解决汗热病良方的现象。这群精英包括朝臣、学者、科学家、作家、艺术家以及探险家，其中也包括部分最富有的商人。尽管精英很少亲自出海冒险，但他们组织创办了一系列致力于冒险和开发殖民地的商业公司。出于对黄金和荣誉的渴望和迷恋，在为改变社会现状的商业冒险行为及想法的驱动下，他们一次又一次地组织、推动和赞助了成百上千次远洋活动，终于苦尽甘来，看到了一线成功的曙光。

在此过程中，他们提出诸多新规则，促使美国成长为我们现在所知的模样。他们在新世界创办股份制公司，建立行之有效的民主自治制度，接受共同签署的公约，应用并实践最新的技术和想法。他们学会了如何筹集资金、分担风险以及在前景难测的冒险活动中配比资金。更难能可贵的是，他们学会了该如何面对看似不可逾越的挑战，接受失败并从中吸取经验，珍视美国人一直标榜的精神：不屈不挠。这是他们的故事——"朝圣客"的前传。他们的活动在一定意义上促进了现代世界的开创。

你对英格兰的商业冒险史了解多少

- 受《马可·波罗游记》影响，最初英国人心中的"商业乌托邦"是以下哪个国家？（　）

  A. 印度

  B. 中国

  C. 西班牙

  D. 荷兰

- 首位完成环球航行的英国航海家是？（　）

  A. 塞巴斯蒂安·卡伯特

  B. 理查德·钱塞勒

  C. 弗朗西斯·德雷克

  D. 罗伯特·达德利

- 在商业冒险中，英国人在新世界创办股份制公司，以筹集资金，共担风险，组织前景难测的航海行动。以下哪个公司不是他们为此目的成立的公司？（　）

  A. 莫斯科公司

  B. 中国公司

  C. 东印度公司

  D. 美国公司

前　言　商业大冒险开创现代世界

测一测　你对英格兰的商业冒险史了解多少

第一部分　　拯救陷入衰败的英格兰（1551—1574）

第 1 章　英格兰的经济危机 / 003

故事从羊毛生意开始 / 003

恶性通胀 + 圈地运动 / 008

反抗与大屠杀 / 011

拯救英格兰的经济 / 014

第 2 章　新市场在哪里 / 019

伦敦商人心中的商业乌托邦 / 021

航海冒险，寻找新大陆 / 024

塞巴斯蒂安的地图 / 026

第 3 章　一份新的商业冒险计划 / 031

商人冒险家协会的诞生 / 031

寻找前往中国的潜在航线 / 036

第 4 章　"希望号"、"财富号"与"信心号" / 043

　　坚定地驶向大海 / 043

　　抵达莫斯科 / 045

　　以莫斯科公司的名义，筹备新的冒险之旅 / 049

　　东方世界依然遥不可及 / 053

第 5 章　伊丽莎白·都铎女王的困境 / 057

　　女王加冕前的权力斗争 / 057

　　女王的豪赌 / 059

　　爱尔兰首领的公开反叛 / 062

　　征服爱尔兰之战 / 064

　　殖民爱尔兰计划宣告失败 / 069

第二部分　海外冒险，组建新世界公司（1574—1604）

第 6 章　寻找西北航道，前往中国 / 077

　　探险中国的计划再次成型 / 077

　　朝着中国启航 / 085

第 7 章　在谎言之上建立"中国公司" / 091

　　寻找中国的冒险危机重重 / 091

　　编织"发现中国"的谎言 / 095

　　成立"中国公司"，开拓新市场 / 097

　　第二次出海中国的计划摇摇欲坠 / 099

第 8 章　发现黄金矿石，舍弃探险中国的计划 / 102

　　迈克尔·洛克发现黄金矿石的秘密 / 102

　　贵金属矿业公司在英国兴起 / 106

　　西班牙率先找到贵金属宝藏 / 109

英国人疯狂渴求黄金矿 / 112

第三次航行铩羽而归，"中国公司"分崩离析 / 117

第 9 章　为开发殖民地再次出海冒险 / 120

英国人反西班牙的情绪在滋长 / 121

打击西班牙的计划在酝酿 / 124

再次出海，在打击西班牙的同时建立殖民地 / 126

第 10 章　三个秘密，改变英国的世界地位 / 133

德雷克的环球航行大获成功 / 134

德雷克带回来的财宝和 3 个秘密 / 137

藏起在美洲建立殖民地的野心 / 141

第 11 章　吉尔伯特的帝国愿景 / 146

野心勃勃，为殖民美国做准备 / 146

为海外扩张艰难募资 / 150

吉尔伯特遇难，冒险之行落败 / 154

第 12 章　美洲殖民计划危在旦夕 / 158

谁来继承吉尔伯特的遗志 / 158

英国首部记载殖民帝国计划的论著问世 / 161

"征服"弗吉尼亚，预备开拓新市场 / 165

英国与西班牙不宣而战 / 171

第 13 章　为美洲梦倾其所有，却一无所获 / 173

艰难应对与西班牙的战争 / 174

西班牙舰队遭到重创 / 180

最动人的航海故事集出版 / 182

又一次殖民探索以失败告终 / 184

第 14 章　东印度公司成立，新的商业冒险力量出现 / 187

新的竞争力量——荷兰崛起 / 188

雷利在美洲坐拥巨大权力 / 192

一支新力量悄然登陆美洲 / 194

新王加冕，雷利痛失美洲特权 / 198

第三部分　殖民扩张，一切都是为了新市场（1604—1621）

第 15 章　开拓北美的热情重新燃起 / 205

英西启动和平谈判 / 205

新一代冒险家维莫斯崭露头角 / 207

维莫斯对印第安人发动暴力事件 / 210

对美洲的美好设想深入普通大众 / 214

两大势力争先抵达弗吉尼亚，抢夺先机 / 217

第 16 章　寻找新市场，刻不容缓 / 221

英西冲突，抢夺弗吉尼亚 / 221

在美洲建立殖民地，满载而归 / 224

殖民地领袖后继无人，无奈弃置 / 227

第 17 章　伦敦公司积极的商业冒险 / 230

不祥的开端 / 230

发现殖民地的商业潜能 / 233

史密斯书写美洲传奇 / 234

建立拥有更多投资者的新公司 / 237

第 18 章　美洲殖民地开发终于大获成功 / 243

北美成为英国人心中的目的地，而非中转站 / 245

殖民地蕴含丰富商机 / 248

弗吉尼亚成为宝地，繁荣兴旺 / 252

第 19 章　通往 "美国梦" 的路 / 256
扫清通往美洲之路的障碍 / 260

英国商业圈狂热投资殖民活动 / 262

为 "新英格兰" 打造非凡地图 / 264

"五月花号" 驶向美洲 / 266

后　记　被遗忘的英格兰商业冒险家 / 269

附录1　致读者的一封信 / 279

附录2　缔造新世界的75个冒险家 / 285

附录3　英格兰商业冒险大事记 / 301

1551

第一部分

拯救陷入衰败的英格兰

1574

第 1 章

英格兰的经济危机

故事从羊毛生意开始

到 16 世纪中叶,整个英国的绵羊有 1 100 万只左右,大约是人口总数的 4 倍。从农夫租下的巴掌大的土地到贵族、主教和修道院院长拥有的大庄园,到处都是悠然吃草的羊儿。这要归因于羊毛贸易一直在英国经济长河中占有的举足轻重的地位。

在寒冷的北方,英国绵羊顽强地繁衍生息。正如当时有人所言:"就像晚上在大地上散落草籽,第二天早上,芳草已染绿整个世界,也就是一晚的时间而已。"羊群正是在这样肥沃的草地上觅食成长的。这样的环境令羊毛细密质优,呈金黄色,经过剪毛、梳理、打松、收拢、干燥等步骤,羊毛最后被纺织成暖和且遮风挡雨的布料。

早在 12 世纪,英国羊毛就已出口到欧洲纺织工业中心，即欧洲那些低地国家①，那里的纺织品制造商公认英国羊毛是整个欧洲品质最棒的。1353年，英国国王爱德华三世准许一些商人专门从事与欧洲纺织品商的羊毛贸易，从而改变了原来的生意模式。国王从中征收出口关税，这部分收益在王室开支中占有非常大的比重。不久之后，爱德华三世为羊毛贸易设立了官方市场，即广为人知的"羊毛集中地"制度（Staplers）②，地点设在法国北部海滨城市加来。在一场战争③中，英军占领了加来。在这里，获得特许的羊毛出口商负责同欧洲纺织品商进行贸易活动。一段时间以来，"羊毛集中地"制度的垄断专权，使得英国商人们利用本国最丰富的自然资源赚得盆满钵满。

但在生意场上，没有什么事情是一成不变的：接下来的50年里，由于粗纺呢绒出口关税远低于羊毛，因此呢绒日益流行起来，造成羊毛交易量持续下跌。呢绒经销商需遵循"羊毛集中地"制度设定的先例做生意。1407年，他们创办了商人冒险家公司（Company of Merchant Adventurers），并获得了向欧洲出口呢绒的皇家垄断权。

商人冒险家公司从区域供应商手中采购呢绒，而供应商将货物运至伦敦商业核心区的布莱克韦尔大楼（Blackwell Hall），这是一座由中世纪宅邸改建而成的建筑，比邻市政厅。大部分呢绒是半成品，印染和其他精加工由纺织工人在海外工场完成。一种十分畅销的英国羊毛产品是宽幅绒面呢——长约27米，是由多达60个郡，如东英吉利亚（East Anglia）、格洛斯特（Gloucestershire）、威尔特（Wiltshire）以及萨默塞特（Somerset）等西南部各郡出产的织物，在北欧等气候寒冷的地区广受欢迎。另一种毛纺织品为窄幅薄绒呢，这是幅面略窄价格也更便宜的织品，由粗绒羊毛制成，其打

---

① 低地国家，指现在的荷兰、比利时和卢森堡。

② "羊毛集中地"制度规定羊毛等商品需通过议会指定的港口进行交易活动。——编者注

③ 即加来之战，英法百年战争期间，英国军队在1346年至1347年进行的一次长期围攻战，后法国因军队断粮被迫投降。——编者注

松不充分，织物更轻薄，尺寸更小，深受温暖的南部地区人民的青睐。

除低地国家外，英国呢绒还远销其他地区。像在威尼斯、佛罗伦萨、卢卡以及意大利半岛的其他城市，人们也热衷于购买英国呢绒。西班牙亦是如此，商人购入英国呢绒，然后横跨大西洋将呢绒运至西印度群岛（West Indies）以及其他地区的殖民地。与此同时，位于亚德里亚海岸的拉古萨[Ragusa，现为杜布罗夫尼克（Dubrovnik）]，那里的商人将英国呢绒卖到奥斯曼帝国，足迹横跨地中海和里海，包括今天的土耳其、叙利亚、伊朗、伊拉克以及阿拉伯半岛等大片地区。

到 16 世纪中期，羊毛这一支柱产业几乎影响着所有英国人，他们基本上都参与或受益于该产业。在一次议会演讲中，英国史上最杰出法官之一爱德华·柯克爵士（Sir Edward Coke）说："如果将本土商品分为 10 个领域，其中 9 个来自羊背。"

众多英国名门望族的财富、地产以及较为长远的遗产利益，都来自羊毛或呢绒贸易。一位富有的商人曾在自家窗户上刻下两行赞词：我赞美上帝，直到永远……是羊让我拥有了一切！

其中最成功的要数格雷沙姆家族（Greshams）。这一家族最初来自狂风肆虐的北海沿岸，靠经营以当地村庄沃斯泰德（Worstead）命名的精纺毛呢帽子发家致富。16 世纪上半叶，格雷沙姆三兄弟——威廉、理查德和约翰，已是最大商人公会——纺织公会（Worshipful Company of Mercers）的重要成员。他们专注于奢侈纺织品进口贸易，包括亚麻、起绒布，以及更重要的——丝绸。

随着时间的推移，格雷沙姆三兄弟在整个欧洲声名鹊起，他们与低地国家、西班牙以及地中海的黎凡特① (Levant) 做生意，富可敌国。不同时期里，他们在纺织公会都担负着监管职责。威廉出任商人冒险家公司的首席执行官一职，而理查德和约翰则先后坐上了伦敦市市长的宝座。对于任何一位伦敦商人来说，市长职位都是事业成就的顶峰。正如当时有人指出的："所有欧洲城市的公职位置都无法与伦敦市市长相提并论。"理查德和约翰也因他们的贡献被授予爵位。

格雷沙姆家族的成功，基于他们与生俱来的商业头脑，很大程度上也得益于伦敦在英国商业资本中日益上升的地位。16 世纪初，伦敦一直与其他"输出港"城市争夺商业中心的地位，包括布里斯托尔、赫尔、纽卡斯尔、普利茅斯以及南安普顿等英国南部、西南部、东北部的商业和贸易中心。但随着呢绒出口量的增长，由于伦敦地理位置更靠近英国呢绒主要交易中心安特卫普 (Antwerp)，从而赋予了伦敦包括格雷沙姆家族在内的商人战胜"输出港"城市的优势。

安特卫普当时是欧洲最大的贸易中转港，来自全世界的商品都在这里交易流通。安特卫普比邻斯海尔德河 (Scheldt River) 入海口，斯海尔德河发源于法国，流经比利时，最终注入北海。因此，安特卫普是整个欧洲商品运输和贸易中心的理想之地。19 世纪一位历史学家曾写道："16 世纪，在斯海尔德河上同时看到两三千艘货船并不稀奇，上面装满了来自五湖四海的货物。"在这里，德国商人带来了欧洲中部的银器和铜器，威尼斯② 商人运来了黎凡特和其他地区的丝绸，葡萄牙商人很快就取代了威尼斯商人，将从东方运来的奢侈品——香料摆上柜台。格雷沙姆家族以及其他踌躇满志的英国商人将呢绒带到安特卫普，以换取受英国上流社会青睐的奢侈品。

---

① 黎凡特，由地中海东部沿岸的地区构成。"Levant"一词意思是"东方太阳升起之地"。

② 威尼斯早先是东罗马帝国的附属国，于 8 世纪获得自治权。中世纪时期，威尼斯因控制了贸易路线而变得非常富裕，17 世纪奥斯曼帝国崛起后逐渐衰落，18 世纪末被拿破仑灭亡，成为奥地利帝国的一部分。——编者注

作为拥有 10 万居民的国际化大都市，安特卫普是文化和语言的熔炉，就连威廉·格雷沙姆（William Gresham）都住在这座城市的英国社区。一位观察家指出，走在安特卫普的街道上，碰到一位"能说五六种甚至七种不同语言的女士"是很普遍的事。随着海量商人涌入，巨额资本也跟着流进流出，安特卫普很快就成为欧洲的金融中心和最富裕的城市。欧洲大陆的各国君主和帝王来此筹款、还债。坐拥雄厚资金的商人变成了银行家。德国的富格尔家族（Fuggers）便是其中的佼佼者，他们提供如汇票等各类金融服务，来管理和维护他们的账户。一些英国商人，特别是格雷沙姆家族，也成了银行家。

16 世纪 40 年代，伦敦与安特卫普间的贸易欣欣向荣。理查德·格雷沙姆之子托马斯·格雷沙姆（Thomas Gresham）成为新生代的领袖人物。在托马斯的一幅于 1544 年绘制的画像中，他身着朴素的黑色大衣，领口和袖口是白色的；他鼻梁高耸，双目明亮，外加姜黄色胡须，让他的面庞很有特点。那时，26 岁的托马斯新婚燕尔，刚刚在纺织公会任职。托马斯给人的印象是温和而坚定，他的整个人生如家族前辈那样，都奉献给了皇室和国家。

尽管格雷沙姆家族繁荣昌盛，有一个问题却日益凸显，那就是并非所有人都能从英国贸易的蓬勃发展中获益。当时只有少数极有远见的人在深入观察后才发现这个问题，英国正处于严重危机的边缘：呢绒贸易停滞不前，英国在安特卫普的势力受到威胁，皇室深陷债务泥沼，工人失业、无家可归，城镇遭到破坏，疾病肆虐。

作为朝臣，曾是剑桥大学教授的托马斯·史密斯（Thomas Smith）是对英国经济形势最敏锐的分析人士之一。他才智过人，与商界没有利益瓜葛，而且与格雷沙姆家族人员的性格截然不同。

恶性通胀 + 圈地运动

史密斯是英国两位国务大臣之一，同时是爱德华六世枢密院的成员，本质上他是首席内阁部长以及国王最亲密的顾问。1549 年夏天，史密斯辞去宫廷职务逃离伦敦。他来到伊顿公学担任教务长，这一职位不仅给他带来了额外的收入，还为他提供了一套不错的乡间寓所。伊顿公学是英国历史悠久的知名中学，位于伦敦以西 30 千米外，学校坐落在泰晤士河畔，可以远眺英国皇室最大的住宅——温莎城堡。

史密斯对他所言的"可怜的土地，我们的公共财富"忧心忡忡。他一直坚持不懈地向第一代萨默塞特公爵（1st Duke of Samerset）爱德华·西摩（Edward Seymour）解释他的观点以及改革方案。西摩是少年国王爱德华六世的舅父，他凭借摄政王的身份总揽国家大权。史密斯因自己的意见长期遭到西摩的漠视而愤愤不平，便辞去了宫廷要职，前往伊顿公学度过了整个夏天。在漫长而又闷热的夏季，史密斯努力摆脱失望的情绪，并将他的想法撰写成书。最终，《论英国本土的公共福利》（*A Discourse of the Commonweal of This Realm of England*）问世。如今，人们将其视作反映 16 世纪社会和经济状况的最著名论述。

与格雷沙姆家族一样，史密斯家族在呢绒行业也有很深厚的根基。不过，他们并非呢绒商人，而是牧场主，定居在埃塞克斯郡的沃尔登（Walden），在伦敦东北方向 80 千米外。但史密斯注定不会追随父亲的脚步。学生阶段他就开始崭露头角，13 岁时进入剑桥大学皇后学院就读。起初，他经济拮据，几乎放弃学业。不过最终他坚持了下来，并以优异成绩毕业。30 岁时，史密斯不仅成为民法的首位钦定讲座教授，同时还出任剑桥大学副校长一职。不过这对他来说远远不够。1547 年 2 月，时年 33 岁的史密斯放弃了大学职位，接受邀请成为西摩麾下一员。不到一年，他被任命为国务大臣，可以说是平步青云。

史密斯的《论英国本土的公共福利》一书体现了他对英国难题的深刻理解，并传递出他对解决这些问题的迫切愿望。此书以当时流行的对话形式的体裁书写而成。对话在农夫、爵士、商人、帽商（艺术家）以及医生之间展开，其中医生代表史密斯发言。他们就"英国的弊病在哪里"展开了长时间的讨论。史密斯借医生之口罗列出英国的众多"社会病"，其中贫富两极分化是最严峻的问题。尽管富裕的地主阶层拥有大片羊群，像格雷沙姆家族这样的成功呢绒商人获利丰厚，但并非所有人都搭上了英国繁荣的顺风车。"家中一贫如洗者比比皆是。"史密斯说。

他认为，通货膨胀是造成贫困的根本原因之一。事实上，16世纪的前40年，物价涨了50%，而且继续呈上涨态势，特别是那些国内稀缺的进口商品，如丝绸、红酒、香料、纸张以及各类玻璃制品等。"所有人都因物价上涨而变得苦恼、憔悴。"他写道。

史密斯将恶性通货膨胀的罪过归咎于亨利八世。身为国王，亨利八世挥金如土，生活奢靡，频繁发动对外战争，将皇室拖入债务泥沼。当亨利八世无法再从税收、贷款以及出售修道院土地的方式中筹集到足够的资金时，他将目光放在货币制造过程的欺诈上，即通过降低钱币含银量来实现货币增发。尽管王室可以减少在白银上的花费，但钱币价值却随之跳水，物价飙升得更高。这对所有人而言都是一场巨大灾难。在《论英国本土的公共福利》一书中，史密斯疾呼遏制通货膨胀。

此外，史密斯认为另一个危害国家的因素是"圈地运动"。英国所有的开阔土地，例如岛屿上的广阔田园和庄园，历来具有双重属性。通常来说，耕地由地主或者佃农经营，但收割后或者非生产季节，土地面向所有人开放，特别是牧羊人。

对于煞费苦心，希望顶住通货膨胀带来的损害的农场主而言，将部分或全部耕地转为牧场，专供自家牲畜使用的诱惑力极大。因此，农场主会用木栏、石墙、土堆或者篱笆将土地圈围起来，以免他人使用。毛纺织行业对羊毛的需求量极高，而牧羊成本大大低于种植谷物或玉米。伊顿公学校友、诺福克（Norfolk）农场主托马斯·塔瑟（Thomas Tusser）估算，圈地经营的收益是面向所有人开放使用的 3 倍以上，但此举对当地社区带来了灾难性后果。史密斯指出，圈地后，曾经需要雇佣一两百人干的活儿，如今只需地主一人或几个牧羊人就能完成，即便土地种植了农作物或饲养一小群家畜也是如此。但没有就业，整个村庄便会衰落。

圈地活动并不新鲜。14 世纪，黑死病席卷欧洲大陆，英国也未能幸免。这一传染性鼠疫夺去了英国近半数人的性命。由于缺乏劳动力耕种，农场主们被迫圈起土地，将耕地转为饲养绵羊和其他家畜的牧场。

当然，部分寡廉鲜耻的农场主从中渔利，甚至在人口开始再次增长时亦是如此。一直以来，皇室试图扼制权力的滥用，分别于 1489 年和 1515 年出台两项议会法案，限制或控制圈地活动。不过这些举措对这部分农场主几乎没有什么影响。到 16 世纪 40 年代，圈地运动再次出现愈演愈烈的趋势，由爱德华·西摩掌管的枢密院再次发力解决这一问题。枢密院发布皇室公告称"将耕地转为圈起来的牧场是非法行径"，并成立"纠正圈地"委员会，负责针对记录在册的触犯反圈地法案的人员进行调查指控。

正如史密斯在《论英国本土的公共福利》中所写，政府此前的干涉举措均以失败告终，现在没有理由认为这次行动能达到目的，特别是近来的圈地运动幕后黑手为贪婪的牧场主，而且似乎很难改变这种情况。因此，除非找到行之有效的解决方案，否则国王和宫廷只能眼睁睁看着越来越多的社会动乱发生。史密斯写道，"饥饿是件难以忍受的事"，所以贫苦大众怨声载道。

史密斯的观点极有先见之明。他将自己的想法写成著作之际，英国已处于民众起义的边缘。在 200 多千米之外的格雷沙姆的故乡诺福克郡，这里的人们正在酝酿一件大事，而不再只是口头上发泄不满。

反抗与大屠杀

1549 年 7 月的第一周，一群教民聚在怀门德姆（Wymondham）的非国教教堂，参加全天的化装游行活动。民众情绪激动，他们钟爱的建筑——教堂，根据爱德华六世的父亲亨利八世颁布的国教政策被列为清理拆除的对象，这实际上就是打砸抢。1534 年，亨利八世宣布自己为英格兰教会的首领，与罗马教皇和天主教决裂，并着手剥夺古老修道院的财产、土地，消除其影响力。1538—1540 年，超过 200 座修道院建筑，8 000 多位修道士、修女以及教士（神职人员）的家园遭到查封，他们的财产被国王没收，他们不得不出售土地以换取现金。

怀门德姆的教民深深地希望能挽救这座教堂，但他们是否有能力对抗上谕仍值得怀疑，不过这也并非是不能实现的。随着游行活动的继续，一股教民聚在一起，向莫利（Morley）行进，他们在这里将农场主搭建的圈地围栏捣毁。围栏和围栏里边的羊群是有钱人的象征，他们拥有羊群，就等同于可以将自己的利益凌驾于本地大多数民众之上。

捣毁莫利的圈地围栏并不能完全平息怀门德姆民众心头的怒火，同时这一行为还引起其他人士的不满。其中一位名为约翰·弗劳尔迪爵士（Sir John Flowerdew）的大农场主对他家部分围栏被捣毁的遭遇非常恼怒。弗劳尔迪是一位律师，住在赫瑟西特（Hethersett）的村里，他的儿子与托马斯·格雷沙姆私交甚好。出于报复，弗劳尔迪变态地面向大众提出悬赏，寻找愿意毁掉当地另一位农场主罗伯特·凯特（Robert Kett）家圈地围栏的人。

有 6 人接受了弗劳尔迪的出价，然而他们不大可能将凯特视作仇敌：凯特是本地人，热衷于教堂建设，以制革为生。尽管凯特家的日子红红火火，地产价值达 670 英镑，但却算不上高门大户。因此，推倒凯特的圈地围栏前，这 6 人恳请凯特将土地还给公众使用。他们向凯特保证，他们此举并不仅是为自己或者弗劳尔迪，更是为"平民百姓的利益"。

凯特并未回避他们，也没有保护自己的圈地，他甚至都没有捍卫自己对土地的所有权。相反，他向这群抗议者表达了同情，并称"他们的不幸让他感同身受"。他说："名门望族把控的权力如此之大，贪婪欲望如此之巨，残忍行径如此骇人听闻，这一切必须加以限制。"

为了证明自己的诚意，凯特加入了他们的游行队伍，与他们一同来到自家的圈地，亲自动手拆除围栏，而后参与到捣毁本郡其他农场主的围栏行动中。很快，凯特被拥戴为抗议民众的首领。随着捣毁围栏行动的蔓延，最初寥寥数人的队伍很快发展壮大为颇具规模的抗议大军，行动也从开始的星星之火变成燎原之势。诺福克郡的田地、牧场以及林区都有他们的身影，他们拆掉篱笆并洗劫所到达的村庄。他们走到毛斯霍尔德希思（Mousehold Heath）时，队伍已发展成一个群情激愤的庞大组织，巅峰时人数估计达到两万人。毛斯霍尔德是诺福克郡首府诺维奇（Norwich）郊外的一片开放区域。

他们在毛斯霍尔德安营扎寨，并建立了指挥部。自此，反抗民众的行动已覆盖诺福克郡大部分地方。短短几天内，一小股怀门德姆抗议人群发展成了不可小觑的反抗势力。反抗民众控制了诺维奇，扫荡村落、寻找食物，在此期间，他们屠宰并吃掉了两万只羊。他们还抓走了当地少数不愿抛家舍业地逃走的乡绅，将其作为人质围在树林里。

圈地的围栏不仅是反抗民众陷入困境的实体象征，而且是他们表达愤怒的首选攻击目标。他们起草了一份请愿书，罗列了 22 项权益请求，并将请愿书呈送国王爱德华六世。这封请愿书列出了权利的详细条款。其中一项直指圈地运动核心，其余内容则针对居高不下的物价、高昂的租金和混乱的租赁条款，并要求修改捕鱼权，进一步规范调整交易中不合理的税费，而且对牧师的职责范围提出了质疑。

尽管满腹怨恨，但抗议民众清楚地表明，他们是国王的忠实拥护者，他们唯一的目的就是匡扶正义并且申明要"实现共同富裕"。但少年国王爱德华六世的辅政大臣爱德华·西摩,却将凯特等人的行为看作对至高无上的王权以及国家和平的严重威胁。西摩命令北安普顿侯爵威廉·帕尔(William Parr)带领一支皇家卫队镇压反抗民众。不过非常出人意料,凯特的人马击败了皇家卫队。

第二支皇家卫队整装待发,西摩不容有失,他将指挥大权交给了他的老朋友兼枢密院同僚约翰·达德利(John Dudley)。约翰·达德利44岁,是沃里克伯爵(Earl of Warwick),他身上有股子闯劲儿,是卷入英格兰危机的另一类阶层典型代表。他既不是格雷沙姆那样的商人,也非史密斯式的知识分子,他出身贵族,也是实干主义者,凭借在骑士比武等军事训练中胜出而声名鹊起。约翰·达德利的父亲埃德蒙·达德利(Edmund Dudley)是亨利七世的亲密顾问,但亨利八世继承王位后,他以谋反罪将埃德蒙处以极刑。父亲死后,约翰被寄养在国王的一位爱将家里。他很快就崭露头角,他注定要做大事的。因在与法国的战斗中表现出色,约翰19岁时被授予骑士封号。同期西摩也获得了爵位,两人在军队中结下了友谊。接下来的20年里,约翰一直是亨利八世的坚定支持者,并从土地赏赐和官职上获得了丰厚利益。1543年,他以海军上将的身份进入枢密院,负责英格兰的海军事务。亨利八世死后,国王爱德华六世封约翰为沃里克伯爵。作为少年国王,爱德华六世将约翰视为良师益友,甚至某种程度上把他当作父亲般的长辈。

凯特不大可能再次获胜,约翰·达德利的军队人数远超威廉·帕尔。他带领6 000步兵、1 500名骑兵,其中包括1 400名德国和意大利雇佣兵,挺进诺维奇。快接近凯特的营地时,约翰命令大军停止前进,在托马斯·格雷沙姆家休整过夜。托马斯认识弗劳尔迪,而且他家的房产英特伍德庄园(Intwood Hall)位于诺维奇南边约5千米远。

第二天清晨,约翰·达德利准备袭击毛斯霍德的抗议人群。但在发动进攻前,约翰只身一人冒险进入凯特的大本营,试图说服对方投降,如果凯特照做，将得到宽大处理。约翰流露的同情之心似乎与指挥官的角色不相称，特别是这位指挥官马上就要去镇压他眼中的叛乱分子。然而，达德利白费苦心。凯特不信任他，也不相信他给出的承诺，拒绝让步。

由于凯特负隅顽抗，约翰·达德利别无选择，只能命令皇家卫队发起进攻。双方的战斗最终演变成一场大屠杀。凯特的杂牌队伍难敌约翰的雇佣大军。也就在 8 月份，3 500 名抗议民众在杜桑德尔（Dussin's Dale）被杀。眼见大势已去，凯特仓皇而逃。追随者都非常伤心失望，最终选择了投降。

第二天早上，反抗队伍中的大部分头领均被围捕并处以绞刑。接下来的几周里，约翰·达德利负责主持审理工作，很多毛斯霍德的反抗者被处死。其中一部分人的受处决方式令人发指。最终，凯特也被逮捕，他在诺维奇的城堡顶楼被吊死。

对于反抗者的严惩没有平息当地部分农场主的心头之恨，他们要求动用更严酷的手段。不过约翰·达德利对此提出异议，他说："即便是惩罚也必须有尺度。"同时他也为反抗者辩护：难道就容不下谦卑的请愿书？难道就没有丝毫"宽容和仁慈"了吗？他的怜悯或许是真情流露，但他清楚地知道凯特的叛乱为国家带来了潜在危险。从此起义事件在英格兰遍地开花——从诺福克郡到康沃尔郡（Cornwall）再到德文郡（Devon）。促使民众起义的动机各有不同，但都涉及绵羊、圈地、纳税、补贴、新的宗教约束以及关于流民和叛逆等法案。在大众的心底，对贪得无厌的贵族和乡绅的憎恶之情与日俱增。只占人口总数 2% 的贵族和乡绅统治着占人口总数 98% 的佃农、工匠和学徒。

拯救英格兰的经济

凯特的武装反抗撼动了英格兰的根基。一些人担忧国家会陷入内战。宫廷弥漫着躁动不安的情绪，西摩开始对枢密院和约翰·达德利失去信心。约翰·达德利，这位时代英雄，最有权势的皇家顾问，拥有部分战斗卫队，在镇压凯特反抗民众的数月后，他发动了宫廷政变，逮捕了西摩。他自己成为实际意义上的摄政王，并登上枢密院议长宝座。

在新位置上，约翰·达德利的首要任务是重建国王爱德华六世统治下民众的信心，拯救处于灾难之中的英格兰经济，解决因圈地运动而暴露的社会分化问题。由于欧洲大陆的呢绒需求量突然间出现毁灭性下跌，约翰·达德利的工作变得无比艰难。他接班西摩的工作时，呢绒贸易正趋于上涨，总出口量为 132 767 匹。但 1551 年，出口量降为 112 710 匹，下一年更是跌到 84 968 匹。皇室已背负沉重外债。呢绒需求量的下滑似乎摧毁了通过呢绒贸易的税收偿还皇家贷款的愿望。多年后一位商人回忆称，英格兰经济"陷入危机和衰败中"。

经济形势因另一个事态的发展而愈发糟糕。1549 年史密斯撰写《论英王国公共财富》一书之际，安特卫普的欧洲香料贸易中心的地位轰然倒塌。近 50 年来，葡萄牙商人一直将佛兰德港（Flemish port）作为香料贸易的中转站，在此用香料换取德国银器。但如今，由于西班牙在美洲殖民地的银矿产量高，促使大量银器涌入里斯本，葡萄牙国王若昂三世（Joao Ⅲ）认为不需要跑到安特卫普去做买卖。这一情况让英国商人面临双重打击：呢绒出口生意下滑；进口亚洲香料和其他相关奢侈品的贸易损失惨重。

为解决这一复杂危机，约翰·达德利召集众多好友、同人共商此事。其中包括巨商托马斯·格雷沙姆，剑桥大学学者托马斯·史密斯、理查德·伊登（Richard Eden）、克莱门特·亚当斯（Clement Adams）、约翰·迪伊（John Dee）、拉尔夫·鲁宾逊（Ralph Robinson）等。这些人的年龄大部分在 30 岁左右。即便有这些才华横溢的顾问，但如果没有国务大臣威廉·塞西尔（William Cecil）的积极参与，约翰·达德利也是一筹莫展。

同格雷沙姆、史密斯一样，塞西尔在羊毛和呢绒生意的耳濡目染下长大。塞西尔生于 1520 年，父亲是皇家侍从，也是当地的农场主。塞西尔从小住在斯坦福德（Stamford），这里是林肯郡（Lincolnshire）的集镇，是呢绒行业的中心之一：早在 13 世纪，威尼斯和卢卡商人就前往斯坦福德采办一种名为锁子甲布（halberget）的布料。这种布料纹理精致，颜色艳红。从当地学校毕业后，塞西尔前往剑桥大学圣约翰学院继续学习。圣约翰学院是由爱德华六世的曾祖母一手创办的。当时，塞西尔 14 岁，师从托马斯·史密斯和著名希腊学者约翰·奇克（John Cheke）。年轻的塞西尔是第一批接受"新学"运动的学子，这一运动是由文艺复兴学者狄西德里乌斯·伊拉斯谟（Desiderius Erasmus）[①] 引入剑桥大学的。这促使人们再次捧起毕达哥拉斯、柏拉图、托勒密以及欧几里得等哲学家的希腊文著作，与此同时，新的学科如天文学、算数学和宇宙学也得到发展。

19 岁时，塞西尔进入格雷律师学院学习。格雷律师学院是四大著名的律师学院之一，坐落在伦敦的古罗马墙外。如今，格雷律师学院是律师执业协会之一，内设有律师办公室，并可供律师练习辩护技能。但在塞西尔的时代，格雷学院类似于精修学校，只面向年轻贵族子弟。他们在这里学习了解法律知识，以便管理家庭财产或为日后成为参与制定法律法规的朝臣做准备。格雷学院的气氛与象牙塔式的剑桥大学截然不同，塞西尔在这里能接触众多宫廷和商界的重要人物。

不久后，塞西尔便追随史密斯的步伐为皇室服务，当然其中少不了约翰·奇克的鼎力相助。奇克的妹妹嫁给了塞西尔，而奇克本人则离开剑桥大学，当上了爱德华六世的私人教师。最初，塞西尔服侍爱德华·西摩，在约翰·达德利发动政变夺权时，塞西尔曾短暂入狱。不过与丢掉宫廷职位的史

---

① 文艺复兴时期尼德兰（今荷兰和比利时）著名的人文主义思想家和神学家，史学界通称鹿特丹的伊拉斯谟（Erasmus von Rotterdam），为北方文艺复兴的代表人物，是一个用"纯正"拉丁文写作的古典学者。——编者注

密斯不同，塞西尔展现了非凡的政治手腕，他设法走出了伦敦塔①，并很快坐到了史密斯昔日国务大臣的位子上。这种非凡的政治手腕，也成了他日后的标签。

在冥思苦想如何给出最佳建议以及如何化解英格兰危机之时，塞西尔采用了他老师的一些主张。尽管1549年夏天托马斯·史密斯尚未出版他的著作，但他将书稿给了塞西尔。史密斯清楚自己的观点会引起轩然大波，因此他恳切地要求塞西尔不要将书稿内容外传，只保持在"就你知我知"的状态。

尽管如此，塞西尔仍宣扬了史密斯的部分主张。事实证明，在这支由商人、知识分子、政府官员等精英组成的顾问团队里，有很多人与史密斯的观点一致，特别是33岁的商人托马斯·格雷沙姆。他受邀向国王和枢密院建言献策，寻找能让国王陛下"以最小的成本摆脱债务"的最有效方法。格雷沙姆后来回忆说，他提出了极具信服力的建议，即一套改革方案，其中包括使货币增值的措施。约翰·达德利很快就实施了这项举措。

改革方案还包括一项动议，通过增强英国商人对本国出口的垄断来削弱定居在伦敦的德国商人的强大影响力。自15世纪70年代起，从卢贝克（Lubeck）、但泽（Danzig）和波罗的海沿岸其他集镇来的商人组建了汉萨同盟（Hanseatic League），这一知名商业协会在英格兰享有贸易特权。因为它在为皇家海军提供木材、麻绳以及其他必需物资方面有极大功劳，所以到16世纪40年代末，这些商人占据了英格兰呢绒出口份额的35%。按照托马斯·格雷沙姆的说法，这正是呢绒贸易危机的重要诱因，是本土贸易"毁灭的最主要因素"。同时，他还力劝约翰·达德利"瓦解斯蒂尔亚德（Steelyard）"。那里是汉萨同盟的领地，也是汉萨商人的总部，位于泰晤士河沿岸。约翰·达德利完全照办。1552年2月，汉萨同盟的特权被取消，英格兰商人拿下了本国呢绒贸易的更大份额。

---

① 伦敦塔，昔日关押上层阶级罪犯的监狱。——译者注

通过上述这些举措，达德利化解了部分造成英格兰经济危机的难题。不过众多英格兰政客、知识分子和商业领袖强烈地意识到，他们做的依然不够，还需要更多不同的措施才能阻止英格兰再次坠入无底深渊。正如塞西尔的剑桥大学校友克莱门特·亚当斯所指出的，很多人"感受到"邻近国家的居民对"英格兰的商品和货物"没有足够的需求。

不利局面需要扭转，但问题是，如何做到呢？

第 2 章

新市场在哪里

1551 年末的黑暗日子里，英格兰经济不断恶化，一群伦敦的"忧郁"市民聚在一起，商讨该如何解决英格兰经济衰退所带来的"危害"。

这一"伟大的进步"的设计师、策划者、组织者和推动人，正是贵族出身、杜桑德尔战役的胜利者约翰·达德利。此时，他已晋封为诺森伯兰公爵（Duke of Northumberland）。乔治·巴尼（George Barne）和威廉·加勒德（William Garrard）这两位杰出商人负责领导组织商讨应对经济衰退的对策，两人与达德利合作紧密。用当时史学家约翰·斯托（John Stow）的话说，他们二人是"重要的实干家"。巴尼与加勒德都来自男装公会（Worshipful Company of Haberdashers）。巴尼年过 50，坊间盛传他将被提名为市长候选人，事实上，他的确很快就坐到了市长的位子上。加勒德比巴尼小 10 岁，斯托评价他是"一位不苟言笑、冷静、睿智且谨慎的公民。才能无人能出其右，绝不逊色于我们这一时代的任何人"。

另一个参与商讨的重量级人士为安德鲁·贾德爵士（Sir Andrew Judde）。他年过花甲，来自皮革公会（Worshipful Company of Skinners），才从市长位置上退下来。过去一年来，他着手解决包括呢绒出口量陡降、物价飙升、货币贬值和汗热病等诸多严峻问题，这让他身心俱疲。

尚不清楚威廉·塞西尔是否直接参与了被称为"共商大计"的讨论会，但他肯定为相关人员及时提供了一本学术书供大家参考：首部英译本《乌托邦》（Utopia）。《乌托邦》由托马斯·莫尔（Thomas More）所著，是一部杰出的文学作品，最初用拉丁文写成，1516 年首次出版，不过印量很小。拉尔夫·鲁宾逊将该书译成英文，并将书稿送给了老朋友塞西尔。由于同意自己的名字出现在书中，塞西尔似乎要为《乌托邦》中倡导的新思想以及挽救英格兰的新方案背书。

《乌托邦》讲述了一位虚构的旅行家拉斐尔·希斯拉德（Raphael Hythlodaeus）在一座神奇岛屿上生活了 5 年的故事。莫尔所造的"乌托邦"在当时是个新词，由希腊语"不存在"和"地方"两个词组合而来。虽然希斯拉德是虚构的人物，但莫尔赋予了他看似真实、可信的背景：他自称曾随亚美利哥·韦斯普奇（Amerigo Vespucci）出海航行。韦斯普奇是佛罗伦萨冒险家，16 世纪初曾沿巴西和南美洲的海岸线航行冒险。

对于英国的悲惨状况，希斯拉德有太多话要说。他将英国描绘成反乌托邦之地：由寄生虫式的贵族阶层主宰，他们过着"悠然自得"的生活，依赖"其他人的辛苦劳作"。物价上涨、羊群泛滥以及圈地运动令英国深陷苦难之中。"你们的羊群过去软弱温顺，"希斯拉德说，"我听说它们如今变成了噬食怪兽而且很有野性，连人都能吃掉。""羊群不断消耗、摧毁、吞噬所有田地、房屋以及城市。"

通过希斯拉德的讲述，莫尔描绘了一个社会和政治问题均能得到完美解决的地方：名为"乌托邦"的理想之地。事实上，这正是全新的英国所要达到的境地。莫尔是英国（至少在出版物方面如此）空想社会主义学说的创始人。

1516 年《乌托邦》一书首次出版时，莫尔的愿景甚至激发了英国最初的海外殖民的野心。这一行动最初是由莫尔的妹夫约翰·拉斯泰尔（John Rastell）组织和主导的。拉斯泰尔是律师、作家以及出版人。1517 年，他与 40 位士兵出海，前往"新发现之地"建立贸易站和军事基地。英国人通常称这些地方为"新世界"。拉斯泰尔一行人还没到爱尔兰，他的手下就叛变了，不过他将这次探险写成了一部名为《新插曲》（A New Interlude）的戏剧，痛惜错失这次远洋的机会。"如果英国人第一个占领并在新世界建立首个建筑和住所，"他写道，"那将多么了不起啊。"

1551 年出版发行的英译本《乌托邦》似乎为正在寻求英国危机解决之道的"忧郁"公民带来了相似的催化作用。为确保呢绒行业的长期稳定繁荣，他们必须寻找传统欧洲中心之外的新市场、新消费者。如果这样的话，那么新市场在哪里呢？他们去哪里能找到所期望的新市场、新消费者？

他们心中认定的理想之地便是中国。

伦敦商人心中的商业乌托邦

对于伦敦商人而言，中国是一切神奇事物的缩影：商业乌托邦。Cathay（中国）一词来自契丹族的名称"Khitai"。10 世纪时，契丹族的耶律氏统治着中国北方地区。亚洲其他国家对伦敦商人也很有诱惑力：印度西南沿海地区出产胡椒；拥有"香料群岛"美誉的印度尼西亚群岛出产丁香和肉豆蔻。中国更是梦幻般的远方，激起了他们内心的崇拜之情。

1275 年，威尼斯商人马可·波罗来到中国，在元世祖忽必烈的朝廷中待了约 17 年。在《马可·波罗游记》(*The Travels of Marco Polo*)中，他称元朝的国土遍地是香料、白银和丝绸。就拿杭州来说，这座重要城市被称为"人间天堂"，城市横跨 160 千米之长，拥有 1.2 万座桥，内有一个长宽各约 48 千米的湖泊，城中耸立着两座皇家宫殿。对大多数威尼斯人来说，马可·波罗的故事并不可信。事实上，他描述的有些夸大，甚至到了被人嘲讽为"马可·百万·波罗"的地步。

但马可·波罗讲述的大部分中国故事还是真实的，到 16 世纪，人们才广泛认可了他收集到的忽必烈统治中国的信息。但时过境迁，忽必烈早已过世，一个新王朝——大明，正站在中国历史的舞台中央。15 世纪早期，宦官郑和带队开启了一系列了不起的航海发现之旅，这段时期内，中国先进的技术和丰富的商品令人惊叹。郑和的巨型远洋宝船长 130 余米，拥有 9 个桅杆，配备了近 100 只补给船，船员达 2.8 万人。郑和的船队到访了波斯湾以及非洲东海岸。但在 15 世纪 30 年代，中国开始闭关，断绝了与外部世界的联系，这让远洋航海活动戛然而止。然而，凭借对全球经济的吸引力，当时的中国仍是世界最富裕的国度。到 1500 年，中国占全球商品和货物输出量的 25%，相比之下，英国仅占 1.1%。

整个 15 世纪，繁荣的商贸活动和往来路线将中国和欧洲连接起来，这些商路绵延 8 000 千米，横跨海洋、山脉、草原和沙漠。这些商路被德国探险家冯·李希霍芬男爵(Baron Von Richtofen)在 19 世纪 70 年代命名为"丝绸之路"。各式各样的奢侈品由船只、骆驼和马匹在这条路上运输。到达欧洲时，这些商品的价格可能会增长 1 000%，而且通过了众多中间环节，包括批发商、零售商、朝廷管理部门等。这些中间环节会收取费用、赚取利润、少付货款、征税以及索贿。

几个世纪以来，威尼斯商人一直承担着向欧洲进口中国、印度和其他亚洲商品的重任。阿拉伯商人将亚洲商品运抵地中海东部，包括埃及的亚历山大和叙利亚的阿勒颇等重要市场，威尼斯商人则从他们手中买入这些商品。

这是个非常赚钱的生意，因为威尼斯人有效地垄断了该行当。葡萄牙人出海探索，成功找到了一条速度更快、成本更低的通往东方的商路，这在一定程度上打破了威尼斯人对香料贸易的绝对掌控权。近一个世纪的冒险后，葡萄牙航海家达·伽马在 1498 年绕过非洲最南端的好望角，驾船驶入印度洋，最终到达印度马拉巴尔海岸的城市卡利卡特（Calicut）。卡利卡特是东方重要的贸易中心，与威尼斯和安特卫普的地位不相上下，印度、阿拉伯和中国商人常来这里做生意。

英国上流社会一直是东方特色商品的狂热消费者。12 世纪，十字远征军带着各色奢侈品从圣地（Holy Land）① 返回欧洲时，英国上流社会便开始青睐这些商品。大部分产自热带的舶来品非常稀有，特别是香料，它的英文名 Spice 与"特殊的（special）"有相同的词源，因为香料产量极低。除了番红花（Saffron）②，其他香料都只能在原产地生长。这些奇珍异宝般的调味品不仅能保存、提味食物，还被认为能防治疾病、焕发性欲、召唤神灵等。香料的价值取决于购买和使用它们的人，几世纪以来，只有君王、贵族和主教才能买得起。

然而英国商人没有能力像葡萄牙和西班牙人那样同东方国家直接进行贸易。事实上，直到 16 世纪 50 年代早期，英国人才意识到他们必须开始寻找欧洲以外的新市场。但英国没有商业对手那样深厚的远洋技术积累。幸运的是亨利八世的海军上将约翰·达德利知道谁能解决这一难题，前提是他能说服这位人士返回英格兰。

达德利心中的人选是塞巴斯蒂安·卡伯特（Sebastian Cabot），塞巴斯蒂安·卡伯特是全欧洲最棒的航海专家。

---

① 圣地，大致指位于约旦河与地中海之间的地域，包括约旦河东岸地区。——译者注

② 番红花，可用于烹饪调味，也可用于布料染色。英国人在托马斯·史密斯的出生地沃尔登成功培育了番红花。因此，这也被众人成为"沃尔登番红花"。

航海冒险，寻找新大陆

卡伯特家族在欧洲无人不知、无人不晓，能追溯到英格兰人首次踏上新世界的年代。塞巴斯蒂安·卡伯特的父亲是威尼斯人，名叫乔瓦尼·卡伯特（Giovanni Cabota），也叫祖安·卡伯特（Zuan Cabota），后来改为英式名字约翰·卡伯特（John Cabot）。1497 年，约翰·卡伯特开始为英格兰效力，出海寻找新大陆。国王亨利七世授予他特许状——指定探索许可权的皇家文件，上面写着"有权寻找、发现以及探寻任何岛屿、国家或者地区……至今基督世界尚不知道的地方"。

亨利七世对约翰·卡伯特航海冒险赞助的意义远不止一次勇敢无畏的主动出击，而是挑战当时海上霸权的惊人之举。这些霸主不仅包括西班牙和葡萄牙的国王，还有天主教教皇亚历山大六世。1492 年哥伦布首次宣布西印度群岛领土归属西班牙后，葡萄牙人对此提出抗议。在一场由教皇监督的协商会议中，西班牙和葡萄牙签署了《托尔德西利亚斯条约》（*Treaty of Tordesillas*）。教皇亚历山大六世是西班牙人，协议则以双方谈判所在地西班牙南部村庄托德西利亚斯命名。双方在接近大西洋中部的位置画了一条子午线，将世界分为两个部分。在子午线以西，西班牙有权占有任何发现的非基督教领土，同时有权进行航海探索；在子午线以东，葡萄牙享有相同的权利。实际上，西班牙和葡萄牙两国自己就将未探明的世界瓜分了，这得到了教皇的同意。教众相信，教皇是上帝在人间的代表。

亨利七世支持约翰·卡伯特的航海行动是很冒险的，因为这会引发教皇、西班牙和葡萄牙的回击，同时约翰·卡伯特的能力也有待检验。约翰·卡伯特名字的含义是"轮船"，他是地中海区域内的资深海员，但他没有远洋航行经验。不过这个威尼斯人有雄心且能言善辩，他显然愿意冒这个险。作为远洋之都，布里斯托尔名声在外，这是一座繁华的港口城市，凭借捕鱼业，以及同波尔多、里斯本、塞维利亚和大西洋海岛亚速尔群岛（Azores）、马德拉群岛（Madeira）、加那利群岛（Canaries）直接进行贸易创造财富。布里斯托尔还充满各种传说，这里的海员对探索大西洋情有独钟。据说一位布里斯托尔人曾出海寻找虚幻之地布拉希尔岛①，有两位商人声称自己找到了神秘的"新发现之地"。也许这有些荒诞，但却是布里斯托尔当地传说的一部分。

1497年5月，约翰·卡伯特乘坐"马修"号（Matthew）帆船从英国港口布里斯托尔出发。这艘帆船拥有3个桅杆，挂着印有亨利七世标志的大旗。塞巴斯蒂安·卡伯特称，当时还是少年的他就跟随另外17名船员一同乘这艘船出海远洋。6月，他们靠岸登陆，发现了一处用火痕迹，一根"用染料木雕刻和绘画"的木棍，一条通往树林的小径，表明这里曾经或有人居住。约翰和他的水手们立起一个十字架，升起亨利七世的旗帜以及威尼斯圣马克的旗帜，以此代表英格兰王国占领此地。约翰将这里称为"Prima Tierra Vista"或"首先发现之地"。不过现在已没人知道这片区域的确切位置，有些人说是纽芬兰，也有人说是新斯科舍（Nova Scotia）。

当约翰·卡伯特返回布里斯托尔时，他成了名人，潮水般的赞誉向他涌来。久居伦敦的威尼斯商人洛伦佐·帕斯夸里戈（Lorenzo Pasqualigo）写道："他穿着绫罗绸缎，这些英国人像疯子一样追随他。"约翰很可能对外宣称他到了遥远的中国。帕斯夸里戈继续写道："这位威尼斯人乘着小船从布里斯托尔出海寻找新世界，他说他发现了700里格（League）②外的大陆，那里是大汗的国家。"亨利七世对此极为欣喜，赏给约翰皇家津贴，并赐他海军统帅这一令人瞩目的头衔。

---

① Isle of Brasil，又称为High Brasil，要与南美洲的巴西区分开来。布拉希尔岛，是爱尔兰传说中的神秘岛屿，隐藏在迷雾中，每隔7年才现身一天。位置在爱尔兰以西的大西洋。——译者注

② 不同文化对1里格的计算方法也不同。有的将1里格定为纬度的1/25，约合4千米，而水手眼中的1里格为纬度的1/20。骑马一天走的路程通常算作7里格。不过海上的距离几乎无法计算，因为没有船能在海上两点间走直线，因此按航行时间估算相对更好。

然而好景不长。第二年，约翰·卡伯特率领 5 艘船再次出海，亨利七世和一些布里斯托尔商人提供了资金支持。众人对他寄予厚望。据米兰公国的使节说，此次航海计划是"建立殖民地"。他继续解释说："他们希望通过这种方式让伦敦成为比亚历山大港更重要的香料贸易中心。"但约翰·卡伯特的船队却从此音讯全无，没人知道他们的命运如何。

塞巴斯蒂安的地图

有传言说塞巴斯蒂安·卡伯特这次也跟随出海，并搭乘其中一艘船返回了英格兰。在父亲去世后，年轻的塞巴斯蒂安继承了亨利七世授予的特许状。几年以后，20 多岁的塞巴斯蒂安开始横穿北大西洋。1508 年，塞巴斯蒂安扬帆起航，他确信自己发现了美洲岛屿北部海岸的航道。他认为这是通往中国的航线。这条航线便是著名的"西北航道"（Northwest Passage）。塞巴斯蒂安到达的地方可能是如今的哈得孙海峡。直到 100 年后，探险家亨利·哈得孙（Henry Hudson）才发现这个海峡。塞巴斯蒂安后来透露，要不是船员以兵变威胁他返航，他会继续沿着这条航道抵达中国。当然，这只是他的假设。当塞巴斯蒂安返回家乡时，亨利七世已经去世，而正如威尼斯人所言，新国王亨利八世"对航海探寻新世界并不怎么上心"。

在接下来的 3 年时间里，塞巴斯蒂安在英格兰做起了制图师。到 1512年，他得到皇家准许，前往西班牙为亨利八世的岳父费迪南德国王（King Ferdinand）效力。他似乎被"到西印度群岛、鳕鱼群岛（Island of the Bacallaos①）航行"的前景所吸引。塞巴斯蒂安显然给西班牙宫廷留下了良好印象。1518 年，他得到一份美差，在贸易议院担任首席领航员。这一皇家机构负责管理西班牙在新世界的政治和经济等相关事务。首席领航员是西班牙的领航长，地位非常重要，该职位首设于 1508 年，第一任首席领航员

---

① Bacallaos，西班牙语，意思是鳕鱼。西班牙人在纽芬兰海岸发现了大量的鳕鱼，因此将这片区域命名为鳕鱼群岛。

由亚美利哥·韦斯普奇担任。塞巴斯蒂安负责不断更新"皇家普查"，即贸易议院的世界海洋图谱。

即便履任新职，塞巴斯蒂安仍对寻找通往东方的西北航道充满热情。1519年，亨利八世的枢机主教托马斯·沃尔西（Thomas Wolsey）联系身为西班牙朝臣的塞巴斯蒂安，请他以亨利八世的"荣耀"和"英国的公共利益"的名义，主导"航海探寻"，前往"新发现之岛"。亨利八世突然对新世界充满兴趣的原因不得而知，但他承诺，如果商人们出资赞助此次航行并负责船员的薪水，他会提供船只。作为回报，这些商人将得到为期10年的贸易垄断权并免除15个月海关关税。

商人们仔细考量了亨利八世的提议。威廉、理查德和约翰，格雷沙姆家族这三兄弟决定出资赞助，其他纺织公会成员和布里斯托尔商人也慷慨解囊。不过大部分伦敦商人对此持怀疑态度。特别是势力强大的呢绒商公会的会员，他们认为花费大量的人力、物力去相信一个名叫塞巴斯蒂安·卡伯特的人是毫无意义的。他们质疑塞巴斯蒂安的经验，怀疑他的主张，认为他只是重复"从他父亲和其他人以往的谈话中听来的内容"而已。尽管亨利八世致力于推行这项计划，但计划还是于1521年宣告失败。

随着希望的破灭，临近不惑之年的塞巴斯蒂安·卡伯特只得继续在西班牙担任首席领航员。1524年，又一次机遇出现在他面前，这次他得到了西班牙帝国统治者查理五世的垂青。一个商会愿意资助塞巴斯蒂安前往东方航行。同时，久居塞维利亚的英国商人罗伯特·索恩（Robert Thorne）也出手相助，他的父亲此前就曾赞助过约翰·卡伯特的航行。查理五世命塞巴斯蒂安要将船装满"中国、他施（Tarshish）①、俄斐（Ophir）②、日本、摩鹿加群岛（Islands of the Molluccas）以及其他陆地和岛屿"上能找到的"黄金、

---

① 他施，圣经中的古国，出口重要的金属制品。——译者注

② 俄斐，圣经中生产黄金和宝石的地方。——译者注

白银、珍珠、宝石、药品和香料"。

1526 年 4 月，塞巴斯蒂安的船队横渡大西洋。他原本应依照命令穿过麦哲伦海峡前往东方，但他没有按计划航行，南美寻宝未果。麦哲伦海峡以葡萄牙贵族费迪南德·麦哲伦（Ferdinand Magellan）的名字命名，5 年前麦哲伦首次环球航行时在南美最南端发现了这条走廊。塞巴斯蒂安返回西班牙后因在航行中违抗命令被捕下狱，审理后被判有罪，流放奥兰（Oran）——这座西班牙控制的贸易之城位于非洲北海岸，现属阿尔及利亚。不过最终塞巴斯蒂安获得了缓刑，并恢复了首席领航员的职位。

达德利并不十分了解塞巴斯蒂安在西班牙跌宕起伏的人生，但不论塞巴斯蒂安过去如何失败，达德利都相信，这位威尼斯人拥有丰富的经验、过硬的技术和不屈不挠的奋斗精神。

没有迹象表明塞巴斯蒂安考虑返回英国。他在西班牙安了家，虽然名誉上有挥之不去的污点，但查理五世仍很器重他。塞巴斯蒂安在工作上并不顺心，在贸易议院里，随着航海实践派与理论派之间争论的不断升级，他被迫卷入其中。塞巴斯蒂安是实干家，对学术理论持怀疑态度，他在双方的争斗中败北，同时还失去了官职。此时他已年近古稀，他可以继续留在西班牙安享晚年。但 1547 年，塞巴斯蒂安的爱妻去世了，这让他一下子对西班牙变得了无牵挂。他向贸易议院请了 6 个月的假，声称要前往布鲁塞尔处理一些商业事务。达德利获悉塞巴斯蒂安对未来的迷茫以及他正要离开西班牙的消息后，便抛出了橄榄枝。他和枢密院委员商议决定专门拨款 100 英镑"将领航员塞巴斯蒂安·卡伯特从伊比利亚半岛迎回，并安排在英国定居和工作"。第二年，塞巴斯蒂安·卡伯特抵达英国，他每年的养老金高达 166 英镑。

查理五世对塞巴斯蒂安的离去感到非常生气。1549 年 4 月，他吩咐使节召回塞巴斯蒂安。后来查理五世解释说："塞巴斯蒂安必须清楚地认识到我们需要他的服务，这是我们的权利。"然而塞巴斯蒂安巧妙地规避了这些要求，不久之后，外界开始理解查理五世生气的缘由。到达英格兰后，塞巴斯蒂安在达德利的指示下参与了多个远洋项目，其中一项是攻打秘鲁，那里是西班牙白银的来源地，不过这项计划最终没有成行。第二项是出海前往英国商人朝思暮想的中国。正如西班牙使节指出的那样："伦敦人认为这位船长（塞巴斯蒂安）的工作极有价值，相信他掌握着英格兰航海事业的秘诀。"

塞巴斯蒂安确实带着秘密来到了英格兰：他从西班牙带回了一张世界地图。塞巴斯蒂安在 1544 年绘制了首张世界地图，以此凸显他对全球陆地、海洋的熟知程度。与许多当时的地图一样，这张世界地图结合了从水手、商人等处收集的细节信息以及想象出来的插图，页边满是大篇幅的传说故事。地图上还绘制了船只、原住民、建筑、传说中的巨耳野兽、能叼起牛的大鸟以及孟加拉人的葬礼活动。

这张地图同时呈现了一些塞巴斯蒂安也不确认的信息。整个地球北部区域印着拉丁语"Mare congelatum per totum"字样，意思是"冰海之地"，因此，这片区域可能无法穿越。然而塞巴斯蒂安认为，这片海域是完美的航道，美洲北部海岸线拥有便于行船的北部航道。他并非唯一持此观点的人。1507 年，德国制图师马丁·瓦尔德塞米勒（Martin Waldseemüller）出版的地图册对世界进行了全新的描述，称其为《根据托勒密的制图方法与亚美利哥等冒险家的发现所绘制的世界全图》（*Universalis cosmographia secundum Ptholomaei traditionem et Americi Vespucii alioru* [m] *que lustrationes*），简称《世界图志》。瓦尔德塞米勒借鉴了亚美利哥·韦斯普奇著作中的内容，他不赞同古代宇宙学家被神化的观点，即世界由欧洲、非洲和亚洲三部分组成。亚美利哥创造了"新世界"一词。瓦尔德塞米勒认为世界还有第四个大陆：世界的西部边缘有座四面环海的狭长、锯齿状的岛屿。他给这块大陆起了名字，并指出既然世界"第四部分"是由"亚美利哥·韦斯普奇发现的"，那么"所有人都没理由拒绝将这部分称为'亚美利亚'（America），以纪念这块土地的发现者亚美利哥（Amerigo）"。

不过瓦尔德塞米勒的北美地图很大程度上源于臆测，而塞巴斯蒂安相信北部航道的存在来自他 1508 年的出海航行，他表示当时已找到这条航线的入口。之前在西班牙时，他致力于再次起航去冒险，但最终没有成功。尽管塞巴斯蒂安竭尽全力保守他的秘密，不过仍有其他人注意到了他的言论。1537 年，著名宇宙学家杰玛·弗里西斯（Gemma Frisius）制作的地球仪上标记了一条向西而后折向西南最终走向太平洋的航道。弗里西斯是荷兰人，在西班牙宫廷担任皇家制图师。弗里西斯将其称为"三兄弟海峡"——这与塞巴斯蒂安和他的两个弟弟有关，他们三人的名字都在英格兰国王授予其父亲的皇家特许状上。这个地球仪好像特别突出这一点，弗里西斯将南部海岸线标注为"不列颠人发现的地方"。

　　值得注意的是，塞巴斯蒂安并未在 1544 年的地图上绘制北部航道。但1547 年来到伦敦后，他与雕刻师兼作家的克莱门特·亚当斯合作着手更新完善地图。修订版地图（现已丢失）描绘了这条北部航道，很快，这便成了约翰·达德利和伦敦商人立志要前往中国依据的重要文献之一。

第 3 章

一份新的商业冒险计划

1552 年末，一群商人、朝臣、学者与塞巴斯蒂安·卡伯特商议后，制订了新的商业冒险计划，并起了个相当亮眼的名字：探索未知陆地、岛屿和海域的商人冒险家合作专业协会（以下简称商人冒险家协会）。这项计划的目的在于促使众人"集思广益"来"做出判断"，并且为冒险行动"提供必备资金和物资以保证盈利"。

商人冒险家协会的诞生

商人冒险家协会很难算英格兰第一家公司性质的组织。众多中世纪的伦敦商人行会联合起来保护和推动某一特定贸易，逐渐演变成同业公会。这些同业公会享受皇室授予的特权，其组织者穿着讲究，与众不同。其中的十二大公会比较著名，由纺织公会领导，这些都是国家最有权势的机构之一。他们通过学徒制度，决定谁可以进入他们的行业。同时，他们还制定了质量标准：例如，金匠会在一座大楼里工作，他们会将质量好的产品做金色标记，因此也就形成了检验标记。最重要的是，这些同业公会授予他们的会员自由民的身份，即市民资格。没有这种资格的人，禁止在伦敦城内做生意。未经公会准许做生意的会被视为"闯入者"而遭驱逐。

商人冒险家协会也有这类传统同业公会的特征。协会名称中"mysterie"一词来自拉丁文的"ministerium"和盎格鲁－诺曼语的"mestier"，意思是"技术"或"神圣的天职"，彰显这是一个职业团体，是某一领域或行业的专业机构。不过"商人冒险家协会"这一名称有些名不符实，掩盖了这个组织真正的公司特征。与十二大公会相比，商人冒险家协会的成员不是单一的同类人群，而是将英格兰商人、朝臣两大统治精英以新的方式集结到了一起。

要了解英格兰政商关系，必须首先了解伦敦的地形。1572 年出版的 16世纪 50 年代的伦敦地图显示，这是座生机勃勃的城市。泰晤士河上商船云集，非常繁忙。东边是伦敦城，伦敦塔耸立其间，四周是罗马人垒建的城墙。当年罗马人选择将伦敦作为横渡泰晤士河的地点时，便修建了这些城墙。伦敦城是商业中心，商人在这里占据统治地位。西边则是威斯敏斯特，这里的建筑都围绕着中世纪的修道院而建。皇宫和议事厅都在这里。这两个区域通过斯特兰德大街连在一起，而街边尽是豪门望族的临水豪宅。

一直以来，伦敦城和威斯敏斯特的商人与朝臣保持着紧密的共生关系，双方一损俱损一荣俱荣。商人填满皇家金库以获取商业特权。不过这一切随着修道院的瓦解而发生了变化，朝臣作为皇家的支持者借机获得了大量的财富和房产。例如，约翰·达德利将德拉姆宫据为己有。这座位于河岸街边的宅邸原本是德拉姆主教的私产。商人们也从中渔利，比如，纺织公会占据了伦敦城正中心宏伟的教堂和修道院及其相关土地。这些地产曾属于前坎特伯雷大主教托马斯·贝克特（Thomas Beckett）。

随着伦敦城的商人和威斯敏斯特的朝臣财富越积越多且都享受着皇家恩赏，双方开始分享权力。商人冒险家协会便是他们在共同目标下合作建立的首批合资机构之一，且独具特色。它在共同目标基础之上建立起一种新的商业组织形式，属于全球最早的股份制结构形式之一，同时也是英国第一家合股公司性质的组织。在此之前，无论是去安特卫普、波尔多、里斯本还是塞维利亚，甚至前往地中海东部，英国的远洋贸易一直由个体商人或商会资助来保证商业活动中所需要的资金。但商人冒险家协会提出的前往中国的计划耗资巨大而且极具风险，没有哪个商人或者大臣有足够的流动资金支持这项计划，而且由于爱德华六世的财务状况已处于崩溃边缘，也不能指望皇室出资。

为解决这一难题，商人冒险家协会的管理层选择了合股组建公司性质的组织形式。这可能是塞巴斯蒂安·卡伯特的建议，因为与商业行会一样，股份制方案是意大利商人的首创，而塞巴斯蒂安非常了解意大利商人的经营活动。意大利商人也设计了公司的基本理念，他们称之为"compagnia"（公司），这个词是由拉丁文"cum"和"panis"结合而来的，字面意思是分吃面包。这能让通常有亲属关系的个人为共同利益而团结一心，并将时间和财力投入到唯一的合伙机构或家族企业中。股份制的形式让公司的概念又进了一步，它提供了管理架构和长久性经营的企业状态，因此大批个体投资人能在相当长一段时间内共同出资、均担风险。这些投资人不局限于家族成员，而且并非所有人都直接参与公司运营。这极大地激发了朝臣们的投资意愿，因为他们可以投资获利，同时又省去了参与烦琐的商业管理。股份制公司还允许投资者向他人馈赠股权，或者以高于原始投资的价格出售所持股份。

任何人只要投入 25 英镑，就可买入一股股份，成为商人冒险家协会的股东。尽管现在看起来这笔钱不值一提，但在当时，25 英镑远不是大多数人承受得起的数字。一位熟练工人 3 年的收入 ① 也到不了这个数。然而对于巨富阶层来说，25 英镑只是一套精美铠甲的价格，因此每股 25 英镑合情合理，甚至很有诱惑力。哪有其他地方可以花这么一笔钱就能干一场大事业的呢？因此，商人冒险家协会最终募集了 6 000 英镑。与之相比，60 年前亨利七世资助约翰·卡伯特第二次出海寻找新发现之地时，总共才花了 50 英镑。商人冒险家协会的投资者名单已经淹没在历史长河中，但如果每位认股人只买了 1 股的话，意味着有 240 人乐于或愿意拿出大量资本投入很容易满盘皆输的冒险活动之中。

随着组织结构的确立和资金到位，商人冒险家协会的成员，特别是乔治·巴尼、威廉·加勒德以及安德鲁·贾德等人开始筹备出海远航计划。这 3 人组成了一支超强的团队：资金雄厚且管理经验十分丰富。巴尼、加勒德在伦敦分别担任市长和警长职位，而贾德则担任羊毛集中地——加来的最高长官，负责监管加来的羊毛贸易。尽管托马斯·格雷沙姆当时被任命为国王的管家，在安特卫普负责处理皇室的生意，但他在英格兰本土仍有很大影响力。

商人冒险家协会组织者的首要任务是建造 3 艘能出海远航、穿行险恶水域的大船。为此，他们四处寻找最新设计和制造的舰船。在这方面，约翰·达德利给予了很大帮助。在他担任海军上将期间，积累了大量的相关知识。舰船要能装下大批商人和船员，同时有足够空间存储 18 个月的给养和装备，还要有宽敞的存货地方，能放置呢绒、其他出口货物和他们希望从目的地带回的商品。

商人们竭尽全力地开展筹备工作，确保所用材料质量上乘，包括"非常

---

① 根据史蒂夫·拉帕波特（Steve Rappaport）的《世界中的世界》（*Worlds Within Worlds*）中的信息，1490—1609 年间，半熟练工人或熟练工人的日均名义工资为 4 便士。1553 年，名义工资上涨了 60%（但由于日常用品价格上涨，民众的实际购买力是下降的），所以假设一周工作 6 天，那么工人的年收入约为 8 英镑。

坚固且经得起惊涛骇浪的木板"。勤奋的造船工人"夜以继日并以精湛的技术"将舰船打造得"坚固牢靠",能经受住恶劣环境的考验。与此同时,他们一起努力为各种可能发生的情况作准备。例如,商人曾了解到一种名为"蛀船虫"的虫子甚至能在最坚硬的橡木板上钻孔,这将对船只造成严重影响。为解决这一难题,造船工人在龙骨外包裹上了一层薄铅板。

建造舰船的同时,商人冒险家协会着手处理远航任务的关键环节:招募指挥此次冒险的专业人员,还有船员等。与西班牙的竞争对手不同,商人冒险家协会的商人无意占领遥远的土地或者在那里兴建军事要塞。他们的目的是与海外市场的首领建立友好关系,或者用国王爱德华六世的话说,是建立"密不可分且天长地久般的友谊"。他们希望在海外设立商业总部,推动贸易合作向盈利方向发展。

显然,英国没有具备这些能力的合适人选。因此,商人冒险家协会认为挑选一位贵族军人作为船队的最高指挥官是最明智的决定。这名贵族军人要出自健全的家庭,拥有无可指摘的性格和过人的精力。基于以上条件考虑,商人冒险家协会选定了休·威洛比(Hugh Willoughby),他是"优秀人才",家庭出身也符合要求,而且年龄在 30 岁左右,正是年富力强的时候。威洛比有从军经验,在与苏格兰军队的战斗中表现出色,被授予骑士封号。此外,威洛比十分渴望得到这次机会。正如克莱门特·亚当斯所言,这位年轻的骑士"诚恳地请求"指挥这次出海远航。

威洛比符合诸多商人冒险家协会的遴选条件,但他缺乏一项重要资本:航海经验。因此商人冒险家协会同意任命一位首席领航员负责整个船队。他们选择了塞巴斯蒂安·卡伯特中意的人选理查德·钱塞勒(Richard Chancellor)。1550 年,钱塞勒参加了塞巴斯蒂安组织的远航训练。训练船为"奥舍号"(Aucher),由达德利家族密友兼朝臣威廉·奥舍爵士(Sir William Aucher)出资赞助。"奥舍号"航行目的地是黎凡特,船只由包括钱塞勒、斯蒂芬·伯勒(Stephen Borough)和威廉·伯勒(William

Borough）两兄弟以及造船师马修·贝克（Matthew Baker）等一群年轻的天才船员操控。船长罗杰·博登汉姆（Roger Bodenham）日后表示，所有船员都非常出色，已做好驾驶船只出海冒险的准备了。

钱塞勒还得到了贵族亨利·西德尼（Henry Sidney）的赞誉。西德尼出身贵族，是达德利的女婿，同时他与国王爱德华六世还是多年朋友。西德尼20岁出头，双唇精致，上眼睑有些下垂。他是出色的演说家，力挺自幼在他家长大的钱塞勒。"你们通过报道知道这个人，"西德尼说，"我则是凭借他以往的经历；你们通过文字知晓他，我则是依靠他往日的活动；你们通过演讲和公司熟悉他，我则是通过他的点滴生活全面、彻底地了解他。"

不过，是钱塞勒对海洋的丰富知识而非西德尼的夸耀打动了这些理智的商人，同时赢得了他们的信任。他们甚至认为，"生意兴隆的愿望"几乎完全要仰仗这位年轻的领航员了。

寻找前往中国的潜在航线

由于对钱塞勒极度信任，商人冒险家协会成员希望尽可能为他做好万全准备。最终，他们送钱塞勒到当时重量级宇宙学家约翰·迪伊那里学习。迪伊年仅25岁，与约翰·达德利很熟，而且是达德利孩子的家庭教师。迪伊负责帮助钱塞勒掌握绘制海图的技能，这是穿行不熟悉海域和绘制前往中国航线的必备能力。

如果有谁能在绘制海图方面帮助钱塞勒，那只有迪伊。他被盛赞为"博学之士"，是剑桥大学新生代的学者之一，他因得到威廉·塞西尔的举荐而声名远扬。迪伊是威尔士人，父亲是呢绒商人。据说迪伊"是位美男子"，身材"高挑"，而且"肤色白皙透亮"。迪伊就读于塞西尔挚爱的剑桥大学圣约翰学院，在这里，迪伊开始平步青云。他总是身着宽松飘逸的服装，像"艺术家穿的那种大袖长袍"一般，这也成了他日后的标志性着装。与此同时，迪伊还养成了伴随他整个一生的求知好学的习惯。他几乎每天工作 18 小时，只休息"两个小时去吃饭喝水（或者提神儿）"，"剩下 4 小时用来睡觉"。

1546 年，仍是少年的迪伊被任命为亨利八世创办不久的三一学院的创始研究员。尽管数学是他的真爱和强项，但他正式的专业是希腊语。三一学院后来以艾萨克·牛顿爵士等教授为傲，但当时学院却没有一位数学讲师。正如同时期的传记作家约翰·奥布里（John Aubrey）所说："占星家、数学家和巫师被看作是同一类人。"

1547 年，剑桥大学的明星法律教授托马斯·史密斯进入宫廷任职后，迪伊便渡过英吉利海峡前往鲁汶大学进修民法学。鲁汶大学在现今的比利时境内，不过在鲁汶大学，迪伊对宇宙学产生了浓厚的兴趣。宇宙学家的目标是阐述造成宇宙形成的首要原则，而不是地球或其他行星的精准地理属性。迪伊开始学习宇宙学时，正值学术界对宇宙的理解发生天翻地覆的变化之际。1543 年，迪伊前往欧洲大陆求学的前几年，一本名为《天体运行论》（De Revolutionibus）的著作出版发行。《天体运行论》的作者是波兰教士尼古拉·哥白尼（Nicolas Copernicus），他在书中提出了与当时宗教相左的理论，即太阳而非地球才是宇宙的中心。他的观点在学术界引发了激烈的争论。

在鲁汶大学，迪伊遇到了宇宙学领域的重要人物——杰玛·弗里西斯以及弗里西斯的学生杰拉德·墨卡托（Gerard Mercator），他们结下了深厚的友谊。与他们相处的日子里，迪伊临摹了他们的地图，并收藏了墨卡托的一对地球仪。1551 年他返回家乡时，呢绒行业正大幅萎缩，英格兰深陷经济危机。很快，迪伊的辅导对象不只是达德利的孩子，还增加了年轻的国王爱德华六世。在这个岗位上，他另辟蹊径，以新颖的方式教授数学，包括"测量宇宙的大小"这一宇宙志学上的永恒追求。

与其说迪伊与理查德·钱塞勒是师生，倒不如说两人是合作关系，虽然迪伊一直盛赞这位年轻的领航员是"出类拔萃"的学生。两人一起解决了诸多棘手问题，特别是高北纬区域的航行问题：北极点的磁引力会影响罗盘，令其难以显示正确的航线，而且越靠近极点经度越紧密，因此如果按照定点罗盘所指的方向，船员也许会偏离航道。为辅助他们的研究，迪伊和钱塞勒参考了迪伊从鲁汶大学带回的墨卡托的地球仪。此外，他们使用了被迪伊称作"悖论罗盘"的自主发明，用来帮助船员修正因纵向压缩而产生的不准确数据。

迪伊和钱塞勒同时还必须将注意力放在寻找各种前往中国的潜在航线上。两人可能查阅了卡伯特的修订版世界地图。这份地图于 1549 年完成，上面标注了西北航道。因为卡伯特毕生热衷寻找这条航道，所以迪伊与钱塞勒当时可能也沿着北美大陆边缘绘制了航道。不过在两人完成工作之时，商人冒险家协会似乎同意船队走另一条完全不同的航线：东北航道。投资者被告知威洛比和钱塞勒将尝试"沿着挪威、拉皮亚（Lappia）、芬兰（Finmarchia）海岸，以及格鲁兰德（Groueland）海岸狭窄的海域驶向东方，继而到达名为'Mare Congelatum'的冰海之地，最终达到中国"。

尽管痴迷于中国，但商人冒险家协会的商人对不列颠群岛以东以北的风土人情和海域情况知之甚少。造成这一局面的原因很大程度在于汉萨同盟的商人牢牢控制着这些地域的贸易。因此控制北海，也就是后来的"冰海之地"或者德国海，并非毫无道理。直到 1552 年托马斯·格雷沙姆突然向汉萨同盟的特权开火后，商人冒险家协会的商人才有机会考虑向东北以及更远的海域进发。格雷沙姆的举措为英国商贸往来进入公共海的航道扫清了障碍。

不过，有关中国和前往东方的海上航道的信息多如牛毛。16 世纪上半叶，葡萄牙人积累了 6 000 份与东方贸易往来的相关文档。不过这些资料中的很大部分未曾出版，也未曾公开，而是贴上了保密的标签。大量没有被政府或贸易机构列为保密信息的出版物，要么太过笼统、陈旧而无法使用，要么没有英语或拉丁语版本。1516 年，彼得·马特（Peter Martyr）讲述西班牙和葡萄牙探索发现历史的著作《新世界简史》（*Decades of the New World*）首次出版。1551 年，乔瓦尼·巴蒂斯塔·赖麦锡（Giovanni Batista Ramusio）的《航海旅行记》（*Navigations Voyages*）第一卷出版，但这部讲述旅行家传奇故事的书却没有英文译本。

广受欢迎的游记见闻故事填补了这一认知缺口，其中最主要的一本是《马可·波罗游记》。另一本流行著作是《鄂多立克东游录》（*The Eastern Parts of the World Described*），该书作者为方济各会的修道士鄂多立克（Odoric），他在 14 世纪时从意大利出发前往伊朗、印度、中国和俄罗斯等地旅行。印度东南部的马拉巴海岸丰富的胡椒产量让鄂多立克叹为观止，他写道："胡椒生长在有着青藤般叶子的植物上。"鄂多立克还描述了数座中国城市，其中包括辛迦兰（Censcalan），也就是现在的大型工业城市广州。即便在鄂多立克的时代，广州也是"3 倍于威尼斯"的超大都市。他口中的中国航运业"非常繁荣，数量之大几乎让人难以置信"。鄂多立克在"恢宏之都汗八里"待了 3 年时间。汗八里也就是现今的北京，是当时中国统治者大汗居住的城市，大汗在这里建造了富丽堂皇的宫殿。鄂多立克在书中介绍了中国朝廷如何为旅行者提供信息，解释如何通过飞驰的快马或疾走的骆驼传送消息。

更受公众喜爱的一本书名为《曼德维尔游记》（*Travels of Sir John Mandeville*）。据称该书的作者是一位英国骑士，书中讲述了他从 1322 年起游历印度和中国近 30 年的所见所闻。几乎可以肯定的是，约翰·曼德维尔是一位法国空谈旅行家的笔名，他书中的故事大部分都抄自鄂多立克的作品。不过《曼德维尔游记》还是引起了公众对大汗的浓厚兴趣。似乎这位中国帝王和他的大臣们认为羊毛呢绒比他们的"金丝织物和丝质羽纱"更珍贵，这足以让英国绒面呢供应商两眼放光。

为了进一步了解东方，商人冒险家协会的组织者开始"调查、研究以及搜索与东方领域或世界其他地方"相关的信息。非常奇怪的是，他们的调查方法竟是向国王爱德华六世马厩里的两位仆人请教。亚当斯称他们是"鞑靼人"，即他们来自鞑靼或中亚地区。曼德维尔也使用了鞑靼的说法。这两位马夫没有提供有价值的信息，两人最终承认对家乡知之甚少，而且两人更喜欢"抱着酒瓶"而非"了解家乡的风土人情"。

为能得到确实可靠的信息，商人们委托塞西尔的另一位助手和当时他的秘书理查德·伊登负责准备"新发现之地"的资料文档。这促成了《新印度论》（*A Treatyse of the Newe Inida*）的问世，此书涵盖了《宇宙志》（*Universal Cosmographie*）中的大部分内容。《宇宙志》作者是德国人塞巴斯蒂安·明斯特（Sebastian Münster），他在瑞士巴塞尔大学担任教授。《宇宙志》于 1544 年出版，书中提供了许多海外地区的信息。但商人冒险家协会关注的焦点在如何抵达中国，因此伊登挑选整理了东方国家的内容，包括马拉巴海岸"印度最著名的集镇"卡利卡特、"元帝国"、中国南方的"令人惊叹的城市"。伊登把东方世界描绘得光彩夺目，与之相比，他用贬损的语言形容西班牙占领的美洲土地，称这里"有食人族而且商业机遇有限"。

伊登献给达德利的作品不仅仅是英译本的故事集，它实际上也是面向商人冒险家协会投资者的招股书和宣传手册。伊登被视为"英国第一位帝国主义文学家"，他竭力推荐读者去看看"高尚诚实事业带来的回报"，即世间的财富，还有上帝赞歌和基督教信仰如何随之延伸。当时，大部分地图没有标注通往中国的北部航道，为消除人们的疑虑，伊登给出了他的解释。他认为是由于制图师一直使用克劳迪厄斯·托勒密（Claudius Ptolemy）的陈旧计算结果。在公元 150 年写成了《世界地名辞典》的希腊裔埃及数学家托勒密是"一位杰出人才"，但现在很多事物在他的那个遥远时代"未收入其知识体系中"。

即使前有卡伯特和迪伊提供的知识支撑，后有伊登在《新印度论》中收集的信息相助，商人冒险家协会仍在黑暗中大胆尝试、摸索前行。威洛比和钱塞勒对商人冒险家协会的准备和调查工作几乎毫不知情，两人不知道他们要去何方，也不清楚他们会有何发现以及如何同遇到的人做生意。对此，克莱门特·亚当斯承认说："是否存在这条航线仍值得怀疑。"

这正是塞巴斯蒂·卡伯特制定一些精确操作指南的原因，他称这些指南为规章。这也是威洛比和船员的使命宣言和员工手册的重要组成部分。

凭借在西班牙贸易议会担任领航员的经历和他自己的丰富航海经验，塞巴斯蒂安·卡伯特深知没有明确的目的声明及书面规章制度，出海冒险可能会酿成灾难性结果。他的 33 条规章为管理航海船队，以及与陌生人相处提供了指导，并给出了在陌生市场做生意时最有效的方法建议。

第一条实质上是概括性的，而且基调极有鼓舞性。他恳请船员们能"团结一致，友爱互助，遵守规章，服从命令"。只有避免出现不同意见者的武力叛乱，才能看到成功的希望，而叛乱"曾毁掉了很多可能成就非凡事业和功绩的航行"。塞巴斯蒂安的这些话源自他痛苦的经历。1508 年，当他到达他所认为的西北航道的入口时，手下船员却爆发了叛乱。1526 年，当船只沿着南美洲海岸航行时，他再次与船员发生了冲突。

塞巴斯蒂安·卡伯特的多条规章都涉及远洋航行以及船队管理等方面。其中，他认真强调船长、领航员以及各主要负责人都必须在航行问题上保持一致。此举意在防止船只彼此走失，同时避免船长采取单独行动。在另一条规章中，他再次明确指出"船队应同进同退，不能分开单独行动"。

他还强调了航海日志的重要性，建议商人们"应该每天详细记录，不遗漏每日每夜"。所有这些关键信息都应保存在"共同的账簿"中，以便商人冒险家协会的管理者总结经验，为下一次出海做好准备。另一条规章中强调了信息收集的价值，该条指出"每艘船的司务长和厨师"每周或每日记录

"食物、水果、鱼、饼干、肉类或面包"的消耗状况，确保"无浪费和过度消耗"。船队贮存了 18 个月的给养，但没人确定他们多久才能返回英格兰。详细且精确的食品供应记录有助于在生死存亡时刻做出正确决策。

威洛比和他的船员们确信会遇到新人类。塞巴斯蒂安告诫他们万万不得使用"暴力或武力"。英国人在这点上非常明确，他们希望与西班牙人截然不同，尤其不能"受到女性的诱惑"，这意味着英国人与当地人不能调情、发展浪漫恋情。此外，不管当地人的行为、长相多么奇怪或不寻常，船员要竭力做到"不蔑视、不讥笑、不侮辱"以免"惹怒"当地人。

如果涉及宗教信仰问题，塞巴斯蒂安建议船员"默不作声，悄悄略过"。尽管投资者一直确信商人冒险家协会可以推动基督教信仰的延伸，但英国人希望以和平商贸为目标的航海行动不会因其他任何事情而被破坏。为确保这一点，塞巴斯蒂安在规章中加入了一条严厉的提醒，即本协会是一个以全新股份制规则运营的合作组织。他表示，任何个人都无法以个人的名义或出于个人的利益私自与他人做生意。每个人只能为"股东的集体利益"出力。

更重要的是，全体船员要切记，他们是为国王和国家执行任务，"不能轻言放弃"，塞巴斯蒂安写道，"我们必须竭尽全力圆满完成任务。"

第 4 章

"希望号"、"财富号"与"信心号"

　　1553 年 5 月 20 日下午，商人冒险家协会新建的船队整装待发。船队计划从距伦敦中心区约 3 000 米的村落拉特克利夫（Ratcliffe）起航。船队的指挥舰是"希望号"，由休·威洛比指挥，不过他缺乏航海经验；领航员理查德·钱塞勒担任船队中最大船只"财富号"的最高指挥，而第三艘船为"信心号"。这三艘船的名字体现了商人冒险家协会的乐观：美好的希望，旺盛的财运和充足的信心。

坚定地驶向大海

　　船队带着国王爱德华六世的赐福与祝愿和一封皇室信函出发了。这封信函有希腊语和"其他多种语言"译本，收信人头衔写得华丽庄重："致全球所有的国君、王子、法官和总督大人。"在信中，爱德华六世以英格兰国王的身份宣布"准许正直、勇敢、可敬的休·威洛比爵士"前往英属领土外的地方旅行探险、通商开市，并与海外贸易伙伴建立"牢不可破、天长地久的友谊联盟"。爱德华六世向外国君主承诺，如果准许英格兰商人在他们的国土内通商开市，他们的商品"无论何时来到我们的王国"，都会得到同等优惠。

根据出航命令，船队先向泰晤士河入海口行驶，航程约为 56 千米。而后，他们将向北驶入北海，即冰海之地，接着进入距苏格兰较远的一个海域，即现今的挪威海。

驶过挪威海岸后，他们再次向东调转船头，借着风和洋流的力量远航。如果一切进展顺利，他们会借着顺风极速穿过东北航道，绕开塞巴斯蒂安·卡伯特在地图上标注的"未知之地"，最终到达期望中的航路，进入中国的海域。他们将从这里航行抵达中国以及其他东方市场，用英国呢绒换取当地的香料、丝绸或其他物品。

不过这项大胆的"蓝色海洋"战略很大程度上还停留在纸面上。为落实这项计划，威洛比和钱塞勒组建了一支由海员、厨师、木工、枪手、外科医生和牧师等 116 人构成的队伍。此外，18 位商人也随船远航，他们将是首批敲开海外市场大门的英国客商。

船队出发当天，塞巴斯蒂安·卡伯特前往拉特克利夫送行。他已年近70 岁，头发彻底变白，浓密的胡须垂落到胸口。由于年事已高，他无法亲自出海远航，但他期待着此次航行能证实：通往中国的北部航道的存在。

随着 5 月潮水的上涨，船员们身着华丽的湛蓝色制服，同他们的妻子、孩子和亲朋好友告别。这身制服由一个小渔村生产的呢绒裁剪缝制，这个小渔村位于沃切特（Watchet），在英格兰西南部海岸。船队沿泰晤士河顺流而下，在德特福德（Deptford）泊岸过夜。第二天，船队抵达格林尼治（Greenwich），那里有国王爱德华六世和大臣们居住的富丽堂皇的宫殿。看到船队驶来时，大臣们都跑出宫殿目送他们远航。市民们挤在河岸边向船队挥手致意；枢密院成员透过办公大厅的窗户看着船队；其他人则匆忙跑到各个塔顶一睹盛况。船员们叫喊着，爬上缆绳和船尾楼顶，摇晃桅杆，并且鸣枪示意，"震耳欲聋的声音在重峦叠嶂间回响"。据现场的人员描述，大家如"凯旋般"欢呼。然而年轻的国王爱德华六世却无法走到窗前欢送，他得了重病，周围的人正为他的身体而担忧。

威洛比的船队顺着泰晤士河行驶了 6 天，从布莱克沃尔（Blackwall）到伍利奇（Woolwich），再到格雷夫森德（Gravesend），一路颠簸到达了泰晤士河注入北海的河口。然后他们沿着英格兰东海岸航行，停靠在泰晤士河入海口以北 80 千米的哈里奇港（Harwich），等待着风向改变。6 月末，风终于从西南方向吹来，"希望号"、"财富号"和"信心号"坚定地驶向大海，并向祖国做了最后的告别，因为船员们不确定有生之年是否还能踏上这片土地。"航行中船沉海底的危险""将要探险的海域的神秘莫测"令船员们"不禁潸然泪下"。甚至连胆识过人的理查德·钱塞勒都偶尔会想，"如果遭遇不测，他扔在家中的两个年幼的儿子就会成为孤儿"。

抵达莫斯科

威洛比的船队尽量严格按照塞巴斯蒂安·卡伯特的指导说明行事，竭力以他重点强调的"同进同退"的方式航行。7 月末，他们已在海上航行一个多月，一场巨大的风暴席卷挪威沿岸。"狂风肆虐，浓雾重重，"威洛比在航海日志中写道，"视线范围内我们无法看到其他船只。"钱塞勒不仅担心同伴会与他走散，更担心大家遭遇不测。"如果大海的狂怒和暴虐吞噬了这些好船员，或者如果他们还活着，流落到陌生国度，我必须说，他们值得拥有更好的命运。"

第二天，"希望号"上的船员看到了远在地平线的"信心号"。然而钱塞勒所处的"财富号"却不见踪影。与领航员走散后，威洛比决定继续航行，前往约翰·迪伊绘制的海图上所标记的地方——瓦尔德豪斯（Wardhouse），也就是现在挪威的瓦尔德（Vardo）地区，与挪威北部沿岸隔海相望。他们此前曾商议，万一船队走散就到这里会合。

实际上当威洛比刚刚选定这项计划时，就遇到了麻烦。他并非船员出身，缺乏船员对天气判断的直觉以及确保两艘船在恶劣风暴中不偏离航道的经验。据一位几年后去过瓦尔德豪斯的人描述，这个"城堡矗立在岛上"，距大陆约有 3 千米远，是丹麦国王的管辖区域。这里的居民与大陆隔绝，"只能依靠打渔为生"。威洛比无助地扫视海平面，他的船在海上颠簸着转向东北航行，8 月中旬，向东南行驶。最终 8 月末他们返回原地开始朝西进发，一直航行到 9 月中旬。依照威洛比的航海日志记载，他们走的这条路径是令人绝望的"之字形"航线。没有钱塞勒，威洛比无法有效地利用指挥舰上的航海仪器。他不无担心地写道："瓦尔德豪斯没有在地球仪上标记的地方出现。"

9 月中旬，在离开伦敦 4 个月后，"希望号"和"信心号"终于停靠到一处避风港。不过这里不是瓦尔德豪斯，但此处的港湾深入陆地，是躲避风暴、安全下锚的理想之所。水里满是海豹和鱼类，而陆地看起来"奇特而美丽"。船员们看到了熊、鹿、狐狸和一些"奇怪的野兽"。一周后，他们"认为最好在此过冬"。"一年已过去大半"，而且他们惧怕再次遇到"邪恶天气"。

在威洛比抛锚准备过冬之际，钱塞勒刚刚从风暴中死里逃生，指挥"财富号"顺利平稳地抵达瓦尔德豪斯。他在那里等了 7 天，不停地寻找威洛比的两艘船，但一无所获。钱塞勒不得不做出取舍，这一次他没再参考塞巴斯蒂安的指导说明。不过塞巴斯蒂安在他制定的规章中也指出"面对突发情况，没有一成不变的规则"。

钱塞勒决定按照塞巴斯蒂安的一般性规则行事："不放弃，坚持完成你的计划。"身为钱塞勒保荐人的亨利·西德尼爵士也曾指出，钱塞勒是位超级英勇的水手。与"待在家躲清闲"的商人投资者不同，钱塞勒选择"冒着生命危险探索巨大且如猛兽般的大海"。西德尼继续说道，如果钱塞勒没有成功，他觉得死得其所。钱塞勒"保持航向继续驶向未知水域，走了不知多远，最终到达了一个根本没有夜晚、阳光持续不断地照耀着的一片浩瀚冰冷的海域"。

对于航行而言，北极不间断的白昼是个恩惠。即使拥有精确的海图以及对海域有相当的了解，夜间航行仍是危险的事情，更何况这两项钱塞勒都没有。这里没有浮标和航道标识，也没有灯塔显示陆地的位置。威洛比还在北海饱受煎熬时，钱塞勒却在午夜太阳的帮助下横跨 160 多千米，到达了一个大海湾。

钱塞勒不知道他身处何地，"财富号"靠岸后，不久他看到远处有一只渔船。他与几位船员走向这些渔民，而这些渔民"极为惊恐"，迅速躲开了。塞巴斯蒂安在指导说明中强调要礼貌友好地同当地人打交道，想到这一点，钱塞勒设法劝说渔民回来并邀请他们登船参观。他了解到这个"国家名叫俄罗斯（Russia），沙皇伊凡·瓦西里耶维奇（Ivan Vasilivich，俄罗斯当时的国王）统治和管理着这片幅员辽阔的土地"。

这些俄国人问钱塞勒和他的船员"从何处来以及此行目的"。他们回应说自己是英国人，是"奉国王爱德华六世陛下之命出海"。他们向渔民保证，不会做对伊凡陛下不利的事，只是想与他的臣民通商开市。他们说，如果双方能开展贸易，那么他们"毫不怀疑两国的臣民将获得更多的商品和利润"。

航行期间，钱塞勒已展现了作为领航员的价值，如今，他又显露作为外交家和谈判官的才能。在与当地长官进一步的对话中，俄国人告诉钱塞勒，没有沙皇伊凡·瓦西里耶维奇的准许，他们之间不能进行贸易。当地长官秘密派遣一位信使"滑雪橇"前往莫斯科给瓦西里耶维奇送信。在等待俄国沙皇指令的期间，对于能否给钱塞勒提供援助，当地长官一直支支吾吾。钱塞勒逐渐失去耐心，他威胁将放弃前往莫斯科的计划。这让俄国人乱了阵脚，他们已看到了钱塞勒带来的部分"货物和商品，正是他们十分渴求的"。因此，在没得到沙皇回信的情况下，他们决定组织雪橇队送钱塞勒一行人前往莫斯科。这是一段穿越约 2 400 千米冰封之地的旅程，途中，他们遇到了往回赶路的信使，他带来了伊凡沙皇以"最诚挚的方式"书写的欢迎信。当钱塞勒最终抵达莫斯科时，眼前的景象让他十分震撼：这座城市"规模庞大，与伦敦一样宏伟"，这里有很多高大建筑，不过没有伦敦的建筑看起来漂亮。

当时的俄国沙皇伊凡四世（后被冠以"可怕之人"的绰号）让英国人等了 12 天后才出来接见。钱塞勒一行人被护送至沙皇的宫殿，他们穿过重重大门时发现，约有 100 位大臣"身着金丝制成的华丽服饰"来迎接。而后，他们来到"会见厅"，沙皇"居高临下，端坐在宝座上"，他头戴金冠，身穿长袍，手握"宝石镶嵌的权杖"。伊凡四世的秘书长和 150 位大臣出席了欢迎仪式。这场面让英国旅行家十分惊愕，"惶恐不安"，但钱塞勒仍保持冷静，向沙皇呈递了爱德华六世的信函，并简明扼要地回答了沙皇的诸多提问。伊凡四世显然对英国人的表现非常满意，邀请他们当晚共进晚餐。场面同样震撼：黄金餐具，金丝桌布，140 位身穿金丝服饰的侍从为这 100 位宾客服务。晚饭过后，伊凡四世与每位客人打招呼交谈，而且说出了所有人的名字，这令英国人惊讶不已。

俄国沙皇接见英国人确实是个重大事件。自从 1066 年诺曼底公爵威廉在黑斯廷斯之战中打败了英格兰国王哈罗德一世以来，英国与俄国就没有过正式接触。当时哈罗德一世之女已经嫁给了基辅大公。钱塞勒到达俄国时恰逢情况出现微妙变化之际。俄国人通过开通从莫斯科通往里海的伏尔加河的贸易航线来扩大沙皇的帝国版图，这条路线利用了波斯通往中国的丝绸之路。距上一次代表哈布斯堡家族（Habsburgs）的西欧使节来访俄国已过去 30 年时间，如今伊凡四世希望寻找新的贸易伙伴，钱塞勒的不期而至为他带来了重建与西欧宫廷、商人间关系的机遇，而他不想错失这次良好的机会。

在莫斯科停留数周之后，钱塞勒实现了此行的目的：沙皇伊凡四世签署了致国王爱德华六世的贸易协议。伊凡四世授权英国商人"在我管辖的整个领土内，拥有所有贸易自由，带着各种商品自由出入，不会受到任何阻挠、迫害或妨碍"。授予钱塞勒这些商业权利的沙皇，为英国打开了朝思暮想的庞大新市场之门，英国呢绒和其他产品自此有了新销路。

钱塞勒对此行的收获非常满意，他决定返回英国，即便此次冒险的首要目标——寻找前往中国的航道仍未实现。当然也许威洛比已设法穿过冰川，甚至可能正在同大汗做生意了。

以莫斯科公司的名义，筹备新的冒险之旅

在从拉特克利夫起航出海一年后，钱塞勒指挥"财富号"返回泰晤士河，但此时，英格兰局势发生了翻天覆地的变化。钱塞勒带着俄国沙皇写给爱德华六世的信函，不过这位英格兰少年国王已经去世近一年。商人冒险家协会的船队经过格林尼治不久后，爱德华六世在亨利·西德尼的怀中咽下了最后一口气。

与此同时，将塞巴斯蒂安·卡伯特带到英格兰的约翰·达德利也走完了他人生中最后的日子。他因在在爱德华六世死后密谋让自己十几岁的儿媳简·格雷（Lady Jane Grey）加冕称王而被处以极刑。在简·格雷坐上女王宝座的9天里，达德利希望她支持新教事业并巩固他自己的权力。但信奉天主教的亨利八世之女——37岁的玛丽·都铎（Mary Tudor）带兵夺得了王位，迫使达德利投降，并且玛丽·都铎将达德利判处死刑。

许多曾参与创办商人冒险家协会的商人都站在达德利一边，他们签署所谓的"继承案"，意在将王位传给简·格雷。这些商人包括时任伦敦市长的乔治·巴尼爵士、威廉·加勒德、安德鲁·贾德爵士、约翰·格雷沙姆爵士以及12位其他羊毛进出口公司和商人冒险家公司的成员。但当玛丽·都铎

夺得王位后，他们对达德利的支持荡然无存，摇身一变成了玛丽的忠实追随者。不过眼下是非常时期，商人们必须谨慎行事。1554 年 1 月，玛丽遭遇了新教徒反抗事件，肯特郡地主托马斯·怀亚特（Sir Thomas Wyatt）带领一支 3 000 人的武装力量打到伦敦，拥戴玛丽同父异母的妹妹伊丽莎白登上王位。但此次叛乱很快就被镇压下去。6 个月后，玛丽嫁给了小她 10 岁的菲利普（Philip Ⅱ，也被译为腓力二世）——查理五世的儿子，他也是西班牙王位继承人。这对新教徒起到了震慑作用，他们惧怕遭到天主教的迫害，同时这也让英国商人十分恐慌，担心宫廷赐予他们的贸易垄断权会被西班牙人抢走。

这些复杂情况把商人冒险家协会的商人们推入了尴尬境地。如果他们能在钱塞勒的航行上实现投资回报，就需要皇家特许或议会法案支持成立正式的公司，以便得到与俄国贸易的垄断特权。1553 年，在船队出发前，专利特许状已准备妥当，但是爱德华六世并未在文件上签字，可能由于他病情危重，也可能因为达德利将精力放在了王位继承的密谋上，没时间想这件事。

如今，为落实特许状，商人冒险家协会的组织者不得不向玛丽和菲利普求助。由于菲利普很可能有意维护《托尔德西利亚斯条约》，商人们不确定这两位君主是否会签字授权。不过西班牙对北方领域完全没有兴趣，两位君主满足了商人们的诉求。因此，1555 年 2 月 26 日，他们成立的一家新公司拿到了特许授权：拥有探索发现地域、领土、岛屿和未知之地权利的商人冒险家公司（Company of Merchant Adventurers）。他们抛弃了"商人冒险家协会"这一可以追溯到中世纪商业行会的名称，此时，组织者拥有了一家具有前瞻性的真正公司性质的商业企业。此外，他们通过向东方派遣持有皇家授权的船队，且绝不染指西方海域，非常清楚地表明他们不会向西班牙发起挑战。

商人冒险家公司（如今通常简称为莫斯科公司或俄国公司，不要与之前的商人冒险家公司混淆，其仍掌握向安特卫普出口呢绒的独家经营权）取得了与俄国和英国"北面、东北和西北等"所有土地的贸易垄断权。这片广阔的土地占世界陆地的很大一部分。垄断权意味着只有莫斯科公司的成员才能在这片指定的区域做生意，任何没有获得公司"特许、同意和批准"的人胆敢在此处开展贸易，将面临船只和商品被没收的风险。

莫斯科公司是"一个整体和永久的团体"，日常运营方面则由一到两位理事、四位"执行官"或副理事以及24位"助理"或主管管理。塞巴斯蒂安·卡伯特获得了终身理事的荣誉称号，直到1557年离开人世前，他都以一种父亲般的形象指导着新生代的海洋探险家。

投资者蜂拥而至，他们纷纷购入这家新公司的股票。总共有201人出钱投资，其中有199位男士和两位女士，这两位寡妇可能是从商人丈夫手中继承了公司的股票。巨富商人占据了主导地位，其中包括实干家乔治·巴尼爵士、威廉·加勒德，还有安德鲁·贾德爵士及其女婿托马斯·斯迈思（Thomas Smythe）、托马斯·格雷沙姆和他的叔叔约翰·格雷沙姆，以及格雷沙姆家族的生意伙伴和朋友莱昂内尔·达克特（Lionel Duckett）、托马斯·洛克（Thomas Lok）及早几年使货币增值立下汗马功劳的约翰·约克爵士（John Yorke）。

部分名门望族也加入了投资者队伍，其中有阿伦德尔伯爵亨利·菲茨艾伦（Henry FitzAlan），他担任皇室内务大臣一职；贝德福德伯爵约翰·拉塞尔（John Russell），他是掌玺大臣；埃芬哈姆霍华德男爵威廉·霍华德（William Howard），他担任海军大臣一职；温彻斯特侯爵威廉·保莉特（William Paulet），他担任财务大臣一职。此外，亨利·西德尼以及威廉·塞西尔也投资了莫斯科公司。尽管两人一直与约翰·达德利交往密切而且支持简·格雷登上王位，但通过政治权谋保住了自己的身家性命和高官厚禄。西德尼赢得了菲利普的宠爱，这位未来的西班牙国王甚至同意做西德尼儿子的教父，同时，西德尼儿子也改名为菲利普。塞西尔没有像许多其他忠诚的新教徒那样逃亡国外，而是选择留在英格兰绞尽脑汁博得新君欢心，他甚至开始学习西班牙语。

有了特许状，莫斯科公司着手筹备新的冒险之旅——重回莫斯科。在威洛比不在身边的情况下，理查德·钱塞勒用实际行动证明了自己作为领航员、船长、商人及外交家的能力，因此他被任命为船队的领航上将。玛丽女王和菲利普国王给沙皇写了一封信，分别用希腊语、波兰语和意大利语书写。理查德·伊登负责筹备另一份文档，内容包括各类信息的英译本，如首部讲述西班牙和葡萄牙探索新世界的历史著作——彼得·马特的《新世界简史》。伊登的工作极有开创性，他将数个新词语引入到英语中，包括中国的英文"China"，不过旧说法"Cathay"仍沿用了数年之久。为了商人的利益，这份文档还加入了一章有关俄国的内容，其中一些信息并不可靠甚至非常荒诞。比如，一则故事讲述了一个俄国人掉进了 2 米多深的蜂蜜池中，幸好抓住一只经过的狗熊的腰才得救。

莫斯科公司准备了一套新的指导条款。为在俄国建立长期可持续发展的商业企业，莫斯科公司派遣了众多年轻商人担任"代理人、代理商和法律顾问"。这些商业代表拥有很大权力，能代表公司处理事务，特别是他们负责建立代理商店。这里的代理商店是供代理人、代理商办公和存货的地方，而非商品生产设施。

即使这家公司专注于俄国的新业务，但是寻找通往东方的北部航道的目标一直萦绕在理查德·钱塞勒的脑海中。他总是要与碰到的任何"博学之士或阅历广泛的人"交换意见，确定从俄国到中国是否真的存在航道或陆路通道。威洛比当然也没有被遗忘，一旦获得关于威洛比和船员所在位置的可靠消息，他们就会前往"营救"。

指导条款的最后一条（第 33 条）重复并详述了塞巴斯蒂安·卡伯特最初制定的规章内容：不可能为所有情形编写指定的命令、规则和授权，因为环境"会不停变化"。因此公司要信任员工，相信他们会维护公司利益，并采取他们认为"大有裨益"的行动和决定。他们不仅会维护公司的"荣耀、名誉、声望、信用"，还会考虑"国家的公共利益"。

东方世界依然遥不可及

1555 年 5 月，钱塞勒再次出海远航，这一次船队由"财富号"及新建的"菲利普玛丽号"组成。船队安全抵达瓦尔德豪斯后，"菲利普玛丽号"按计划返航。船上的货物用于兑换其他物品，部分商人留在此地定居，目的是在这座正处于发展中的海港建立商业贸易站，用英国呢绒换取当地的鱼类、皮毛、木材和其他商品。钱塞勒的"财富号"继续向东穿过白海，而后抵达德维纳河（Dvina River）河口，他们在圣尼古拉斯修道院对面的小岛上建了一座仓库。他们将小岛命名为"玫瑰岛"。据后来一位到访过小岛的人描述，这里到处弥漫着"淡红色的玫瑰和鲜艳的紫罗兰、迷迭香"等散发的香气。

抵达这里后不久，钱塞勒收到一则让人惴惴不安的消息：俄国渔民发现了威洛比的船只，位置就在威洛比航行途中。不过钱塞勒何时以及如何得到这一消息现在已无从知晓。两艘船停在俄国人称之为阿兹那河（Arizna）的河口。这里可能是现在的瓦尔济纳河。阿兹那河流经俄国西北部的科拉半岛（Kola Peninsula），并最终注入瓦尔德豪斯以东约 320 千米的巴伦支海（Barents Sea）。两艘船上的所有人都被冻死了。

1555 年秋，"财富号"返回家乡，威洛比遇难的消息也传回了英格兰。很有可能是"财富号"的船员将此消息说了出去。不久之后，消息传遍整个欧洲。威尼斯驻英格兰使节乔瓦尼·米希尔（Giovanni Michiel）记录了一些可怕的细节，他称是英国船员说出了发现威洛比和他的船员们遇难时的恐怖"状态"。他们似乎是被活活冻死的，一些人仍保持着"写字的姿势，他们手里拿着笔，纸还摆在面前"；另一些人"坐在桌前，手里端着盘子，嘴里含着汤勺"；还有些人"正打开柜子"。他们保持着各种各样的姿势，就像雕像一般，仿佛他们被调整好姿势放到那里似的。随船而行的狗也被冻死，尸体像岩石一样坚硬。当钱塞勒得到这一悲惨消息后，他派遣一位船员登船检查，确认结果，拿回贵重商品和威洛比的珍贵的航海日志①。

作为持有皇家特许状的代理人，乔治·基林沃思（George Killingworth）讲述了首批英国商人进驻俄国的故事。从玫瑰岛开始，钱塞勒、基林沃思以及其他英国商人很快便要面对现实，这里的商业环境与他们熟悉的西欧完全不同。首先，阿尔汉格尔斯克（Arkhangelsk）与安特卫普不一样，安特卫普的商业设施完善，人们可以迅速地装卸商船或码头仓库的商品，而在阿尔汉格尔斯克，英国商船的货物必须先搬到当地的驳船上，然后再转运到上游的贸易中心，整个航程达 112 千米。首个贸易中心是科尔莫格罗（Colmogro），即现今的霍尔莫戈雷（Kholmogori）。这里是繁忙的商业前哨，放眼望去满是木质房屋和开怀畅饮的人们，俄国人、鞑靼人和其他地区的商人来此贩卖鱼类和皮毛等商品。英国人还得从科尔莫格罗再往上游走 1126 千米到沃洛格达（Vologda），这里是俄国西部的贸易重镇，英国人抵达此处已是 9 月中旬。

在沃洛格达，基林沃思与同伴们像往常那样在展销会和市场做买卖，他们摆好货物，让所有人都能看到。一位俄国当地人想以每匹 12 卢布买下基林沃思的全部绒面呢，但基林沃思极不愿意接受这单开张买卖，特别是他拿不准这单生意是否合适。1 卢布能与 1 英镑等价交换吗？其他商人是否愿意或者以什么价格卖出名贵的英国绒面呢？最终，基林沃思与同伴决定等待有利机会，因此他们第一单生意"只卖了一点点"。塞巴斯蒂安·卡伯特制定的指导说明，却没有给出定价和销售技巧方面的建议。

---

① 威洛比和船员们的死因一直存在争议。在《休·威洛比爵士的命运》一书中，戈登认为威洛比船上所用烟煤产生的一氧化碳，才是杀死所有人的真凶，这解释了为何尸体仍保持各种姿势。

在俄国的商业城市，外国人并不鲜见。即便如此，基林沃思仍是一位令人印象极为深刻的角色。根据他的朋友兼代理人同事亨利·莱恩（Henry Lane）的记载，基林沃思长着浓密"黄色"胡须，有"将近1.6米长"。

最终，英国人意识到如果他们想在俄国以商人身份站稳脚跟，就必须定期在政府所在地——俄国首都莫斯科抛头露面。位置上，莫斯科距沃洛格达约885千米。于是，钱塞勒、基林沃思和其他三人告别同事，带着商品以及赠送给沙皇的食糖前往莫斯科。留下的同伴包括安德鲁爵士之子理查德·贾德，由于积雪过深，他们只得抛弃马车，带上食糖，骑马前行。他们在前往莫斯科的途中经过了一些集镇，了解到可供贸易的产品：各类皮草，包括貂皮、海狸皮、狐狸皮等；各类其他贵重商品，如鲑鱼、海豹油、海盐、羽毛、亚麻、牛脂和大麻。

钱塞勒一行人于1555年10月初抵达莫斯科。他们再一次受到盛情款待：沙皇将他们安排在克里姆林宫附近住下，并与他们共进晚餐。当基林沃思起身敬酒时，他那1.6米长的胡须落到沙皇的桌子上。这引起了伊凡四世的极大兴趣，他拿起基林沃思的胡须给坐在他身旁的马卡里乌（Macarius）看。马卡里乌是莫斯科的大主教，他也留着长须，他称赞基林沃思的胡须是"上帝的恩赐"。

在莫斯科期间，英国商人与俄国官员商讨贸易条款，双方最终敲定了一份贸易协定。同时他们也了解到，首都莫斯科虽然在与高层政客搞好关系上具有重要意义，但这里却不是商业中心。莫斯科不但物价高，而且能用于贸易的商品也不多。因此钱塞勒和基林沃思认为科尔莫格罗是建立首个英国贸易站的最佳选择地。这里商品资源丰富，物价低廉，而且离莫斯科也不是很远。

1556年7月，钱塞勒乘船返回英国，而基林沃思则留下负责打理处于萌芽期的英俄贸易事务。船队中的"菲利普玛丽号"再次来到俄国，而"财富号"满载总计约为两万英镑的各类珍贵商品,包括蜡、牛脂、皮毛和毛毡等起航回国。与此同时,一位特殊的俄国客人——首位俄国驻英大使奥赛普·纳皮亚(Osep Napea),带着送给英国君主的貂皮登船离港。

这次带着美好愿景起航的船只,却最终以灾难收尾。在返航的路上,钱塞勒搭救了威洛比的"希望号"和"信心号"这两艘失踪已久的船只。然而,这两艘船随即便在危险多变的大海上失事了。接着,当钱塞勒快到家时,遭受了最后的打击。当驶入苏格兰东北部海岸阿伯丁(Aberdeen)附近的皮茨利戈海湾(Pitsligo Bay)后,"财富号"不幸遭遇了"骇人的大雨和极端的风暴"。风暴拔起"财富号"的船锚,将其拍在岩石上,"整艘船被撕成了碎片"。最后关头,英勇的钱塞勒将纳皮亚大使从汹涌的海水中救出,但他却牺牲了。钱塞勒的一个儿子也在此次事故中遇难。"财富号"遇险失事,船上的物品损失殆尽,不过大部分并非葬身大海,而是被"这个国家粗鲁、贪婪的人一抢而光"。任何有价值的东西,包括钱塞勒的笔记、记录和账目都被"洗劫、损毁以及掠走"。

正如克莱门特·亚当斯所言,钱塞勒一直是莫斯科公司的"巨大希望",完成了公司交给他的很多任务,虽然他没找到通往中国的航道,但他却为冒险活动失去了一切,甚至生命。似乎不冒巨大的风险就没有巨大的回报,而成功总是伴随着失败而来。

对于商人们来说,海难只是其中的一个挫折,他们很快就恢复了过来。不幸中的万幸,奥赛普·纳皮亚没有遇难,他们派遣包括翻译罗伯特·贝斯特(Robert Best)在内的莫斯科公司的管理人员护送纳皮亚前往伦敦。这位俄国大使受到了商人们的盛情款待,他们都盛装赴会,"穿着天鹅绒大衣,戴着金链子"。纳皮亚在英国期间的一切花销都由商人们支付。

尽管俄国离英国更近些,但令人沮丧的是,中国和东方世界仍披着神秘的面纱,遥不可及。

第 5 章

伊丽莎白·都铎女王的困境

1559 年 1 月 14 日，一位美丽的公主乘坐豪华的皇家马车穿行在伦敦的街道中，号声嘹亮，四位男爵护卫旁边。这位将改变英国世界地位的女人便是年仅 25 岁的伊丽莎白·都铎（Elizabeth Tudor）。马车行进得很慢，街边挤满了欢呼雀跃的人群。一位在场观众写道，这是个"盛大场面"，主角是"高贵的公主"，在"她最爱的臣民"前初次露面。第二天，伊丽莎白加冕成为英格兰、爱尔兰和法国女王。1 月 15 日也是伊丽莎白最宠爱的占星家约翰·迪伊测算出来的吉利日子。

女王加冕前的权力斗争

表面上，高贵的头衔和盛大辉煌的加冕礼掩盖了伊丽莎白曲折的王位继承始末以及英格兰危机四伏的现状。但皇室仍深陷债务危机，呢绒贸易持续衰退，失业和贫富差距仍困扰着这个国家，同时人与人之间的关系也因宗教分歧而出现裂痕。更有甚者，伊丽莎白在威斯敏斯特教堂接受涂油礼后，就有人开始威胁她的女王之位：在英格兰，她的王位饱受质疑；在法国，支持她为法国女王的人寥寥无几；在爱尔兰，她拥有的统治权力十分有限。

伊丽莎白的父亲亨利八世从未想过立她为王。16世纪30年代，亨利八世就宣布他与安妮·博林（Anne Boleyn）的女儿伊丽莎白是私生女，并剥夺了她的王位继承权。尽管16世纪40年代时她重获王位继承权，但私生女的名声却始终伴随着她。当1553年同父异母的姐姐玛丽加冕称王时，伊丽莎白不得不谨慎行事，因为阴谋论者企图将她卷入各种政变，以求推翻玛丽女王。伊丽莎白甚至还被短暂地关进伦敦塔监牢里，不过当42岁的玛丽女王突然死亡后，伊丽莎白知道属于她的时代终于到来了。她挺了下来，显然，加冕称王已经是无法改变的事实。当听到即将成为女王的消息时，伊丽莎白正在她的乡间宅邸哈特菲尔德庄园（Hatfield House）里散步。她跪在一棵老橡树下，低声祈祷："A domino factum est et mirabile in oculis nostris."（这是上帝的旨意，我们无法左右。）

然而，混乱局面很快出现，玛丽女王的丈夫、西班牙国王菲利普开始接近伊丽莎白，并向她提出婚约。菲利普凭借娶玛丽女王为妻，获得了英格兰国王的尊号。玛丽女王去世后，菲利普失去了国王的尊号和所谓的继承权，但他不愿失去自己在英格兰的影响力。对于西班牙而言，英吉利海峡是其统治低地国家的生命线，而英格兰却不再将西班牙视作盟友。

菲利普追求伊丽莎白之际，法国人和苏格兰人也相继向她发难。伊丽莎白的表妹——苏格兰女王玛丽宣称她才是英格兰王位的真正继承人。年仅16岁的玛丽是亨利八世的侄女，她出生仅6天便从亡父——国王詹姆斯五世手中继承了苏格兰王位。由于玛丽的母亲是法国人，因此她自幼生活在法国。1558年，在伊丽莎白登上英格兰王位前，玛丽嫁给了法国王位的继承人弗朗索瓦（Francois）。第二年，弗朗索瓦成为法国国王，玛丽也因此变成了法国女王。

玛丽是位狂热的天主教徒，与欧洲绝大多数天主教徒一样，她不承认伊丽莎白的母亲与亨利八世的婚姻合法。为了维护自己是英国王位继承人的说法，玛丽厚颜无耻地将象征英格兰的纹章——三只金色青舌狮子与苏格兰和法国的纹章一起放在盾徽上。

在登上女王宝座之时，伊丽莎白便意识到自己陷入了欧洲各大力量的权力斗争中。一幅地图很好地解释了伊丽莎白的困境。加冕礼结束后不久，伊丽莎白得到一份玛丽女王送给菲利普的地图册。在由葡萄牙天才制图师迪奥戈·霍姆（Diogo Homem）创作的精美地图册内，每个国家都用自己皇室的旗帜标记出来。菲利普的盾徽印在英格兰正中心，仿佛这座光荣的岛国只是西班牙帝国的海外飞地。

这本地图册一直被保存到现在，不过菲利普带有塔楼的城堡和雄狮的盾徽已被删除。历史学家推测，这是伊丽莎白故意为之。这位年轻的女王痛斥西班牙要统治世界的企图。她的父亲亨利八世曾在1533年，也正是伊丽莎白出生那年的国会议案中宣布英格兰为帝国，他自己则是帝国国王。

但如果没有强大的帝国做后盾，伊丽莎白也无法成为国王。在她加冕英格兰女王前一年，英格兰失去了不列颠群岛之外的最后一块主权领地——法国海岸的加来。

女王的豪赌

数百年来，加来一直是英格兰向欧洲大陆输出商品的大门，也是出口羊毛的重要且唯一的贸易中心。不过长久以来，英国君主们都宣称拥有更多的法国领土，范围从法国和西班牙交界的比利牛斯山到英格兰与苏格兰交界的古罗马墙。在被如今称为百年战争的一系列冲突中，英格兰人被迫从法国土地上撤出，到1453年，英格兰在法国的落脚点只剩下加来，这里也正是羊毛集散地。

加来的意义远不止海滨港口和羊毛集散地，它还是战略要塞，使英格兰有能力保护伦敦与安特卫普之间的商路。加来的领域范围包括周边的 310 平方千米的沼泽、耕地以及数个村落。这就是众所周知的"Pale"（地域自治管辖区），"Pale"一词源自拉丁词语"Stake"（用木桩表明地界），具体而言是指统治者以受保护的领地为基础划出边界。加来有城堡，但人们的生活中心却在市集广场，特别是在羊毛集散公司周边。公司在羊毛批发商人所属的雄伟大楼里办公。欧洲各个地方的呢绒商人成群结队地来此采购英格兰羊毛。即使在 16 世纪 50 年代羊毛贸易衰退期间，仍有一些英格兰商人在加来过着体面的生活。其中一位便是安德鲁·贾德爵士，他在建立商人冒险家协会后，晋升为加来市长。

整个欧洲大陆都认识到加来对英格兰连接欧洲消费市场的重要性。正如威尼斯驻英大使乔瓦尼·米希尔所言："加来是通往英格兰领土的关键和重要的大门。"失去加来，英格兰将失去国家的"出口"，羊毛"无法快速安全地进入其他国家，至少没那么容易"。他指出，事实上加来对英格兰意义非凡，如果英格兰人失去对其的控制，那么"他们不仅会被封锁在欧洲大陆以外，同时也断了与世界的商业往来"。

在安德鲁·贾德爵士担任市长期间，有关法国人将夺回加来的流言四起，但这仅仅是传言而已。1558 年 1 月 1 日，令人担心的事情终于发生了，一支法国军队袭击了加来。英格兰反应迟缓，玛丽女王要求孤注一掷，捍卫这座"王国的明珠"。伦敦商人派遣了一支 500 人组成的支援部队，羊毛集散地公司也在贾德的带领下组织了 100 人的队伍。但人数还是太少而且错过了反击时机，不到一周，加来就落入了法国人的手里。根据商人兼日记作家亨利·梅钦（Henry Machyn）的记录，加来失守"是伦敦乃至英格兰听到过的最沉痛的消息"。对于安德鲁·贾德而言，这一消息是毁灭性的。8 个月后，他抑郁而终。玛丽女王已饱受癌症的折磨，她更无法承受加来失利带来的痛楚，10 个月后，她也与世长辞。"打开我的胸膛，"她哀叹说，"你们会发现加来在我心间。"

加来羊毛集散地的意义非凡，失去加来对英格兰经济和一些巨商的个人财富来说也是重大打击。伊丽莎就任女王后的第一个举措，就是派遣密使前往法国，要求他们归还加来。最终两国签订了一份协议，法国人会在 8 年后归还加来，前提是这期间伊丽莎白不能发动战争。对于中断生意的商人来说，这一消息并不乐观。他们急需立刻找到一个新的集散地。很快，他们协商将地点选在布鲁日（Bruges）。这座佛兰芒（Flemish）的海滨城镇位于安特卫普以西几千米外。到 1561 年，羊毛集中地公司获得了新的特许状，在布鲁日建立了新的集散地。

伊丽莎白并不满足于这种替代性解决方案，她主张必须重新夺回加来，已是国务大臣的塞西尔也支持伊丽莎白的观点。"必须拿下加来，"塞西尔写道，"为了王国的荣誉，为了海上安全和商品贸易。"1562 年 9 月，托马斯·史密斯爵士被任命为英格兰驻巴黎大使，工作任务是通过外交协商的方式要回加来。几乎与此同时，伊丽莎白提出一项风险极高的议案——通过军事手段恢复对加来的主权控制。一群名为"胡格诺派"的法国新教徒寻求伊丽莎白的支持，希望女王能以武力占领法国，推翻法国的天主教统治者。他们恳请伊丽莎白担任新教在欧洲运动的旗手。伊丽莎白同意帮助这些新教徒，条件是英格兰得到加来。

这是一场豪赌。双方签订的协议条款中明确规定，只有伊丽莎白不发动战争，法国人才会在 8 年后归还加来。因此，如果女王现在与胡格诺派结盟，她的军队必须取得决定性胜利，倘若失败，英格兰将失去加来，而且可能永远失去。

伊丽莎白决定冒险一试，托马斯爵士和莱昂内尔·达克特这两位商人提供了经费支持。1562 年 10 月，一支由 6 000 壮士组成的英国军队前往法国北部海滨城市勒阿弗尔（Le Havre），同胡格诺派一起加入战斗。这支军队由约翰·达德利的儿子安布罗斯·达德利（Ambrose Dudley）指挥，不过当军队准备投入战斗时，伊丽莎白却感染了天花。或许是因为做出这样艰难的决定令她备感压力，女王因此一病不起。在亨利·西德尼爵士的妻子，也就是约翰·达德利的女儿玛丽·西德尼（Mary Sidney）的细心照料下，伊丽莎白恢复了健康，不过脸上却留下了伴随终生的麻子。

她的身体虽然康复了，但收复加来的愿望却落空了。历经 7 个月的战争，加来没能回到英格兰的怀抱。1563 年 4 月，胡格诺派新教徒与法国王室达成休战协定，安布罗斯·达德利不得不放弃战斗。史密斯签字放弃了加来。不过这一切并没有影响伊丽莎白继续使用英格兰、爱尔兰和法国女王的称号 [①]。

爱尔兰首领的公开反叛

如果说失去加来算不上剧痛的话，那么伊丽莎白很快就面临威胁她爱尔兰女王称号的巨大的危机。一位名为沙恩·奥尼尔（Shane O'Neill）的爱尔兰首领发动武装叛乱，意图摆脱英格兰的统治。作为拥有巨大权力的盖尔军阀，奥尼尔是个反复无常之人，他威胁要与法国和西班牙联合起来攻打英格兰。地理位置上，爱尔兰与英格兰之间隔着爱尔兰海，相距 80 千米。

伊丽莎白从开始行使女王权力时，与奥尼尔和爱尔兰的关系就降到了冰点。1559 年，伊丽莎白登上女王宝座之际，奥尼尔也掌握了位于爱尔兰东北部的阿尔斯特（Ulster）的军政大权。一直以来奥尼尔就是阿尔斯特的强大势力之一，他年长伊丽莎白 3 岁，抵制英语。绰号"傲骨"（The Proud）的奥尼尔说盖尔语，用拉丁文书写，拒绝"说叽里呱啦的英语"。

但表面上，在伊丽莎白登基伊始，奥尼尔就向伊丽莎白保证，通过控制阿尔斯特"野蛮、不文明、不顺从的人民"，竭力使他们转变成对女王"忠诚、驯服、可靠的臣民"。他还承诺"平定叛乱""铲除逆贼"以及消灭爱尔

---

① 直到 1801 年，英国君主才停止使用法国国王这一名义上的称谓。

兰境内的女王的敌人。

奥尼尔的铮铮誓言并没有维持多久，他就同其敌对家族开战：在乡村实施恐怖统治，烧毁村落，以维持自己在阿尔斯特的统治。到 1561 年 6 月，伊丽莎白的总督发布公告，斥责奥尼尔是"叛徒、逆贼"。

面对这位不愿臣服的首领，伊丽莎白采取了正式的外交策略，邀请奥尼尔前往伦敦。伊丽莎白更倾向安抚而非对峙。奥尼尔原则上同意了邀请，但他要求女王借他 3 000 英镑的路费。女王的顾问们一致认为，这笔钱只会打水漂。双方争执不下，奥尼尔要公众知道"除了没钱去伦敦外，没有任何因素能阻碍他觐见女王"。最终，伊丽莎白支付了奥尼尔的路途费用，1561 年11 月，奥尼尔"准备上路"。

1562 年 1 月的第一周，奥尼尔在一群武装保镖的护送下抵达伦敦，这群保镖大部分是来自盖尔的雇佣兵，被称为"异国勇士"。这些令人胆寒的战士是苏格兰人后裔，他们在爱尔兰定居生活，凭借在战场上残忍的手段扬名四方。根据著名编年史作者威廉·卡姆登（William Camden）的记录，这些人穿梭在伦敦的大街小巷，他们"挎着短柄小斧，不戴帽子，一绺绺头发垂到肩上"，引来"众人驻足观看和窃窃私语，仿佛他们从中国或美洲而来"。

1 月 6 日，跪拜伊丽莎白女王后，奥尼尔签署了归降协议书。自此之后，他将是"虔诚的、普通的臣民"。但返回爱尔兰后，奥尼尔立刻撕毁了协议书，并称自己是在胁迫下才签的名。"他们把我关在那里，直到我同意那些与我的荣誉和利益相悖的协议，那些我有生之年绝不会为他们做的事。"奥尼尔说，"阿尔斯特属于我，永远属于我。"此后 4 年，奥尼尔一直公开反叛，并不断骚扰英国定居者在都柏林建立的自治管辖区。

征服爱尔兰之战

1565 年，为寻求不同的解决之道，伊丽莎白任命亨利·西德尼爵士为爱尔兰总督。已过三十五六岁的西德尼极力推脱这一任命，他将爱尔兰视为不毛之地。爱尔兰的凯尔特人与古英格兰人之间存在着无法解开的死结：这两大群体间不断分裂、水火不容。

爱尔兰的凯尔特人说盖尔语，有自己的独特文化。他们控制了爱尔兰西部和北部地区，以部落聚居的方式生活，包括奥尔尼、奥唐纳和奥康纳这三大部族。他们以放牧为生，在英国人眼中，他们是半游牧的爱尔兰人，会随着季节的变化"迁徙放牧"，夏季时会带着牲畜前往山地牧场，他们看起来比较落后，甚至有些野蛮。

古英格兰人则是诺曼骑士的后代。12 世纪时，诺曼骑士在历史上首位也是唯一一位英格兰籍的教皇阿德里安四世（Pope Adrian Ⅳ）的命令下横渡爱尔兰海。此后，爱尔兰宣布"称臣"，多年来，这群入侵者在势力强大的封建贵族基尔代尔伯爵、德斯蒙德伯爵和奥蒙德伯爵的命令下破土建城。但诺曼骑士很难在这片土地上行使权力，他们不断与爱尔兰的凯尔特人开战。很多人最终适应了爱尔兰人的生活方式。英国诗人埃德蒙·斯宾塞（Edmund Spenser）写道："主啊，爱尔兰这么快就改变了他们的习性啊！"

担任总督期间，西德尼掌管爱尔兰最大城市都柏林，这里也正位于自治管辖区的中心。西德尼很快便得出结论，只要沙恩·奥尼尔还活着，爱尔兰的问题就无法得到解决。在给他的大舅子安布罗斯·达德利的信中，西德尼用尽悲观词语描述爱尔兰。自治管辖区"每天都被掠夺"，他写道，这里陷入了"极度贫穷"的境地。伊丽莎白一直不愿动用军事手段围剿奥尼尔，其中一个原因是战争会带来高额军费。西德尼警告说，如果她不采取果断行动，将会像"她姐姐丢掉加来那样失去爱尔兰"。警告改变了伊丽莎白的想法，她无法承担失去爱尔兰的后果。

1566 年，女王派遣了一支军队讨伐奥尼尔。讨伐军的统帅是一位强硬派，名叫汉弗莱·吉尔伯特（Humphrey Gilbert）。伊丽莎白与他非常熟悉。孩提时期，吉尔伯特的姑姥姥凯瑟琳·阿什莉（Katherine Ashley）就带着他拜见了伊丽莎白。对女王来说，身为家庭教师的阿什莉某种程度上担起了代理母亲的角色。21 岁那年，尚是公主身份的伊丽莎白将正值少年的吉尔伯特招致麾下。伊丽莎白很快便"特别喜爱"他。吉尔伯特身材高大、英俊潇洒，在伊顿公学和牛津接受了良好的教育，是宫廷中女王最宠爱的年轻英勇绅士的典型代表。在收复加来的战斗中，他一如既往地勇猛，得到了指挥官的褒奖，被称为"无畏的勇士"。

吉尔伯特于 1563 年从法国返回英格兰，他希望找到能与自己座右铭"Quod non？"（为何不去做？）相匹配的新机遇或冒险的事情。1565 年秋，他说服伊丽莎白让他负责一项新的冒险活动，寻找通往中国的西北航道。不过吉尔伯特没有航海经验，他的提案遭到嘲笑甚至奚落。为让那些对他持怀疑态度的人闭嘴，他精心准备了一份详尽的论述，名为《论通往中国新航道的发现》（*Discourse of a Discoverie for a New Passage to Cataia*）。在写给哥哥的信中，他给出了自己能胜任冒险活动的合理解释。"如果我抓紧时间去探索乌托邦或者其他凭想象捏造的国度，你们指责我不安分是有道理的，"他写道，"但中国是一个真实的国家，一个广为人知的国家，一个所有制图师都提及且描述过的国家。"

吉尔伯特于 1566 年 6 月末完成这份论述。不过论述出版前他被派往爱尔兰，因此他不得不推迟寻找西北航道的计划。同年 11 月英军败给沙恩·奥尼尔后，吉尔伯特返回英格兰，他重新思考出海前往中国的提议。12 月时，他请求女王授予他"首领资格"，即在冒险中发现的任何新地方都归他管理。伊丽莎白没有马上答应他，因为他的提案与莫斯科公司的权利存在冲突。最近，议会法案确定了莫斯科公司享受的各项权利。因此，吉尔伯特的提案被送至威廉·加勒德和罗兰·海沃德（Rowland Heyward）这两位大臣手中。加勒德是组建商人冒险家协会的重要参与者，而海沃德则是他的门徒。短暂考虑后，两人"十分反感"吉尔伯特的提案，认为这损害了莫斯科公司的特权。尽管他们的商业活动主要在俄国，但两位大臣坚称，莫斯科公司"成立之初就是要"寻找探索中国，现在"公司有决心再次远航寻找中国，无论是从东北还是西北航道"。

因为莫斯科公司的反对，伊丽莎白拒绝了吉尔伯特的请求。但这位年轻的朝臣似乎并未因此闷闷不乐。他将前往中国的计划搁置一旁，开始同英国西南部的朋友探讨新的计划：在爱尔兰建立殖民地。

除了战略地位重要外，爱尔兰还具备为英国投资人和皇室带来巨大收益的潜在资源。这主要源于爱尔兰的土地资产。爱尔兰面积约为 8.4 万平方千米，包含众多沼泽和湿地，这里有肥沃的农田、富饶的沿海水域以及茂密的森林。此外，爱尔兰经济虽然欠发达，却凭着渔业贸易呈现一派欣欣向荣的景象，而西班牙正是这项贸易最大的受益者。根据西德尼的说法，每年约有600 艘西班牙船只到访爱尔兰，充分享受物产丰富的渔场带来的收益。在爱尔兰南部的芒斯特（Munster），西班牙渔民进入小海湾或避风港，搭建临时营地，将所捕的海产品脱水、腌渍，这与他们在纽芬兰海岸的做法相类似。西班牙人十分重视爱尔兰渔业，因此菲利普二世的父亲查理五世每年要支付 1 000 英镑换取在爱尔兰水域捕鱼的专有权。

吉尔伯特与他舅舅阿瑟·钱珀瑙恩（Arthur Champernowne）和英格兰高级海军将领威廉·温特（William Winter）等商议殖民地计划。他们以商人冒险家协会开创的股份制方案为样本制定组建自家公司的计划。在商人圈子，股份制公司正日渐流行。当着手研究远航中国的提案时，吉尔伯特曾争取拉女王入股。现在他请求得到一笔两万英镑的贷款，一支 1 500 人的军队和温特统帅的皇家战舰"凤凰号"的使用权。吉尔伯特和同伴们承诺，有了这些支持，他们不仅能在阿尔斯特建立 4 000 个英国定居点，还能把沙恩·奥尼尔攫走。

吉尔伯特的计划赶上了好时机。16世纪60年代中期，伊丽莎白的顾问们正热火朝天地讨论英国殖民地的事情，其中就包括《论英国本土的公共福利》一书作者、英格兰驻巴黎大使托马斯·史密斯爵士。在写给威廉·塞西尔的信中，史密斯详细阐述了英格兰征服爱尔兰"只需要建立殖民地"的理论。他写道，这些定居点能在爱尔兰"增加我们的话语权，巩固我们的法律和信仰"。史密斯相信，这三大要素是连接各殖民地的"纽带"，正是依靠这个"纽带"，罗马帝国才能"征服其他国家，并维持帝国相当长一段时间"。西德尼也认识到殖民地的潜力。16世纪50年代中期，西德尼曾作为玛丽女王和菲利普国王的特使出访马德里。他看到了西班牙在新世界的殖民地如何给他们带来巨大财富，虽然是通过专制扩张、暴力和根本不可持续的手段实现的。

最终，伊丽莎白被说服，同意建立爱尔兰殖民地的主张。1567年，女王致信西德尼，指示他将阿尔斯特东北部海岸的两个村子划为殖民地。她同时推荐"我们的公仆汉弗莱·吉尔伯特"担任谈判代表。在伊丽莎白的赐福下，吉尔伯特乘船抵达爱尔兰推行殖民地计划。之后不久，他发现女王的"眼中钉，肉中刺"已被人连根拔除。在一次同劲敌奥唐纳部族争夺阿尔斯特控制权的战役中，沙恩·奥尼尔的部族遭遇惨败。他投奔曾经的死敌麦克唐纳部族，企图化干戈为玉帛。后者似乎愿意收留奥尼尔，但不久后却将他一剑封喉。他们将奥尼尔的人头送给了亨利·西德尼。西德尼则将这颗人头吊在都柏林城堡的大门上示众。

由于奥尼尔被铲除，伊丽莎白不大愿意向吉尔伯特和他的伙伴们提供建立殖民地所需的士兵、船只和资金。没有女王的积极支持，他们似乎失去了在阿尔斯特建立定居点的热情。不过尽管他们的计划失色不少，但吉尔伯特没有放弃爱尔兰。他开始考虑另一项计划，这一次，他将目光放到了爱尔兰南部的渔业之乡芒斯特。在表兄理查德·格伦维尔（Richard Grenville）和前爱尔兰总督之子沃勒姆·圣莱杰（Warham St. Leger）等投资人的帮助下，他希望谋求南部海岸土地和港口的所有权。

1569 年 2 月，吉尔伯特上书西德尼，向他阐述了设立新公司的提案，具体是以南部海滨的渔港巴尔的摩为中心建立殖民地。公司将聘用 3 000 人，他们将享有捕鱼权且免关税，同时可以自由地将这片土地授予"任何愿意在此定居的英国人"。

吉尔伯特的提案引起了伦敦商人的浓厚兴趣。一位观察人士表示："一家拥有 30 位伦敦最富裕商人的公司与女王达成协议，他们将去征服爱尔兰一些地方，在缴纳贡品后，就可以获得领主地位。"但最终伊丽莎白拒绝提供吉尔伯特建立殖民地所需的 1 万英镑贷款。没有皇家的资金支持，建立殖民地将面临巨大风险，甚至对一群贵族投资者来说也是一样。吉尔伯特开拓殖民地的梦想再一次破灭，因为女王始终不愿将皇室资源投到看起来无法带来回报的地方。

尽管吉尔伯特获得了殖民芒斯特的皇家准许，但事情很快就陷入巨大麻烦中。当有关吉尔伯特的公司将随意占领芒斯特土地建立殖民地的传言不胫而走后，爱尔兰的凯尔特人和古英格兰人这两大群体暂时搁置分歧，联合起来反抗这一提案。一位古英格兰的封建领主公开表示，将发动战争消灭这群入侵者。他还将入侵者描述成"胡格诺人"（Hugnottes），这一说法把吉尔伯特与包括法国的"胡格诺派教徒"等所有新教徒归为一类。信仰的不同助长了爱尔兰叛乱的爆发，正如当时在英格兰北方发动的推翻伊丽莎白的叛乱一样。

为使爱尔兰恢复和平，亨利·西德尼派遣已升为陆军上校的吉尔伯特平息叛乱。吉尔伯特的作战部队只有 500 人，而对方是一支拥有多达 4 000 人的爱尔兰军队。战斗很艰苦，吉尔伯特毫不手软，最终在不到 6 周的时间里取得了残酷的胜利。他对西德尼表示，"拒绝与任何叛军谈判或和解休战"。

不论何时，只要遇到拒绝投降的城堡或要塞，他就会使用武力，"许多人因此丢掉性命，他们的剑上沾满了爱尔兰男人、女人和孩子的鲜血"。

吉尔伯特身边的一位宫廷诗人托马斯·丘奇亚德（Thomas Churchyard）记述道，这位陆军上校下令"割掉白天所杀之人的首级，然后放到露营的大帐外"。这些头颅"摆在通往大帐的道路两侧"，所有要去吉尔伯特大帐的人不得不"穿过一排人头"。可想而知，这给爱尔兰人带来了多么"巨大的恐惧"，那些前来找上校谈判或哀求的人别无选择，只得看着"他们死去的父亲、兄弟、孩子、亲属和朋友"的头颅走向大帐。

这种极端行为成了吉尔伯特在这一时期的典型特征，令人毛骨悚然。也许是为了回应批评声音，吉尔伯特竭力为他的行为辩解。"从没有一个被征服的国家会因为你的心慈手软而甘愿臣服，"他对西德尼说，"但恐惧可以。"我们可以推断，伊丽莎白同意吉尔伯特的观点。1570 年 1 月 1 日，西德尼在都柏林授予吉尔伯特爵位，以表彰他为英格兰做出的贡献。

殖民爱尔兰计划宣告失败

受封仪式过后不久，吉尔伯特返回英格兰，他在爱尔兰建立殖民地的设想没有实现，但这次失败并不意味着伊丽莎白女王重新对爱尔兰行使主权的终结。事实上在 1570 年 2 月，也就是吉尔伯特返回英格兰一个月后，枢密院将这一目标列为议事日程的头等大事。令人相当意外的是，教皇皮乌斯五世（Pope Pius V）发布诏书，宣告伊丽莎白为异教徒，并要求天主教人拒绝承认她的合法王位。这远非一纸革除教籍的告示，事实上，这是一份基督教的追杀令。从此以后，伊丽莎白生活在被袭击甚至暗杀的恐惧中；塞西尔和枢密院密切关注着针对女王的暗杀和叛乱。这是非常必要的。就在第二年，塞西尔镇压了一起由佛罗伦萨银行家罗伯特·鲁道夫（Robert Rodolfi）策划的叛乱，他试图扶持苏格兰女王玛丽坐上伊丽莎白的王位。曾向伊丽莎白求婚的菲利普二世指出："如果我提供些帮助，他们会很容易杀掉或抓住伊丽莎白，并使苏格兰女王获得自由且登上王位。"

皇室危机四伏，爱尔兰问题必须首先解决，因为这里是英格兰的后大门，如果失守，攻击、叛乱、刺杀或者大规模军事行动就会从此处乘虚而入。塞西尔和枢密院再次提起（在爱尔兰）建立殖民地的想法，并将其视作保卫后大门的最好方式。

此前对国家深切忧虑并设法拯救英格兰殖民地的托马斯·史密斯爵士，如今站出来将他的想法付诸实施，理想情况下他将因此身价倍增。

首先，史密斯以自己和儿子的名义申请皇室特许状，拿下位于爱尔兰东北部海岸阿兹半岛的土地。然后，他们将征服此地的爱尔兰人，"启迪"民众，确保这里由"土生土长的英国人"殖民。史密斯深知伊丽莎白是个吝啬的女王，因此承诺他自己承担此事的全部费用。1571年，史密斯收到了女王颁发的特许状，得到大小阿兹地区36万英亩，约合1 456平方千米的土地。

当然，史密斯和他的儿子都无力支付这笔开销，但他们认定能从富豪家族手中筹集到资金。为实现这一目的，他们推出了一份宣传手册。史密斯向枢密院同人解释说，他们只通过口头和书面这两种"说服"方式募资，而且"书面形式更有效果"。

与此前出版的宣传手册截然不同，史密斯的手册对殖民化解释得有理有据，呼吁投资者前往阿兹定居。事实上，这是首份专门为英国企业打造的营销指南①。史密斯再次向这些冒险家（即投资人）保证，殖民爱尔兰一定能实现，不需要很大的实力和花费，也不需要冒很大的风险，而且可以获得利

---

① 奎因认为史密斯的殖民地计划有两个新颖元素，一是合股公司，二是使用印刷的宣传手册，这对日后产生了巨大影响。

润以及声望。定居在爱尔兰的庄园主（即殖民者），在"不花女王一分钱"的情况下将获得巨额回报。

史密斯的提案对饱受修道院解体之苦的清教徒来说极有吸引力。虽然在瓜分修道院财产中，对那些以合理价格从王室手中买到土地的人来说是一件幸事，但对清教徒而言却是巨大灾祸。穷人没有了社会安全保障，富人的子孙则失去了体面稳定的居住地。在长子继承制下，即使富人的子孙也只能获得很小一部分遗产①。多年以来，家族的青年一代被"送进修道院做牧师，并在这里生活（悠闲度日）"。随着修道院的瓦解，众多盛世王朝的子嗣面临着缺少机遇的暗淡未来。

史密斯深信，这些年轻人来到爱尔兰殖民，能找到属于自己的位置。他力劝年轻人"将自己两到三年的青春"用在"为英格兰做出崇高的奉献上，这在我们的那个时代是无法做到的"。他们将赢得"感谢、尊重以及丰厚的产业"，最重要的是，他们将"成为家族的开创人和守护神，不久的将来会迅速成长为权贵"。史密斯大声疾呼，这个他们期望能占有的地方是"流淌着奶和蜜的地方"。

西德尼此前希望打造农场主定居式的英国社区，与他不同，史密斯认为，鉴于爱尔兰部族时常性的骚扰打劫，殖民地最初必须以方便军事作战为基础。一些殖民者必须是贵族家庭的侍者或者骑士（没有战马）。如果他们自带必要装备，第一年要支付 10 英镑的食物给养和其他必需品的开销，如果配备了马匹，则需要支付 20 英镑。史密斯同时还规定，任何不想亲自前往爱尔兰的冒险者，可以以一定价格将土地承包给侍者或骑士。

这种殖民方式带来的潜在利益听上去极有诱惑力。每位侍从可得到

---

① 根据长子继承制原则，首个出生的儿子才能继承家族大部分房产土地。

1"犁地"①，约为 1 平方千米可耕种的土地以及 0.18 平方千米的牧场和草原。骑士可获得 2 平方千米的耕地及 0.36 平方千米的牧场和草原。"我相信，"史密斯写道，"如果按照埃塞克斯郡的土地来说，这应该是上好的庄园。"每英亩土地需要他们花费 1 英镑，不过这笔钱要等到 1576 年，也就是 4 年后才开始缴纳。史密斯保证，殖民地将会获利丰厚而且自给自足。"你们觉得呢？"史密斯问道。追忆起托马斯·莫尔爵士的时代，他说："我难道不是提出另一个'优托邦'（Eutopia）② 吗？"

一方面，史密斯的殖民宣传举措非常成功：到 1572 年 5 月，距他拿到皇家授权仅仅过了半年时间，约有 800 位殖民者与史密斯之子在利物浦相聚。这座位于英格兰西北部海岸的港口城市与爱尔兰隔海相望。大部分殖民者是农场主和士兵，为自己的前途而前往爱尔兰。史密斯还吸引了几位贵族富豪投资人，包括投入 300 多英镑的威廉·塞西尔和约翰·锡恩爵士（Sir John Thynne）。其中锡恩是英格兰超大地产之一的朗利特庄园主人，同时他还是托马斯·格雷沙姆的姐夫。

另一方面，史密斯的宣传手册是一场灾难。"我很希望当时能克制一下欲望。"接替西德尼出任爱尔兰总督的威廉·菲茨威廉爵士（Sir William Fitzwilliam）写道。自家土地受到影响的爱尔兰人看到这份手册，认为他们的土地将被殖民者占为己有，纷纷抱怨和反抗。史密斯的殖民之案，前景非常渺茫。

面对反对和抱怨，准备渡海的殖民者只得将行程延期。所有人都在等待伊丽莎白女王的赐福。随着时间的推移，一些农场主开始放弃史密斯的公司。1572 年 8 月，殖民者最终抵达爱尔兰。仅仅两个月后人数就从先前的 800 人缩减至 100 人左右。由于人手不足、资金不足，年轻的史密斯和他的

---

① 犁地（Plowland），古代土地面积单位。1 犁地约为 1 平方千米。——译者注
② 优托邦，意思是美好的地方，而乌托邦，意为不存在之地。

手下面临一场艰难的战斗，爱尔兰人的反抗使这一切变得更加困难。托马斯·史密斯爵士曾预计以和平方式殖民，但他的儿子抵达爱尔兰不久后便致信塞西尔称，爱尔兰人"不放弃他们的每一寸土地"，因此众人撤出了阿兹以躲避危险。

但此后事情越发不可收拾。1573 年 10 月，年轻的史密斯被"他非常信任的爱尔兰仆人"在毫无征兆的情况下杀害了。极度悲痛的史密斯爵士辞去了宫廷职务，回到位于埃塞克斯郡的庄园过起隐居生活。但几个月后，他制订了第二个殖民计划，由他的兄弟乔治领导。乔治是一位呢绒商人，也是纺织公会成员之一。然而史密斯并非怀有殖民爱尔兰野心的唯一一人。埃塞克斯伯爵一世沃尔特·德弗罗（Walter Devereux）一直着手在阿尔斯特打造另一个爱尔兰殖民地，而且他有吉尔伯特和史密斯都不具备的优势：伊丽莎白女王的资助。

德弗罗的殖民地实际上是彻头彻尾的军事堡垒，按照封建建制筹划组成。殖民地配有城堡、炮台、城镇并颁布了新法律，有权对爱尔兰人发动战争，事实上，这是沿着吉尔伯特没走完的路继续前进。尽管面对爱尔兰人充满敌意的现实，但在第二次殖民尝试上，史密斯却不接受德弗罗计划中的集权主义。根据史密斯的设想，殖民地将设立一座以伊丽莎白女王名字命名的首都城市；军事指挥官负责管理殖民地，保障区域内的安全，居民可以安全地在田间劳作，商人能放心前往"殖民地区域内的集市和市场"。值得注意的是，塞西尔和约翰·锡恩再次向史密斯的公司投资，约翰·伯克利爵士也投入了 1 000 英镑。

最终，史密斯和德弗罗的殖民计划均以失败告终。史密斯的殖民者于1574 年 8 月抵达爱尔兰，但他们受到当地人的驱逐，被迫从阿兹地区离开。同时，德弗罗的计划也未能落地，他将失败的责任归咎于殖民者。他们是"内心懦弱之人"，德弗罗写道，他们被"英格兰的优雅"所束缚。伊丽莎白女王却不为所动。两年时间里，她在德弗罗的殖民计划上耗费了 4.6 万英镑。相比而言，过去15年来女王从爱尔兰获得的收益还不足1.9万英镑。伊丽莎白致信德弗罗说，她已放弃阿尔斯特殖民项目。

伊丽莎白重新行使她作为爱尔兰女王的主权运动彻底失败。对托马斯·史密斯爵士而言，已经没有第三次机会了。他的健康出了问题，身体极度虚弱，最终于1577年8月撒手人寰。史密斯被安葬在塞登芒特（Theydon Mount）的教堂中，这儿与他在埃塞克斯的宅邸希尔庄园近在咫尺。教堂里还留有他的全身画像，画像上，史密斯意气风发，整个身体得意扬扬地倾靠在左肘上。尽管他成就斐然，但留给后世的是许多未经证实的伟大思想。

更令人沮丧的是：史密斯的弟弟和侄子用他们在爱尔兰的一些土地换取了"每年一头猪和一桶葡萄酒的租金"。

1574

第二部分

海外冒险，组建新世界公司

1604

第 6 章

寻找西北航道，前往中国

1574 年 12 月，当加来已成美好回忆、殖民爱尔
兰也希望渺茫之际，来自英格兰北部的五大三粗水手
马丁·弗罗比舍（Martin Frobisher）来到莫斯科大
楼。这座大楼是莫斯科公司的总部，位于伦敦万圣教
堂地区的希兴里。大楼"漂亮且宏伟"，矗立在伦敦
塔旁边，比邻老羊毛码头（Old Wool Quay）。在中
世纪，这座码头是英国最大的港口，出口到海外的商
品都从这里装船。

探险中国的计划再次成型

弗罗比舍此行的目的是转交一封枢密院的重要信
件。信中，皇室顾问们建议莫斯科公司的管理层着手
准备"通过海路发现中国"的探索之旅。他们表示这
对"英国而言是一件大事"，能带来巨大的好处。如
果莫斯科公司选择不安排此次冒险，枢密院将要求公
司把特许状转给其他"渴望尝试探寻中国"之人，也
就是这封信的送信人——马丁·弗罗比舍。

寻找西北航道前往中国的主张并非第一次被提出，寻求枢密院的支持和莫斯科公司的授权也有先例。10年前，汉弗莱·吉尔伯特曾申请几乎相同形式的探索之旅，但莫斯科公司的管理层否决了他的提案，因为他们要保护自己在这片区域的商业利益。

不过弗罗比舍得到了枢密院的鼎力支持。因此，尽管莫斯科公司垄断着北方地区的贸易，而且受皇家特许状和议会法案双重保护，但他们不能简单地将弗罗比舍晾在一旁。信送到后，莫斯科公司的管理层，包括两位理事、4位执行官以及24位助理，开会审议弗罗比舍的提议。之后，他们要求与弗罗比舍进一步会面商议，以便"他们能确定下一步该怎么做"。

弗罗比舍按日程再次来到莫斯科大楼，与一个4人委员会见面。这4人在融资、组织和航海方面经验丰富，他们分别是乔治·巴尼、威廉·塔沃森（William Towerson）、斯蒂芬·伯勒和迈克尔·洛克（Michael Lok）。巴尼是已故乔治爵士之子，乔治爵士曾是商人冒险家协会的重要组织者。身为男装公会的高层，巴尼在伦敦商人社交圈拥有巨大影响力，而且将追随他父亲的脚步出任伦敦市长。他娶了另一位重要牵头人威廉·加勒德爵士的女儿安妮为妻，这使得两大商业家族结为姻亲。巴尼的妹夫弗朗西斯·沃尔辛厄姆爵士（Sir Francis Walsingham）[①] 则是枢密院的元老之一，这进一步加强了巴尼的地位和影响力。

与巴尼一样，威廉·塔沃森也是位商人，是荣誉皮革公会的主要成员。但与巴尼和大部分伦敦商人不同，塔沃森拥有航海的实践经验。16世纪50年代，他不仅资助了3次前往非洲黄金海岸的冒险，更亲自带队出海。1555年，他第一次出海冒险便满载而归：他以呢绒和其他商品贸易为基础，换回50根象牙和57.6千克黄金。此外，塔沃森还具备第一代英国旅行作家

---

① 1562年，乔治·巴尼的妹妹安妮·巴尼在第一任丈夫亚历山大·卡利尔（Alexander Carleill）死后便嫁给了沃尔辛厄姆。不过两年后，也就是1564年，安妮也去世了。

的品质，他会详细记录航海中的所见所闻，他喜欢记下当地人说话时的关键词。"我学会了一些他们的语言，"塔沃森在记录首次出海到黄金海岸的几内亚的长篇报告中写道，"比如'Dasse, Dassee'意思是'感谢你'；'foco, foco'是'布料'；更重要的是，'sheke'是'黄金'的意思。"但在 1557 年完成第三次远洋航行后，他放弃了海上的生活，选择定居下来，并以自己的名义开始做生意，从低地国家进口皮毛商人的库存皮毛或真丝挂毯、羽绒和地毯。

身为委员会第三位成员的斯蒂芬·伯勒，曾是商人冒险家协会最年轻的创始人之一，当时他只有 20 岁出头。在 16 世纪 50 年代，已年过半百的伯勒是莫斯科公司内无可争议的国宝级海员。他曾参加了卡伯特组织的航海训练营，即 1550 年驾驶"奥谢号"前往黎凡特。在 1553 年出海前往中国的任务中，他在钱塞勒的"财富号"上担任要职。1556 年伯勒再次远洋寻找东北航道，虽然他被迫中途返航，但他的活动范围远在白海之外，是当时英国航海家所到过的最远的东方。

委员会最后一位成员是迈克尔·洛克。伦敦的杰出商人皆是纺织公会的成员，43 岁的洛克便是这群商人中的佼佼者。15 世纪时，洛克的曾祖父一直担任伦敦治安官。作为伦敦市市长的副手，治安官负责税收和执法工作。洛克的父亲也曾担任治安官，而且是格雷沙姆家族的商业伙伴，同时他也是亨利八世所用绸缎的供应商以及"海外代理人"，此外，他还为宫廷提供珠宝、丝绸和其他布料。16 世纪 30 年代中期，他负责为尚在学步的伊丽莎白公主采购制作裙子的天鹅绒和绸缎。

与相同阶层的其他年轻人一样，洛克 13 岁前在文法学校学习。但此后他的人生出现了翻天覆地的变化。他被送往其他欧洲国家学习，正如他日后回忆时所说的："学习当地的语言以及了解世界。"他花了 15 年时间"游历了几乎所有信仰基督教的国家"。期间，他担任一艘排水量达千吨的巨轮的船长，在地中海沿岸国家的海岸巡航，这里正是丝绸之路的西端。当时，伊丽莎白的船只都无法与这艘巨轮相比。旅行中他努力学习"商业行会"里"商人来往贸易的经验"。海外的生活经历让洛克知道如何应对国际事务，这与一些巨商越来越青睐的做法截然不同，巨商会把孩子们送到牛津或剑桥学习，期望他们将来能进入伦敦的律师学院。

洛克之所以在16世纪50年代长期旅居海外，很大程度上源于他的信仰。洛克是坚定的新教徒，他的嫂子与当时的清教徒领袖之一，苏格兰神职人员约翰·诺克斯（John Knox）关系密切。因此，在"血腥玛丽"统治时期，他不愿待在英格兰。玛丽女王视新教徒为异教分子，在下令烧死近300名新教徒后，外界给她起了"血腥玛丽"的绰号。随着伊丽莎白于1558年继任女王，洛克返回了英格兰，并紧跟他兄弟们的脚步重拾呢绒生意。洛克的兄弟们一直留在英格兰，打造了贯通海外的商业网络。身为莫斯科公司创始人之一的大哥托马斯·洛克，在1550年继承了他们父亲的财产。同时，托马斯·洛克也曾联合乔治·巴尼爵士和约翰·约克爵士投资黄金海岸的冒险活动。1571年，迈克尔·洛克出任莫斯科公司驻伦敦代表，事实上他是公司总经理，负责安排俄国与英国的商品贸易事务。正如他自己所言，他是公司生意的"总负责人"。

尽管巴尼、塔沃森、伯勒和洛克拥有丰富经验和渊博学识，但弗罗比舍没有理由被他们吓倒。他的履历也十分亮眼，委员会这4人对他也早有耳闻。1535年或1536年，弗罗比舍出生在约克郡韦克菲尔德附近的村子阿尔托夫茨（Altofts）。母亲去世后，只有十三四岁的弗罗比舍被送到伦敦的舅舅约翰·约克爵士家生活，因为弗罗比舍家附近"没有好学校"。对任何心怀大志的年轻商人而言，踏入约翰爵士家都是个难得的机遇。作为伦敦治安官和皇家铸币局的要员，约克与许多大臣保持着良好关系，其中他与约翰·达德利是密友，同时约克也是伦敦商人中的领军人物。

当时的一份记录显示，约克很快意识到他这位身材魁梧的外甥"意志坚定，敢想敢干而且天生健壮如牛"，他更适合冒险的人生而非做生意。1553

年，约克安排仍是少年的弗罗比舍参加由他和老乔治·巴尼爵士等几位商人冒险家协会投资人赞助的黄金海岸冒险之旅。

约克对外甥的评价恰如其分。在前往几内亚的首次出海远航中，包括船长在内的许多船员都死在非洲的烈日下，而弗罗比舍却幸存了下来。第二年，他在约翰·洛克的领导下再次前往非洲。在他们抵达黄金海岸后不久，约翰·洛克在寻求商业贸易时，当地的非洲国王要求做生意之前英国商人必须保证诚信，即留一位船员在他们的村落里作为人质，以防交易时对方捣鬼。不满 20 岁的弗罗比舍自告奋勇去充当人质。不过事情的发展很快就偏离了正轨。非洲人发射了几发炮弹，而英国人认为危险近在咫尺，因此落荒而逃。约翰·洛克甚至都没回头看一眼就撇下了弗罗比舍，他既没有返回，也没有做任何努力去营救这位年轻的手下。

非洲人最终将弗罗比舍交给了葡萄牙人，然后转移到圣乔治达米纳（São Jorge da Mina）的令人恐惧的堡垒，这里正是葡萄牙在西非建立的贸易站。根据弗罗比舍日后说，尽管他很快就证明了自己的价值，但仍被关进监狱 9 个月。他常被派去森林里与当地的非洲部落换取"山羊、家禽以及其他食物"，因为葡萄牙人"害怕生命受到威胁而不敢去"。费罗比舍挺了过来，在里斯本监狱短暂羁押后，葡萄牙人最终把他送回了英国。

接下来的 20 年里，弗罗比舍以极大的热情继续沿着舅舅为他选定的道路前行。他参加了数不胜数的航行，甚至做海盗，为此又蹲了更长时间的监狱。弗罗比舍似乎赢得了包括威廉·塞西尔在内的英国最具影响力人物的青睐。正如迈克尔·洛克所指出的，弗罗比舍不仅受到塞西尔的"欣赏"，"女王陛下的其他枢密院大臣"也喜欢他。这种认可与他的工作有关，他是政府的间谍和武装私掠船的船长，即有官方许可证的海盗。最典型的由偷猎者变成猎场看守人的标志就是：他受雇在英吉利海峡寻找海盗和走私犯。

也许是在里斯本蹲监狱期间，弗罗比舍第一次产生通过西北航道前往中国的想法。一位葡萄牙海员狱友曾向他透露，有一条航道被冰雪覆盖着，这位海员还告诉他具体的秘密路线。费罗比舍在接下来的几年里一直同"他的密友"讨论这一想法，并且为"我们国家的各类商人"制订了"很多方案"，试图寻找西北航道。他虽然一再坚持，但却没能激起伦敦商界精英的兴趣。莫斯科公司的翻译之子、航海活动的官方记录者乔治·贝斯特（George Best）记录说，弗罗比舍对张口闭口就是"盈利"的商人日渐感到厌烦，因为他们谨慎且保守，愿意冒险，但不会不计后果。由于从东北线路前往中国的多次尝试均以失败告终，商人们的态度是可以理解的。

然而弗罗比舍没有放弃。探寻西北航道在当时是个巨大的挑战，特别是对英国人来说。弗罗比舍认为这是"世上唯一未完成之事，而一个有名望的人可以借此更加著名和富有"。因此 1574 年末，厌倦了总被商人拒绝的弗罗比舍最终转投"宫廷（所有伟大事业增长和持续发展的主要动力）"。在这里他"向许多上流社会和博学之士阐述了他的构想"。

弗罗比舍赶上了一个好时机去推销自己的想法。伊比利亚人与中国的贸易规模不断扩大，给英国敲响了警钟。1565 年西班牙人在以菲利普二世的名字命名的菲律宾地区建立了基地，自此，双方的贸易量呈现巨大增长。如今，他们定期把南美银矿的白银运过太平洋，用这种贵重金属从中国商人手中换来丝绸、香料和其他奢侈品。

不过枢密院大臣们尊奉伊丽莎白女王的意愿，不愿破坏英国与西班牙之间的政商关系。就在弗罗比舍呈递他的提案前几个月，枢密院大臣否决了理查德·格伦维尔爵士领导的团队的请愿，大臣认定他们的提议可能会造成与西班牙间的外交裂痕。在其表兄汉弗莱·吉尔伯特的支持下，格伦维尔爵士提出驶入西班牙海域，穿过西南航道和麦哲伦海峡抵达香料群岛，此举势必会激怒西班牙。弗罗比舍的路线是走西北航道，这不大可能引起西班牙或葡萄牙的反对，因为这两个国家对北方地区或从北面前往东方没有太大兴趣。他的提案显然令塞西尔和其他大臣产生了兴趣，因此他们派他前往希兴里，争取得到莫斯科公司的正式许可。

对于弗罗比舍的想法，莫斯科公司的委员们并没有枢密院那般情绪高涨。其中一位委员指出，据他们了解，"没有充分的证据"表明西北航道的存在。考虑到"他们已耗费巨资，从东北方向前往中国的道路也探寻了一多半"，"他们有了好方案便会立即走完剩下的路途"，他们拒绝了弗罗比舍的请求。实际上，16 世纪 50 年代末至 60 年代初，安东尼·詹金森（Anthony Jenkinson）通过探索陆路抵达波斯，他们认为这条路线离中国更近。

莫斯科公司两位理事之一的罗兰·海沃德负责向塞西尔转达这一消息。8 年前，莫斯科公司不同意吉尔伯特寻求西北航道的请求，他也是通知塞西尔的人员之一。那一次，枢密院大臣选择息事宁人，没有同莫斯科公司抗争。不过这一回，他们拒绝接受商人们的裁决。他们发出了最后通牒，要求莫斯科公司二选一：要么他们自己完成前往中国的任务，要么授权给任何愿意尝试之人。面对巨大的政治压力，莫斯科公司别无选择，只得做出让步。1575 年 2 月初，出于"多重考虑"，他们颁给弗罗比舍特许状，让他去实现自己的冒险之旅。

何为"多重考虑"？弗罗比舍认为这要归功于安布罗斯·达德利的影响力。作为沃里克伯爵以及枢密院大臣，安布罗斯·达德利一直有意开发新市场。达德利 27 岁的妻子安妮也常为弗罗比舍美言。安妮是伊丽莎白最宠爱的侍女之一，她被视为"女王最爱和最宠之人，整个王国的其他女人都无法与她相比"，因此，她是向伊丽莎白请愿和提出诉求并拿到皇室资助的可靠渠道。牛津大学地理学家理查德·威尔斯（Richard Willes）后来在他的《旅行简史》（*History of Travayle*）一书中专门为安妮写了一章有关西北航道的内容。

另一位影响莫斯科公司决定之人是迈克尔·洛克。他最初反对弗罗比舍的提议，但仔细考量了弗罗比舍"对国家尽职尽责"以及西北商路可能会给英国带来"丰厚回报"后，他改变了主意。洛克"完全支持"弗罗比舍，他继而劝莫斯科公司的其他商人再三考虑。"凭借我与公司同人的深厚友谊，"他写道，"我拿到了同人们赋予的特许权，可以让弗罗比舍去实现他的想法。"

是什么让洛克改变了想法呢？他认为探寻"英吉利海峡到东印度海"的航道是有"巨大希望"的。此外他也意识到，即便船队没能抵达中国，但沿途他们或许能碰到"人多、货多、商业机会多的新发现之地"，正如理查德·钱塞勒发现俄国那样。最后一点是因为洛克对弗罗比舍极有信心。他们彼此相识已有 20 余年，洛克知道他"英勇无畏"，这是探寻西北航道不可或缺的品质。

洛克的回心转意在莫斯科公司高层中撬开了一条缝隙。虽然罗兰·海沃德仍对西北航道持怀疑态度，但另一位理事莱昂内尔·达克特却更愿意接受多方观点。作为托马斯·格雷沙姆爵士的生意伙伴以及航海冒险方面的长期投资者，达克特率先支持弗罗比舍的探险之旅，并资助了 25 英镑。

最终，共有包括托马斯·格雷沙姆爵士、威廉·伯德爵士（William Burde）、威廉·邦德（William Bonde）和托马斯·伦道夫（Thomas Randolph）等 18 人解囊相助。同时，一直主张从东北路线前往中国的安东尼·詹金森也投入了 25 英镑。枢密院大臣中，安布罗斯·达德利投资 50 英镑，莱斯特伯爵罗伯特·达德利也慷慨资助。另外两位枢密院大臣兼莫斯科公司成员的威廉·塞西尔和弗朗西斯·沃尔辛厄姆均出钱投资。其中，沃尔辛厄姆明确表示不认同他姐夫乔治·巴尼对此次冒险的否定态度。

作为弗罗比舍远洋冒险的头号拥护者，洛克担起主要组织人的角色。按照计划，冒险队将于 1575 年春天出发。英国人已从多年往来俄国的航行中积累了丰富经验，他们知道 6 月后动身去北方是非常不明智的选择。可惜的是，洛克因"没有充足的资金"而错过了启航时间，航行不得不推迟到第二年。

朝着中国启航

1575 年剩下的时间以及 1576 年前几个月，洛克和他的生意伙伴一直待在克罗斯比庄园。这座富丽堂皇的宅邸位于伦敦东北地区，是威廉·邦德的家产。邦德是商人冒险家协会的创始成员，在伦敦商界呼风唤雨。他在西班牙、波罗的海以及低地国家建立了庞大的贸易帝国。

克罗斯比庄园位于主教门附近。主教门是环绕伦敦市的罗马城墙的入口之一。这座庄园最初由羊毛商人兼伦敦市长的约翰·克罗斯比爵士于 15 世纪 60 年代建成，主建筑高出周边的宅邸和圣海伦教堂一大截。根据约翰·斯托的记载，这是座"规模宏大、环境优美"的庄园，是"当时最大且最高"的建筑。房子使用了坚固的橡木和细粒砂岩，这与建造英国国王加冕之地威斯敏斯特教堂所用的材料一模一样。毫不夸张地说，这里也适合国王居住。事实上，克罗斯比去世后，日后登上王位宝座的查理三世将家安在此处。1523 年，《乌托邦》出版几年后，托马斯·莫尔购入了这所庄园。等到洛克和投资者们在克罗斯比庄园会面时，邦德为宅邸增加了一个堡垒风格的角楼，使房子更加宏伟。

这些日子里，洛克、邦德、格雷沙姆以及担任伦敦皇家税收官的威廉·伯德定期碰面，商议出海事宜。他们的当务之急是吸引更多投资。他们 4 人出资 400 英镑，几乎占了 18 位投资人资金总额的一半。但 875 英镑的总额，与当年商人冒险家协会远洋中国计划所募集的 6 000 英镑相比简直微不足道。这 4 人耗费大量时间向皇家交易所的潜在投资者宣传此次航海项目。这座气势恢宏的交易所由托马斯·格雷沙姆一手打造，在伊丽莎白一世的批准下于 4 年前开张营业。在这里，商人可以做生意，如果他们高兴，还能从装饰奢侈和能俯瞰庭院的精品店买东西。

作为伊丽莎白女王最亲密的顾问，塞西尔是枢密院支持弗罗比舍冒险活动的幕后发起者。他密切关注着筹备工作，坚持让"称职之人"负责此事。

主要投资者们仔细斟酌"管理钱袋子""管理船队物资和储备""出海后负责管理船队"的人选。经过几轮讨论后，他们任命洛克的外甥埃德蒙·霍根（Edmund Hogan）负责吸纳新投资人。霍根是值得信赖的商人，在当时被誉为"伦敦最睿智、最出色的商人之一"。16世纪40年代，他曾在托马斯·格雷沙姆家当差，后来他从纺织公会的众多成员中脱颖而出，在1570年升入管理层。

尽管天赋过人，但霍根在吸引潜在投资者的工作上却陷入困境。根据洛克的观察，1575年全年，霍根"竭尽全力地募集钱款"，但金额远远不够。洛克认为问题不是出在霍根身上，而是在于马丁·弗罗比舍。洛克后来回忆道，最大的问题是由谁来负责此次冒险。弗罗比舍递交提案，吸引了枢密院大臣和伊丽莎白女王的支持，但他曲折多难的职业生涯对投资者来说却比较敏感。弗罗比舍在英国"毫无信誉"可言，所以洛克相信这才是霍根1575年未能募集到足够资金，以及大部分潜在投资者不愿出资的真正原因。冒险本身就充满风险，他们不想还要为主事人的个人问题担惊受怕。

洛克不能甩下弗罗比舍实施冒险计划，不过他通过找来一位新人消除了投资者心头的疑虑。因此洛克找来斯蒂芬·伯勒的弟弟威廉·伯勒（William Borough）负责招募可靠的水手。虽然威廉·伯勒对这次冒险之行缺乏信心，没有投入一分钱，但他出色地完成了自己的工作。在他的推荐下，洛克聘用了克里斯托弗·霍尔（Christopher Hall）担任船长，理查德·钱塞勒幸存下来的儿子尼古拉斯·钱塞勒（Nicholas Chancellor）担任商务兼司务长。而后，洛克依照莫斯科公司的常规制定了一项巧妙的措施。他草拟了一份命令：弗罗比舍没有征得其他高级军官的同意前"既不能指挥也不能操作船队"。这些军官在外界眼里均是"值得依赖的人"。正如洛克回忆说："此举确实能让大多数冒险家感到满意。"

尽管这次前往中国的冒险之旅规模适中，但洛克和他的同人决定做好万全准备。他们非常幸运，能利用大量的专业技术。当时，伦敦是欧洲顶尖的科学中心之一，是名副其实的"珍宝之家"，拥有包括天文学、自然历史、数学、医学和造船学等各类学科的专业人才。为打造此次出海的指挥舰，洛克请来了女王御用造船师马修·贝克。当时贝克正在新建的皇家船坞厂工作，地址在泰晤士河支流梅德韦河畔的查塔姆（Chatham）。贝克年过30岁，是亨利八世时的造船师之子，他是英国造船业的后起之秀。一幅罕见的同时代画像里，这位造船师正弯腰伏在绿面的木桌子上努力工作，桌上摆满了各式各样的工具和一幅船只的巨大草图，这与他在艺术馆中摆好姿势的正式画像截然不同。贝克生于1530年，自幼便与寻找新市场的活动紧密联系在一起，20岁时他参加了"奥谢号"前往黎凡特的航海训练。这次前往地中海东部的旅行，中途在哥伦布和卡伯特的家乡热那亚和威尼斯停留，给这位年轻的造船师留下了难以忘怀的印象。多年以后当他编写英国首部造船设计论著《古英国造船的记录片段》（*Fragments of Ancient English Shipwrighty*）时，他的图纸显然受到了远洋船舶设计先驱——意大利造船师的影响。

洛克或许激起了贝克打造梦想中巨大商船的兴趣。最终，他们筹到的资金只够建造一艘小型船只——30吨的"加百利号"（Gabriel）和一艘舰载艇①。但在造船工艺上，贝克和洛克没有丝毫保守，"加百利号"以当时的最高规格打造而成。贝克尤其强调算术与几何的重要性，他认为这是"所有技术的两大支柱要素"。他是首位依靠事前设计的平面图来建造船只的英国造船师。

洛克一边接洽英国最著名的造船师，一边招募全国最杰出的航海仪器制造师：汉弗莱·科尔（Humfrey Cole）。与贝克一样，科尔也是新型实践者，他是在工作中而非大学课程中应用、积累数学原理的。托马斯·史密斯爵士的一位弟子加布里埃尔·哈维（Gabriel Harvey）后来争辩说，任何声

① 舰载艇是小型帆船，吃水浅，有时需要划桨前行。舰载艇用来在近海岸航行、船队间沟通以及探索内陆航道。

讨指责那些专业匠人或勤奋的工匠（如"数学机械师汉弗莱·科尔、造船师马修·贝克或其他没上过学、没读过书"的能工巧匠）的人，一定会被当作白痴看待。哈维认为，即便没有受过正规大学教育的人也能成为杰出的从业者。

科尔与弗罗比舍都是北方人。接受金匠培训后，科尔在皇家铸币局谋了份差事。16世纪70年代，他凭借制造精密仪器闯出了名堂。科尔的工作坊位于圣保罗大教堂旁边。对于洛克来说，科尔制作的仪器非常重要。其中一款名为托勒密经纬仪（Armilla Tolomaei），这是个天球仪，且为标绘星座预留了空白位置，同时这也是个地球仪，为绘制可能发现的新大陆或地理特性留了地方。其他两个设备是航海地球仪（Sphera Nautica）和罗盘子午仪（Compassum Meridianum），能帮助领航员确定地理北极和地磁北极的差异。名为全息几何仪（Holometrum Geometrum）的设备则是用于测绘海岸线特征的。

此次航海任务的账本由洛克精心保管起来。账本记录了投资人在必要物品上的花销数额。虽然数目可观，但购买航海仪器只花了50多英镑，最大支出在食物给养上，共计387英镑14先令10便士。由于海军管理员爱德华·巴谢（Edward Baeshe）的出色工作，食品供应的方式取得了很大进步。随着英国开始寻找新市场，皇家海军于1550年设置了食品检验监察长一职，巴谢出任第一任监察长。任期内，他为海军打造了食品和设备的供应流程。他制定了配给的正式标准：每天4.5升啤酒，0.5千克饼干或面包（靠港时），"吃肉"的日子有1千克牛肉，"吃鱼"的日子则是鳕鱼干的四分之一，以及0.1千克黄油和0.2千克奶酪。

洛克对食物配给非常熟悉，作为莫斯科公司的代表，他定期委派海员出海远航。而身为司务长的尼古拉斯·钱塞勒日复一日地处理采购和准备食物给养事宜。他之前曾在此岗位上长期担任学徒。尼古拉斯随莫斯科公司一同长大，在他父亲1556年英年早逝后，他"在学校学习了很长时间"，对算术和"记账"有深刻理解。

航海账目显示海员对啤酒的需求量很大：女王动用自己的库存提供了
5 000千克。同时，钱塞勒还购置了3桶，约为727升的威士忌。食品采购
的记录相对粗略，但牛肉或猪肉足够每周吃4天，鳕鱼干可以每周吃3天，
饼干能保证每天供应，豌豆（每周4天）、奶酪和黄油（每周3天），这些
物资也成了日后航海冒险的必备品。

此外，洛克和莫斯科公司对海员的公共福利也投入巨大。尽管基本生活
条件简朴，只有弗罗比舍拥有独立船舱和软垫床，但公司请来一位法国外科
医生负责船员的健康，并为医生配备了由英国药剂师提供的国外药品。其中
一种药品名为"东方龙涎香"（ambra grisi oriental），根据一位现代专家的
解释，这是"抹香鲸肠道分泌的蜡状物质，发现于印度海"，可作为兴奋剂
使用。还有几种止泻药，如桃金娘（myrobboralia chebue bellerichi）；通
便药东方通（boli oriental）；用于治疗性病的银色葡萄（argenti viti），实际
上是水银，作为软膏使用。另一种奇怪药物是"海狸香"（castorum），其
提取自海狸的肛门腺，用于掩盖坏疽腐烂四肢时散发的恶臭。

在埃德蒙·霍根招募投资者、尼古拉斯·钱塞勒筹备食物供给之际，洛
克则在思考航海所用的导航设备问题。他意识到弗罗比舍和副指挥官霍尔不
是非常清楚最新的导航知识。弗罗比舍在与莫斯科公司会面中流露的看法和
狂言显示，他对自己船队要走的路线并不是很清楚。而洛克知道有一个人能
帮忙解决这个问题。

1576年5月，计划起航日期的前两周，女王的御用占星家和莫斯科公
司的宇宙志学家约翰·迪伊找到洛克，"希望知道他们公司的设想"。当了解
到他们的计划内容后，迪伊给出了他的意见。洛克接受了他的提议，并邀
请他来家里与弗罗比舍、霍尔和威廉·伯勒见面。洛克日后回忆说："我把
我的书及作者信息、我的海图及仪器和书面笔记摆在他们面前。"他花了20

年时间收集来这些物品，耗费了 500 英镑的巨大开支。

起航前，迪伊与弗罗比舍和霍尔在莫斯科公司见面，为两人教授"几何与宇宙学"及与西北航道相关知识的课程。辅导中，迪伊向他这两位"小学生"提到了"伟大的世界地图"。这幅地图是以 1 英镑 6 先令 8 便士购入的，作为航海冒险的资料书籍和海图使用。地图原本属于迪伊的老朋友杰拉德·墨卡托所有，其于 7 年前出版发行。此外，迪伊还提供了亚伯拉罕·奥特柳斯（Abraham Ortelius）的《寰宇全图》（*Theatrum Orbis Terrarum*），其被视作世界首部现代地图册，于 1570 年出版。

虽然整个项目预算有限，但在迪伊高强度的单独辅导下，加上开拓性的航海、造船、医疗技术的帮助，弗罗比舍成为英国历史上准备最全面的船长。尽管做了万全准备，但弗罗比舍和 34 位船员仍是冒险进入未知地域。1576 年 6 月 7 日，他们从拉特克利夫起航出发。

第 7 章

在谎言之上建立
"中国公司"

在德特福德下锚过夜后，弗罗比舍和他的船队一早继续沿泰晤士河顺流而下。数小时后，他们抵达伊丽莎白女王临朝听政的地方格林尼治。虽然女王本人没有参与此次航行的投资，但她却表现出极大兴趣，准许威廉·塞西尔、弗朗西斯·沃尔辛厄姆和其他枢密院大臣支持这次冒险旅程。甚至在船队经过时，女王还对船员们表示鼓励。"加百利号"船长克里斯托弗·霍尔记录道："我们开炮致敬，竭尽全力展示最好的自己。女王称赞我们，她站在窗前向我们挥手告别。"

寻找中国的冒险危机重重

弗罗比舍的船队沿着英格兰东海岸前进，离开格林尼治两周后他们抵达设得兰群岛。这里距苏格兰西北部海岸约 322 千米。因为需要"补充淡水资源"，堵住"迈克尔号"的漏水点，他们在此逗留了一阵。此外，弗罗比舍借这个机会给起航前积极辅导他的约翰·迪伊写信。他非常感谢迪伊提到的"详细的指导说明：当我们用到它时便会想起您，我们这些愚钝的学徒，不像您那样拥有渊博的知识"。这是来自一位经验丰富的水手的谦卑恭维。即使这位水手曾成功沿着非洲海岸航行并游弋整个英吉利海峡和爱尔兰海峡的水域，但当他离开英国海岸时，他知道他需要一切可能得到的帮助。他并非首位向西穿越北大西洋的欧洲人，但他却可能是留下记录的第一人。大约 500 年前，维京勇士们首次划船横渡大西洋，在格陵兰和纽芬兰建立了殖民地，他们称这里为文兰（Vinland），但他们的航海活动没有留下详细的海图。

从设得兰群岛继续向西航行两周后，时间已到 7 月中旬，一位瞭望员看到在海天交接的地方有一个锯齿状闪闪发亮的物体。"我们看到了弗里斯兰（Friseland）的陆地，"克里斯托弗·霍尔在航海日志中写道，"它像尖塔顶端一样从海平面升起，上面覆盖着皑皑白雪。"弗罗比舍命令一只登陆舰做好准备，4 位船员"划船靠岸，但陆地上结满冰层，他们无法登陆，因此又退回到甲板上"。

出海仅仅 1 个月后，弗罗比舍相信他发现了弗里斯兰岛，这里在墨卡托和奥特里斯的地图上有清晰的标记。只要他能登上海岸宣布土地主权，就能让英国收获一处极好的领地。然而弗里斯兰不过是一位威尼斯制图师凭空想象的结果。限于当时的条件，即便是最棒的制图师也是依靠传闻、无把握的水文地理学和制图直觉绘制北大西洋海图的。但尼科洛·泽诺（Nicolo Zeno）不是优秀的制图师，而是位大忽悠。他在 1558 年出版的地图中标注了一系列岛屿，并宣称他的祖先尼科洛和安东尼奥·泽诺于 14 世纪 90 年代发现了这些地方，但这是个彻头彻尾的骗局。这幅地图旨在让威尼斯宣称拥有整个北美洲的所有权，是效仿英格兰的约翰·卡伯特 1497 年的冒险活动中宣布占有纽芬兰的做法。泽诺的地图蒙蔽了当时最棒的制图师。弗罗比舍从未对地图产生过怀疑，他看到的地方其实是格陵兰岛南端。北极原住民已经在这块土地上繁衍生息了数千年之久。

船队继续航行，但很快遇到了恶劣天气。狂风暴雨把船队吹得七零八落。体积最小的舰载艇和 4 位船员被大海"吞噬"沉入冰海。两艘三桅帆船中的"迈克尔号"顶住了暴风雨的袭击，没有明显受损。船长马修·金德斯利（Matthew Kindersley）也是 18 位投资人之一，他向"船员和同伴们"征求意见，决定接下来该如何行动。他们似乎是仅存的生还者，对自己的生命安全极为担忧，因此他们要求返航英国。金德斯利答应了他们的要求，"迈克尔号"掉头回家，于 9 月初抵达伦敦。他们透露给洛克，弗罗比舍和指挥舰"遭遇浩劫"。这则消息对洛克而言是毁灭性的，毕竟他投入了大量财力和心血，要面对损失大半家财而一无所获的局面：没有通往中国的航道，没有黄金或白银，甚至没有类似在俄国发现的商业机会。

事实上，弗罗比舍的指挥舰没有葬身海底。他们渡过难关，但船只受损严重："极端恶劣的天气"吹断了顶桅，将其抛向深海。但弗罗比舍不是金德斯利，不管手下船员有何想法，他都无意放弃探险世界"未知领域"的壮举。恰如乔治·贝斯特所言，弗罗比舍"下定决心"要证明西北航道的存在，"否则永不返回英国"。他的言语与 20 多年前理查德·钱塞勒的话遥相呼应。

弗罗比舍继续向西北方向驶去，7 月末，他"看到一个高原"，将此处命名为"伊丽莎白女王海角"（Queene Elizabeth's Forland），这是第一块以英国君主名字命名的美洲大陆的土地（此处现为雷索卢申岛 [Resolution Island]，位于格陵兰岛以西约 800 千米，与巴芬岛 [Baffin Island] 南岸隔海相望）。然而弗罗比舍登陆宣示主权的尝试再次以失败告终，因为这里浪涛汹涌、冰山漂浮、狂风怒吼，他们无法靠岸。弗罗比舍只好继续前进，第二天他们来到一处宽阔的海峡，海水在陆地间冲出了一条航道。他"满怀希望"地认为这里就是他朝思暮想要找到的西北航道。

弗罗比舍的"加百利号"向海峡西面航行了 60 里格，约 240 千米。他们认为船舷右侧便是亚洲，至少弗罗比舍深信不疑。同时他认为船舷左侧是美洲。他大胆地效仿麦哲伦的做法，以自己的名字命名这个海峡。当年，麦哲伦将美洲大陆南端的海峡命名为麦哲伦海峡。此外，念及同伴情谊，费罗比舍还以船员的名字命名了海峡中的岛屿。例如，以"加百利号"船长之名命名了霍尔岛，以船队木工之名命名了伯切岛，还有托拉斯·威廉姆斯岛。至少在此时此刻，这群地位低下的英国水手在世界另一端享受着名垂千古带来的乐趣。

　　弗罗比舍登上了其中的一座岛屿，他很快就发现了人类居住的痕迹，包括一处近期使用的篝火，余烬还冒着热气。他爬上岛上的最高峰四处观望，看到远方水域里有几个人"摇着皮革制作的小船"。看样子他们正朝着停在岸边的登陆艇驶去，弗罗比舍和8位船员急忙下山，准备保卫自己和登陆艇。这群当地人是因纽特人，他们似乎并无恶意，双方很快相互分享食物、交换物品。"他们登上指挥舰，"贝斯特写道，"带着三文鱼、生肉和其他鱼肉。"对于数周来依靠饼干、鳕鱼干和腌牛肉度日的英国人来说，换换口味令他们极为高兴。他们换来海豹皮和北极熊皮，这两种东西在英国售价极高。英国人随船携带着大量的上好呢绒，投资者希望试试市场反应，换取当地其他重要的商品。但因纽特人对船员的日常物品更感兴趣，如铃铛、观测镜和其他玩具。

　　接下来几天，弗罗比舍的船员们继续与因纽特人接触，"这些人开始很容易就信任了他们"。然而双方对话却存在着障碍。"他们开口说话，"霍尔回忆道，"我们根本听不懂。"因此，两方基本依靠手势相互交流沟通。比如，英国人了解到因纽特人"双手举过头顶击掌意思是希望和平"。霍尔竭尽全力理解他们的语言，正如塔沃森很多年前那样，将重点词语记录下来。

Arogteyt——手
Accaskay——船
Callagay——一条马裤
Mutchater——脑袋
Yacketrone——小拇指

在这种"对话交流"下，弗罗比舍得到了一条他认为极为重要的信息。按照他的理解，"穿过海峡进入西海"的航道就在不远处。一位因纽特人"给出了航行两天的手势"，而且似乎还表示他能带路，并承诺他上岸去取他的独木舟，然后充当他们的领航员。

弗罗比舍不希望失去前往中国的机会，他派了5个人跟随因纽特人。但当小船靠岸后，一行人就在视线范围内消失了。几个小时后，弗罗比舍开始疑惑：是不是发生了什么事情？当船员和那位当地人没有按时返回时，他担心出现了最坏的情况。洛克后来记录说，弗罗比舍"判断船员们被武力扣留了下来"。

5位船员和登陆艇的损失将整个冒险队置于危险境地。弗罗比舍曾发誓，要么实现他的目标，要么死在实现目标的路上，如果因纽特人的话属实，他正步步接近梦想：进入太平洋的西北航道距这里只有两天路程。弗罗比舍现在必须面对现实，他手里只有一艘三桅帆船，没有登陆艇，没有足够人手"驾驶船只"返回英格兰，而且他们已经筋疲力尽。

编织"发现中国"的谎言

弗罗比舍决定返回英国，但在没有能证明他成就的东西时，他不愿贸然回到家乡。他认定只有一个事物能真正让投资人信服：因纽特人。于是，弗罗比舍"想了一个巧妙的办法"来"反骗这群骗子们"：诱捕一位因好奇正围着"加百利号"转悠的因纽特人。他朝因纽特人扔了一个铃铛，铃铛响了几声便坠入海中，接着他"把铃铛摇得更响"，引诱因纽特人划向指挥舰一探究竟。当弗罗比舍伸手递给他铃铛时，迅速"抓住了他"。众人将因纽特人连同他的小船一起拉到指挥舰上。来到甲板上后，因纽特人反抗强烈，他"咬断了自己的舌头"。对弗罗比舍而言，这位因纽特人是他"前往未知领域世界"的"强有力证据"。

除了因纽特人，弗罗比舍和船员还收集了一些有趣的东西带回英国，以此佐证他们到达过遥远的异国他乡。其中包括船员罗伯特·加勒德（Robert Garrard）捡来的奇异石头。弗罗比舍认为这石头看着像海煤，但实际上它是沥青岩，常被误认为是黄金，因为它能闪闪发亮。弗罗比舍将它视作"无关紧要的东西"，并称它是"新奇玩意儿……代表它的产地"。不过他认为这不是什么珍贵的纪念品。

最终在 8 月末，"加百利号"从新命名的弗罗比舍海峡出发返航。他们在 1 个月后抵达英国海岸，并于 10 月初驶入泰晤士河。一直担心投资打了水漂的迈克尔·洛克兴高采烈地写道，弗罗比舍和"加百利号"船员"喜悦地享受着人们崇高的敬意"。当凯旋之师进入泰晤士河，洛克买了一个装饰用的地球仪，弗罗比舍把它安装在旗舰船头斜桅上。

当弗罗比舍带着"中国的陌生人和他找到了通往中国航道的谎言"抵达港口后，"他被传唤到宫廷，并受到了最热烈的接待和欢迎"。因纽特人引起了轰动，他是有记录以来第 15 位来到英国的美洲原住民。上一次则是 16 世纪 30 年代造访亨利八世宫廷的一位巴西国王，但只有少数几个人见过。根据洛克的记录，弗罗比舍带回的俘虏"对全伦敦乃至整个王国听闻这件事的人来说是个奇迹"。贝斯特将其描述为弗罗比舍带回的"新希望"和"奇怪的异教徒"。因纽特人以其"宽阔的面庞、圆滚的身躯"和小眼睛小胡子闻名，他用绳子扎着"深黑色的松垂长发"，他的肤色"暗黄，很像黄褐色的摩尔人，更准确地说是鞑靼人，我认为他就是鞑靼人。"

洛克希望在宫廷前展示因纽特人以达到人尽皆知的效果。但可能因为舌头的伤口，因纽特人显得很痛苦。洛克注意到，他面色"阴沉、粗鲁"，面容"消瘦"。在抵达伦敦后没几天，这位因纽特人就死了，被埋在莫斯科大厦附近的圣奥拉夫教堂的墓地里。

成立"中国公司"，开拓新市场

正如伦敦人对因纽特人充满好奇一样，投资人关注的是弗罗比舍的言论。他对外宣称自己进入了通往中国的航道的东端，而且将此地命名为弗罗比舍海峡。洛克和商人们对他的话深信不疑，他们快速行动，动用法律手段保护自己的投资。1576 年底，一家名为中国公司（Company of Cathay）的新创公司获得了皇家特许状。这家公司的商人和投资人的终极目标再清晰不过。经历了 20 多年的失败，洛克和同伴们终于有信心前往大汗的国度了。

这是个大胆的举动。莫斯科公司的管理层此前准许弗罗比舍发起此次航行，但如今洛克和同伴们打算建立对莫斯科公司的垄断特权构成潜在威胁的新商业机构。不过这种大胆是新公司主要成员格雷沙姆、伯德、邦德以及达克特的典型特征，他们在英国以外从事了广泛的商业贸易。根据"授权条款"，投资人"有权"任命 1 位董事、两位执行官和 12 位助理，不过只有得到女王的签字，条款才能生效。1 位董事的设置意义重大，因为中国公司不希望出现莫斯科公司那样的内部斗争。由于设置了两位董事，莫斯科公司内部存在不和以及分裂的情况。

迈克尔·洛克生平首次被任命为董事，弗罗比舍也得到了崇高称号：所有新发现国家和地区及中国的全部海洋、水域、陆地以及岛屿的海军上将。除去这些唬人的头衔，洛克和弗罗比舍还被授予拥有"所有进入英国或出口其他国家的商品、货物和货品"1% 的份额。

特许状规定了中国公司的商业使命，授权其享有"寻找、探索、发现任何海洋、水域、岛屿、陆地、国家和地区及其他地方……在此之前，马丁·弗罗比舍最近前往未知的西北地区探索发现的，或者大英帝国商品贸易一般不常去的地方"垄断权。

经过一番深思熟虑，中国公司"完全同意和接受"特许状的条款。负责复审这份文件的塞西尔记下了公司成员的名单，其中包括格雷沙姆、邦德、伯德、达克特、威廉·温特、埃德蒙·霍根（当选为财务主管）、托马斯·伦道夫及另外两位参与探索陆路前往中国的先驱安东尼·詹金森和汉弗莱·吉尔伯特。

吉尔伯特是首次航行的狂热支持者，他曾与迈克尔·洛克合作，洛克赞誉他是"企业强大的后盾"。洛克知道吉尔伯特有一本未出版的"从不同角度对西北航道论述"的《论通往中国新航道的发现》。后来，洛克着手准备将此书出版发行。他们期望这部专著能使潜在投资者"积极参与此项投资"。但直到1576年4月这本书才与公众见面，因此它对首次航行的融资没有产生任何实质性影响。

如今在第二次出航前，潜在投资者有机会研读吉尔伯特的专著，仔细思考中国公司的远大前景。在文中，吉尔伯特坚称中国"不是乌托邦或其他虚构的国度"，而是"一个由所有现代地理学家所描述和介绍的国家"。他指出，"我们西北方向的航道能穿过拉布拉多（Labrador）北方的海域，这点已被不少最有学问和最专业的人士提到和证明。"

为给他书作中的论点提供更有力的证据，他准备了"一幅简略的世界地图的草稿"。现在来看这幅地图尚未成型，只是张草图。但在16世纪70年代，这是一项重大突破——英国历史上出版的第一幅世界地图。引人注意的是，图上显示一条开放水道将美洲的北海岸与标注"阿尼安（Anian）"①的陆地隔开。因此，吉尔伯特更加坚定了"阿尼安海峡"和西北航道存在的想法。这两个地名于16世纪60年代早期首次出现在地图上，可以追溯到马可·波罗时期。

---

① "阿尼安"，一词来自《马可·波罗游记》。在其中一个版本中，这位威尼斯人形容基南湾（Gulf of Kienan）"幅员辽阔，很多人在此定居，仿佛世界在它之中"。基南湾位于阿宁（Anin）和科洛曼（Coloman）的另一边。

吉尔伯特断言，如果英国成功航行到这个海峡或航道，就能为"国家的呢绒找到此前从未拥有的巨大市场"。与此同时，英国还能进入西班牙和葡萄牙管辖范围外的国度，"那里可能会发现大量金银珠宝、金丝织物、丝绸和各类香料"。

不过吉尔伯特不仅仅关心探寻西北航道之事，他还谏言英国应开始"占领美洲一些合适的地方建立集散地……目的是缩短航海路程"。事实上，他建议打造一座新的加来城，而且要建在西北航道沿线，发挥前往中国路上跳板的作用。这是个大胆的想法，但不是设立贸易基地那么简单。吉尔伯特解释说："我们可以在这些国家的部分地方定居，把我们国家的游民和流浪汉安置在那里，省得那些困扰国家的贫困人员由于难以维持生活而犯下滔天罪行，以至于每天与绞刑架为伍。"

将殖民地作为商栈和安置英国社会游民和流浪汉的地方，早在吉尔伯特前往爱尔兰之前就已经提出。如今由于弗罗比舍的发现，这一想法有了新的意义。吉尔伯特加盟中国公司是因为他认为这家新公司能帮助他将自己的梦想变为现实。

第二次出海中国的计划摇摇欲坠

为给第二次航海计划造势，洛克和同伴们与枢密院保持紧密联系，这样便能获得伊丽莎白女王的支持。枢密院很快放出消息，女王将提供她的皇家舰船"艾登号"作为第二次航行的指挥舰。此举显示了女王对此次出海之行的巨大支持和兴趣。枢密院还致信北方区委员会和布里斯托尔市长。北方区委员会是地方行政区议会，负责执行皇家政策和其他事务，同时还管理约着克、纽卡斯尔及赫尔等地的商人。枢密院敦促他们出钱投资，因为弗罗比舍新一次的远航"将对整个王国特别是探险家是有益的"。

与此同时，洛克委托荷兰画家科尼柳斯·科特尔（Cornelius Ketel）为与中国公司相关的几位重要人物制作画像，包括弗罗比舍、洛克以及那位被带到英格兰的因纽特人，甚至还有"加百利号"，这可能是首艘获得如此殊荣的英国船只。虽然投资人尚未给总公司购置总部大楼，但这些肖像大概是要在将来的某一天挂在公司的荣誉墙上的。

科特尔绘制画像之际，这位因纽特人已经身亡，不过洛克极有远见地聘请了一位荷兰雕刻师，制作了一幅蜡质面部遗容。科特尔据此为因纽特人绘制了数张身着极地服装的肖像。虽然科特尔画的这位因纽特人的肖像没有保存下来，但因他的名气，其他有关因纽特的肖像也归到他的名下。其中一个画像显示，因纽特人身穿暖和的连帽套装，带着船桨和弓箭。背景则是弗罗比舍探出"加百利号"抓住他并连同独木舟等所有东西拉出水面的情景。

科特尔的作品中，只有弗罗比舍的肖像经受了时间的残酷洗礼保存下来。画中，胸膛宽阔的弗罗比舍站在地球仪前，右手握枪、身佩利剑。繁复的丝质褶边，挺括的亚麻面料，盛装之下的主人公显露出暴躁和威严的神态。弗罗比舍绝非等闲之辈。投资人逐渐意识到，他正是那种有能力进入未知领域完成危险任务所需之人。第一次出海前，由于投资人对他品格问题的担忧，迟迟不肯加入，而如今，这种情形显然已被他的凯旋冲得烟消云散。

尽管宣传方式独特，但并没有募集到出海航行所需的全部资金。因此，1577 年 3 月底，枢密院成立了一个特别委员会，负责监管整个冒险活动的筹备工作。讨论第二次航行的可行性和财务状况。洛克、威廉·温特爵士以及他的哥哥乔治·温特、安东尼·詹金森、埃德蒙·霍根和托马斯·伦道夫等均是委员。在经过与弗罗比舍和他的船员几轮面谈后，他们致信威廉·塞西尔和其他枢密院大臣说"传闻中的海峡"确实存在，至少"依我们看，追加投资是物有所值的。"

当然也有坏消息：只有 45 位人同意出资认购，成为中国公司的创始投资人。不过其中不乏大手笔：伊丽莎白女王是最大的个人投资者，她投入了 500 英镑，而后是洛克（300 英镑）、格雷沙姆（200 英镑）、威廉·邦德之子（200 英镑）。威廉·邦德在第一次航行前去世。朝臣中，安布罗斯·达德利和罗伯特·达德利以及他们的姐姐玛丽·西德尼及她的儿子菲利普也出钱投资。玛丽·西德尼是亨利·西德尼爵士的妻子，是伊丽莎白女王忠实的侍女。此外，与爱尔兰殖民统治关系密切的詹姆斯·克罗夫特爵士（Sir James Croft）也为此次冒险活动投入了 50 英镑。克罗夫特的另一重身份是皇室的财务总管。

前后一共筹集了 3225 英镑，远远不够第二次出海前往弗罗比舍海峡所预估的 4500 英镑费用。此次冒险活动似乎因缺乏资金而处于流产的边缘，但一则惊人的消息让事情出现了转机，并彻底改变了中国公司的性质。

第 8 章

发现黄金矿石，
舍弃探险中国的计划

罗伯特·加勒德当年在新世界捡起的一块普通石头，被弗罗比舍认为毫无价值，却在 1577 年 3 月引起了轰动。这块小面包片大小的黑色石头，被证实不是古董，也不是来自冰雪覆盖之地的不值钱纪念品，而似乎是含有人类已知的最贵重金属：黄金矿石。

迈克尔·洛克发现黄金矿石的秘密

加勒德并没有随弗罗比舍于去年 10 月返回英国，他是被因纽特人绑架的 5 位船员之一。但弗罗比舍留下了这块很容易就四分五裂的石头，并将一个碎片送给迈克尔·洛克，以感谢他对此次冒险的支持。毕竟，弗罗比舍拿不出其他东西送给洛克，他既无金银，也无香料丝绸，更无异域商品和来自中国大汗的信件。而当年，钱塞勒带回了俄国沙皇伊凡四世的信函。尽管弗罗比舍带回了他发现西北航道入口的惊天消息，但这不能立马变现，回报洛克 738 英镑的个人投资。这笔投资近乎是整个冒险活动总花费 1 600

英镑的一半。

根据乔治·贝斯特可能编造的说法，"一位冒险家的妻子"将这块石头的碎片扔进炉火里，它燃烧了一会儿后，"取出放入少量醋中淬火"，石头发出"金子般的灿烂光芒"。洛克开始关注石头里含有黄金的可能性：弗罗比舍也许会意外发现一个金矿。因此，在他与投资者合作筹备和推动第二次探寻西北航道时，他还秘密对矿石进行了分析鉴定。

"分析鉴定"一词源自古法语的"试验"词组，是融合技术与科学的复杂过程，不过在16世纪时仍处于发展中。包括金、银在内的贵重金属通常存在岩石和土壤中，几乎没有纯质形态。因此，鉴定的目的是分离这些贵重金属，将其转化为纯质形态，同时确定矿石中金或银的含量。最常用的方法是将矿石放到熔炉里燃烧，直至贵重金属熔化流出。这并非标准流程，结果也会因热度、时间、添加剂以及鉴定人技术的差异而截然不同。

洛克将一些石头碎片送给伦敦塔中最棒的鉴定大师及英格兰知名冶金学家威廉·威廉姆斯（William Williams）。结论是否定的。威廉姆斯表示，这种石头是某种铁类的混合物，实际上是黄铁矿，也被称作"愚人金"。洛克不愿接受威廉姆斯的结论，将样本送给另外两位专家。他们证实了威廉姆斯的观点，即这块石头没有任何价值。洛克拒绝将这些检测作为最终结论。就像疑心病患者寻找一位能确认他得了自己想象中的疾病一样，洛克希望找到一位能给出他想要的分析结果的鉴定师。

他很快就找到了一位合适的鉴定师：乔瓦尼·巴普蒂斯塔·阿涅洛（Giovanni Baptista Agnello）。阿涅洛是一位威尼斯金匠，住在伦敦，被认为是炼金术和冶金术的专家。经过三天的测试，他从洛克的矿石样品中设法提取出"一点点金粉"。洛克终于听到了他想要的结果，但这一次他似乎仍无法接受。为何其他三位技术过硬的鉴定师没有发现黄金而阿涅洛却发现了？阿涅洛用意大利语回复说："你必须知道如何讨好大自然。"对于旅行经历丰富的洛克来说，他能轻松理解阿涅洛的话。阿涅洛掩饰真相了吗？如果是，怎么收场？

洛克同阿涅洛经过了数次面谈，对话中，这位意大利人一直追问矿石来自何处，这让洛克非常惊讶。阿涅洛甚至建议他们二人成立公司开采这种矿石，这能带来丰厚回报，供他们"自用"。洛克最终告诉他矿石来自"弗罗比舍先生发现的新大陆"，中国公司在此地拥有商业特许权。换而言之，该地区不准许私人贸易，这也正是合股公司经常担忧的问题。洛克解释说，财宝发现法规定，这类财富属于大英帝国，没有女王的准许和授权任何人不得触碰。

洛克拒绝了阿涅洛合伙开公司的提议，不过他尚未做好公开他秘密分析矿石的行为的准备。1577 年 1 月末，弗罗比舍与他共进晚餐时曾表示，"非常希望知道石头里发现了什么物质"。但洛克闪烁其词，说他将样本送给三到四位鉴定师，其中一位鉴定师发现了一些锡和银，这令弗罗比舍非常高兴。但洛克没有透露一点阿涅洛或金粉的消息。

随着日子一天天过去，发现黄金的事情沉重地压在洛克心头。尽管他是中国公司的主要组织者，但他现在却私下活动，与合股公司的规定背道而驰。违反公司的保密规定，也让他处于不安之中。正如西班牙大使伯纳迪诺·门多萨（Bernardino de Mendoza）后来上报菲利普国王所言，弗罗比舍冒险发现贵重金属属于高度机密，如果有人"走漏半点风声，都应被处死"。

与弗罗比舍共进晚餐三天后，洛克致信伊丽莎白，简明扼要地汇报了他近来的活动。女王首席秘书兼枢密院大臣弗朗西斯·沃尔辛厄姆爵士首先看到此信，他对洛克没有提供详细信息很不满意。作为弗罗比舍出海远航的倡导者和投资人，沃尔辛厄姆很快感觉到洛克的书信中存在异样。从他的背景、专业和兴趣来说，能发现问题并不令人惊讶。沃尔辛厄姆出生于 1530

年，与他的导师威廉·塞西尔一样，都出身于杰出的律师家庭，并从剑桥大学和格雷律师学院学成毕业。沃尔辛厄姆一家是虔诚的新教徒，玛丽女王登基后，他像洛克那样逃往海外。他起初住在享有新教主义中心之称的瑞士巴塞尔，并在巴塞尔大学进修，后来，转到欧洲最古老的大学之一帕多瓦大学（Padua）攻读民法专业。伊丽莎白加冕后，他返回英格兰，担任下议院议员，并进入宫廷服务，为塞西尔工作，其中有段时期，他与托马斯·史密斯爵士一同出任驻法国大使。

1573 年，作为后起之秀的沃尔辛厄姆再登高位，这次他出任国务大臣一职，与托马斯·史密斯爵士再度联手。实际上，沃尔辛厄姆的工作是女王的"间谍组织和情报部门的负责人"。他组建了一个庞大的特务网络，渗透到国外宫廷，收集情报后送回伦敦。因此，当洛克与沃尔辛厄姆商讨航行之事时，他很快发现自己面对的是一位习惯于调查、审问的人，一个能看穿那些口是心非和爱耍阴谋诡计的人。沃尔辛厄姆指责洛克在写给伊丽莎白女王的信中对矿石之事有所隐瞒。意识到自己处于弱势地位后，洛克很快坦白了一切，说出阿涅洛分析鉴定的结果。沃尔辛厄姆并未被洛克的话打动，以"炼金术士的观点"为由全盘否认，换而言之，他认为这石头毫无价值。尽管如此，他还是将矿石样本分成三四块，称会把样本送给"不同的人，一查究竟"。

接下来便是投资人、宫廷大臣、鉴定师之间一系列旷日持久的调查、对话和协商。3 月 28 日，枢密院组建的特别委员会在海军监察员威廉·温特爵士的家里召开会议。会议结束后，温特将洛克叫到一旁，要求同他第二天私下见面。塞西尔曾夸赞温特是"值得信任的人"，是一个不能忽视的人物。作为莫斯科公司的创始成员，温特在从非洲的黄金海岸到爱尔兰的商业冒险方面有丰富经验，这让他成为枢密院委员会中非常能干的负责人。

两人第二天清晨见面时，温特透露说，他知道有关阿涅洛、矿石和黄金的所有信息。看样子阿涅洛出尔反尔，没有履行他做出的保密承诺，几乎将所有实情都告诉了与他秘密会面的塞西尔。毫无疑问，他还对约翰·巴克利爵士（Sir John Barkley）透露了实情。巴克利是英国海外公司的狂热投资人，也是托马斯·史密斯爵士在爱尔兰建立殖民地的坚定支持者。最终，此事传到温特的耳朵里，他与巴克利下决心再找一位鉴定师对矿石进行分析。两人选择了乔纳斯·舒茨（Jonas Schütz），舒茨此刻正在英格兰，暂时离开他的主人萨克森公爵。舒茨被誉为"萨克森冶金学家"，是最有学问的学者之一，他与英国刚刚兴起的采矿产业联系颇密。

温特向洛克解释说，舒茨按时完成了鉴定，结果不只支持阿涅洛的发现那么简单。温特指指窗台上闪闪发光的一块金子说，矿石的财富远超他们想象，其"贵重程度超过我们的认知范围"。舒茨估计，每百磅矿石中能提取4盎司黄金。从财务角度看，每吨矿石价值240英镑。由于地表矿石的储存量极高，那么开采的话，可能会带来大量黄金。温特解释称，这意味此次冒险行动意义重大，不是一家公司能承担的。此事现在已上升至国家层面，女王必须知晓和参与。

贵金属矿业公司在英国兴起

鉴定有黄金的消息一出，弗罗比舍的冒险活动很快从寻找西北航道变为寻找黄金，人们期望英国新北极地区的这种矿产资源能够得到开发利用，让此次航行的投资者和整个王国富裕起来。随着淘金热席卷伦敦以及新投资者涌入，洛克的财务忧虑很快一扫而光。从黄金消息流出到弗罗比舍起航前这段时间，募集资金达2 000英镑，总额也由此达到了5 150英镑，足够支付第二次出航的费用。宫廷大臣是最狂热的投资人，他们贡献了新募集金额的2/3，相比而言，第一次航行时他们只出了1/3的钱款。其中，莱斯特伯爵罗伯特·达德利增投了两倍资金，从50英镑增加到了150英镑。尤其沃尔辛厄姆的态度来了个180度大转弯，他撇开原来怀疑的态度，将投资扩大到原来的4倍，达到200英镑。

商人们对自己钱袋子的态度比大臣们谨慎许多，不过莱昂内尔·达克特、托马斯·格雷沙姆等人仍保持狂热情绪，尽管公司的重点已偏离寻找中国的初衷。这其中部分原因在于他们同博学的温特和其他几位大臣一样，都是英国尚处于萌芽期的金银开采行业的重要支持者。他们好像看到了并非胡猜乱想的另一个开采项目。

达克特和温特两人与英国的矿业公司关系紧密。达克特曾担任皇家矿业公司的董事，这家公司于 1568 年成立，旨在开采金银等贵重金属，而温特则出任助理董事一职。含有黄金和白银的矿被誉为"皇家宝矿"，不论谁拥有这片土地，都自动被认为是国王的财产。其他主要投资人还包括罗伯特·达德利、威廉·塞西尔和托马斯·"卡斯特摩尔"·斯迈思（Thomas "Customer" Smythe），三人均是莫斯科公司的成员。

同时，这三人还是英格兰第二大矿业公司——矿业和电池工厂（Mineral and Battery Works）的主要支持者，女王授权工厂开采较少的矿物，特别是"锌矿石"。这种矿石广泛用于工业生产中，也就是现在的氧化锌，是制造黄铜薄板的必需元素。制造梳毛机的齿轮需要用到黄铜合金薄板，羊毛通过这种机器梳理，然后才能纺织成呢绒。对于英国的支柱产业来说，梳毛机极为重要，但却长期依赖进口。如今，大家希望这种生产设备能用上本地货。就如托马斯·史密斯在《论英国本土的公共福利》一书中所言，英国可以自给自足。

这些英国的新兴矿业公司有一个显著特点，即他们依赖于来自神圣罗马帝国的德国商人和冶金师。上述两家矿业公司的专利权是由一位英国人和一位德国人共同持有，而不是股份形式。皇家矿业公司的专利特许状授予了托马斯·瑟尔兰德（Thomas Thurland）和丹尼尔·霍赫施泰特（Daniel Höchstetter）；矿业和电池工厂的专利特许状则授予给皇家铸币局的鉴定专家威廉·汉弗莱以及帮助洛克分析矿石的乔纳斯·舒茨。

西南地区的繁荣锡产业一直以来是英国人的骄傲，对于锡的渴望使罗马人在 1 500 多年前入侵英国，将这里作为他们的北方基地。不过在开采其他金属方面，英国人被德意志人甩在了后面。公元 10 世纪中期，人们在萨克森的哈尔茨山脉（Harz）偶然间发现大型银矿，并将其命名为拉梅尔斯贝格矿山（Rammelsberg），因此，德国矿工在整个欧洲赢得了美誉。据传说，一位日耳曼骑士外出猎鹿，将战马拴在一棵树上后步行追赶猎物，当他返回时发现马蹄刨开的土里有银光闪闪的岩石，自此这座银矿便出现在世人面前。随着银矿的开采，许多人发家致富，其中富格尔家族凭此积攒的财富甚至可以超过美第奇（Medici）家族。

多年以来，德国在新兴冶金学科领域涌现出一大批领军人物。1556 年，撒克逊人格奥尔格乌斯·阿格里科拉（Georius Agricola）出版《论矿冶》（*De Re Metallica*），这是最早的"采矿技术"手册之一。作为欧洲顶尖的矿业专家，阿格里科拉在《论矿冶》中针对大量具体问题给出了他的建议，包括打矿井的最佳位置，如何高效识别地表下有矿脉的自然迹象，例如不会结霜的草场。此外，他还解决了一些哲学争论，特别是黄金等矿产资源是否从本质上就是邪恶的，他解释说，贵金属是高度文明下制造内科医生、建筑师、画家和商人所需工具的必要材料。

在德国人的帮助下，英国的矿业公司取得了初步进展。1565 年，矿业和电池工厂创立不久后，德国矿工在英国北部湖区中心的凯西克（Keswick）建起一座冶炼高炉。第二年，随着加速进行勘测、探矿、冶炼和鉴定矿石等工作，人们得到了一些鼓舞人心的消息。1566 年 6 月，矿工在萨默塞特郡发现了锌矿石，一个月后，又在湖区的纽兰兹山谷（Newlands）发现了铜矿，这也被称为"英国之最"。德国矿工将其誉为"Gottesgab"，意思是"上帝的礼物"。时间久了，德国人的说法变为英国人口中的"Goldscope"（黄金地区）。锌矿石是纺织品行业的必需品，而铜矿和其他矿石也极为重要，因为铜矿伴生有少量的金银。

到 1577 年，弗罗比舍筹备第二次出海之际，英国矿业公司仍未找到能为投资人和国家带来巨额财富的黄金或白银。与之相比，西班牙却在新世界发现了这些贵重金属。

西班牙率先找到贵金属宝藏

西班牙人在新世界发财的故事始终萦绕在英国投资人的脑海。毕竟，西班牙没有任何采矿传统。但在哥伦布首次航行后的半个世纪里，西班牙征服者首先在西印度群岛的伊斯帕尼奥拉岛（Hispaniola）找到贵重金属，而后又在周边的岛屿上发现储藏量很高的沙金，这促使他们将寻找范围瞄准陆地。1504 年，荷南·科尔蒂斯（Hernán Cortés）首次达到西印度群岛；1519 年，他开始征服阿兹特克帝国，也就是现在的墨西哥，并掠夺了大量财宝。1533 年，弗朗西斯科·皮萨罗（Francisco Pizarro）带着寻找黄金的目标向南进入印加帝国（Incas），他将印加君主阿塔瓦尔帕（Atahuapla）绞死后，宣布西班牙拥有这块土地的主权。

为利用在墨西哥和南美洲发现的丰富贵金属资源，西班牙人在这些地方建立起殖民地，并将新占据的领土划分为三个行政管辖区，每一区由一位总督管理。新西班牙区在北方，基本上是现今的墨西哥；新格拉纳达区囊括南美洲北部；秘鲁区则包含安第斯山脉大部分地区。

到 16 世纪 40 年代，新世界的金属已是西班牙国家收入的重要来源。1545 年，西班牙人又中了头彩，他们偶然间发现波托西（Potosí）银矿，这座银矿坐落在安第斯山脉寒冷、干旱的高原，海拔高度 3 600 千米以上。关于西班牙人如何发现波托西的"财富之山"的故事有很多版本。当时，这里被称为秘鲁，即现在的玻利维亚。其中一个说法是一位当地人追赶跑丢的美洲驼时，被地上一块银光闪闪的岩石绊倒，就此揭开了这座银矿的面纱。不过这段故事中，这只四脚动物好像是主角一般。另一则故事更是有鼻子有眼，一个名叫迭戈·瓜尔巴（Diego Gualpa）的人攀上红色山顶，寻找一座神殿的位置，希望趁机掠夺遗迹里的珍宝。快到顶峰时，一阵狂风将他吹倒，他抓住一块石头，发现这是块银矿石。

这些发现银矿的故事可能全是虚构的。事实上，印加人很久以前就知道银矿的存在，他们早已在波托西西南 32 千米的波尔科（Porco）设立了采矿点，甚至还摸索出一套冶炼方法。具体就是在山脊上建小型风力鼓风炉，名为"guayra"，这个词源自印第安语，意思是"风"。1549 年，曾撰写秘鲁史的作家佩德罗·西扎·德莱昂（Pedro de Cieza de León）记录说，夜幕下，成千上万的鼓风炉"点亮整个乡村和山峦，远远望去就像盏盏明灯点缀其间"。若风力强劲，大量白银提炼而出；若风力减弱，没有一丝白银能提炼出来。因此，就像海风对航行有重大意义，在这里，风能用来帮助提炼白银。

西班牙矿业经营者正是在波尔科第一次听到了波托西的情况，不过，那里的银矿也许早已被发现。西班牙人找到一条储藏量惊人的矿脉，约有 91米长 4 米宽，矿石纯度为 50%。随着发现银矿消息的传播，一场淘银热拉开了序幕。短短数月内，山脚下建起一座采矿营地，不久之后，2 500 所民宅拔地而起，入住人数达到 1.4 万人。到 1550 年，波托西已是 16 世纪的新兴之城，但这里气候寒冷，没有美丽的风光。财富迅速积累，矿主、商人和部分个体矿工摇身一变成了英国帽子、呢子大衣等欧洲和东方奢侈品的狂热消费者，这一现象证明新兴市场可以被创造而且获利颇丰。面对有丰富财宝的魔力之都难以抵抗的诱惑，约翰·达德利要求塞巴斯蒂安·卡伯特筹备突袭秘鲁辖区的银矿，不过计划最终落空。

西班牙控制了全球贵金属贸易网络的大部分，而波托西正是网络中的重要节点。这一庞大商业活动的外在表现形式则是西班牙的运宝船队，当然这也是最容易遭受攻击的一环。贸易议院负责管理舰队运营，两支武装护卫队定期前往海外护航运宝船，其中一支护卫队负责南美大陆新西班牙区。这支运宝船队约有 60 艘商船，同时还有 6 艘以上的军舰和数艘负责传递信息、在该领域巡逻、搜寻海盗和武装私掠船的小艇。

　　船队中的大型船只均是结构坚固、装备精良的西班牙大帆船，船长 31 米，配有 3 ～ 4 个桅杆，装载量达 500 ～ 600 吨，以及多达 36 门火炮。这种大船非常适合长途运输大量物资和珍宝。而弗罗比舍用于运送所谓黄金的"艾登号"，载重量只有 200 吨。

　　春天，新西班牙辖区的船队从塞维利亚起航，前往韦拉克鲁斯（Veracruz），也就是现在的墨西哥最东边，位于墨西哥湾沿岸。夏季，另一支船队从塞维利亚出发前往卡塔赫纳（Cartagena），它现为哥伦比亚北海岸城市。船队会在此处稍做停留，旨在派人走陆路向位于太平洋沿岸的巴拿马城中的西班牙政府官员送信，同时开始从巴拿马城将白银运送到大西洋海岸的迪奥斯港（Nombre de Dios）集中转运到西班牙。

　　与此同时，矿山的运输工作也必须有序展开，以便船队抵达迪奥斯港时白银能按时送至巴拿马城。人们使用美洲驼运输银条，从波托西一路长途跋涉走到海边，这段路需要走半年之久，而后人们将银条装船，向北驶向巴拿马城。抵达巴拿马城后，人们再使用骡子队把银条运到迪奥斯港，这段路直线距离约为 65 千米，而此刻，西班牙商船已从卡塔赫纳驶来静候货物。例如一支 1549 年 3 月从波托西出发的驼队，有 2 000 匹美洲驼，能运 7 771 根银条，此外，驼队还配有 1 000 名印加人，主要任务是保护白银免受重峦叠嶂中冲出来的土匪抢劫。

　　当白银最终抵达迪奥斯港时，一场盛大的集市贸易由此而开，部分白银用来换取各类商品，而后通过骡子、美洲驼和船只运回墨西哥和秘鲁的矿山。返航回国的西班牙护卫舰队会在古巴的哈瓦那停留，这里拥有大型船坞，物资供应丰富，而且气候暖和，令船员们非常开心。运输船与护卫队会合后，借助墨西哥湾暖流和盛行风，沿佛罗里达海岸向北航行。这期间，他们很容易遭受大自然的侵袭，因为这片海域非常危险，气候变化多端而且强风暴雨频繁出现。另外他们也极容易受到沿途港口冒出来的武装私掠船、敌对船只的攻击，这也是吉尔伯特曾提议在该地区建立殖民地的原因。

在葡萄牙人的努力下，贵金属贸易很快从大西洋商路扩展至中国和印度。与黄金相比，中国人"极其偏爱白银"，虽然中国有银矿，而且在冶金方面拥有先进的专业技术，但他们却认为采矿对土地危害很大，同时也会带来腐败。实际上，1078年中国开始禁止采矿，这让中国成了所谓的"进口"国家，即宁愿让其他人从事肮脏的采矿工作，中国人更乐意直接购买成品。

最终，西班牙人率先从南美洲横跨太平洋来到远东地区，在菲律宾进行白银贸易。西班牙运银船队从墨西哥西海岸的阿卡普尔科（Acapulco）起航，穿过太平洋抵达马尼拉湾，这段航程的直线距离达14 500千米。在这里，他们用美洲白银从中国商人手中买来各类西班牙消费者喜爱的商品，包括丝绸、精美的明朝瓷器及定制家具。

贵金属贸易已成为全球贸易体系中重要的一部分，助长了西班牙的帝国野心。最引人瞩目的是八里亚尔（peso de ocho reale），即西班牙古银币。这种大银币宽约4厘米，16世纪70年代在波托西首次铸造而成。这是首个全球通用货币，深受各国君主和海盗的喜爱。

对于迈克尔·洛克和其他投资人乃至伊丽莎白女王来说，西班牙的全球贵金属经营活动时时刻刻提醒着他们，开采丰富的金银矿藏蕴含着巨大的潜力。他们迫切希望找到属于自己的矿产。

英国人疯狂渴求黄金矿

1577年5月，在马丁·弗罗比舍筹备第二次出航之际，他收到了威廉·塞西尔的明确指示。按照塞西尔的想法，船队抵达霍尔岛，找到良港后，前往"你去年带回矿石的地方"。他会派遣矿工在这里开矿。弗罗比舍

120 人的船员中包含了 30 位矿工，这标志着此次出航的首要任务已经改变。这些矿工归鉴定师乔纳斯·舒茨监督管理，威廉·温特和迈克尔·洛克资助舒茨随船出行，并给予他"采矿士官长"的头衔。

在工人将开采的矿石装上"艾登号"之际，弗罗比舍继续深入海峡，搜寻更多矿产以及设法营救上一次航行中失踪的 5 位船员，然后继续远航进入航道，以确定是否能抵达南海。最后他返回霍尔岛，预测采矿活动的进程。此外，他还考虑实施汉弗莱·吉尔伯特爵士提出的建立殖民地的想法，将一部分人留在此过冬，"观测这里的气象，以及一年中哪些时段海峡不结冰"。

尽管这次航行的目标远大，但投资人对成功率也有清醒的认识。其中一条指令规定，如果弗罗比舍没能找到期望的黄金，他需要送"艾登号"返回，然后带领两艘船"继续寻找通往中国的航道"。

1577 年 5 月 26 日，船队从布莱克沃尔出发。弗罗比舍指挥"艾登号"，副指挥官爱德华·芬顿（Edward Fenton）掌舵"加百利号"。亨利·西德尼爵士主政爱尔兰时期，芬顿在他手下当差。经过两个月的航行，船队最终抵达霍尔岛，弗罗比舍的船员正是在这里捡到的那块矿石。他们竭尽全力，但连"胡桃那么大"的矿石都没找到。船员们只得前往周边岛屿查看，弗罗比舍将这座海岛以沃里克伯爵夫人也就是安布罗斯·达德利之妻的名字命名，当然，这也是她作为投资人应该享有的权利。

在那里，他们发现了一块"上好的矿石"，冲洗过后，黄金"清晰可见"。弗罗比舍和 5 位矿工身先士卒，投入挖掘矿石的工作。不久后，"几位绅士和士兵"也加入他们的行列。对于绅士来说，弄脏双手去干这样的体力活并不常见，但弗罗比舍并不是一个典型的绅士。负责记录此次航行见闻的乔治·贝斯特给予弗罗比舍和指挥官们由衷的"赞美"，褒奖他们在这种繁重、枯燥工作上展现的"甘愿付出"和"吃苦耐劳"精神。

挖矿工作持续了近 3 周，他们把将近 200 吨的矿石运上大船。天气越来越恶劣，最终在 8 月 20 号，船舱装满了，工作已完成，是"离开的好时机了"。此时，所有人都已身心俱疲，其中有些人受伤严重，比如"肚子蹭破了""腿脚累残了"，但他们内心充满了喜悦。离岛时，弗罗比舍下令鸣炮告别："向尊敬的沃里克伯爵夫人安妮女士致以崇高的敬意。"

船队不仅满载矿石返回英国，还随船带了三位因纽特人：一对夫妇和他们的孩子。一如从前，巨大期望随着船队驶入泰晤士河油然升起。发现黄金了吗？弗罗比舍最终穿过西北航道了吗？最大的投资者之一的弗朗西斯·沃尔辛厄姆在 9 月 24 日的日记中写道："弗罗比舍船长从中国回到宫廷。"他显然抱着很大的希望：终于抵达苦苦寻找的地方。

弗罗比舍来到温莎，在这里，他"受到了许多名门望族热情、礼貌的接待"。伊丽莎白也表现出对他的极大支持，"由于那里从未被发现，因此也没有特别的名字来称呼和认识它，女王陛下便赐予它一个恰如其分的名字'Meta Incognita'（梅塔因科格尼塔），作为迄今为止无人知晓的土地的标记和界限。"

"Meta Incognita"的字面意思"未被探索过的目标"，这名字并不一定表明伊丽莎白想要占领这座远在天边的海岛。然而到 11 月，也就是弗罗比舍返回后几个月，深得宠爱的占星家约翰·迪伊拜会女王，敦促她占领此岛。迪伊带着一叠文件，他希望女王能对梅塔因科格尼塔有不同的看法，他将其作为"大英帝国"的延伸。迪伊在日记中写道，他跟女王提到了"格陵兰、伊斯托蒂兰（Estotiland）以及弗里斯兰（Friesland）的所有权"，他主张这些北极地区的地方应该属于女王的领土。格陵兰是众所周知的地方，伊丽莎白对能拥有这片领土感到很惊讶。弗里斯兰据传是座岛屿，弗罗比舍以他的航海导师之名将这个冰雪覆盖的山峰命名为"迪伊峰"，其实这里是格陵兰的最南端。伊斯托蒂兰位于弗里斯兰以西 1 600 千米，也就是现在的巴芬岛（Baffin Island）。

尚不清楚伊丽莎白对迪伊的主张有何反应，中国公司却一直倾向于建立殖民地。弗罗比舍第一次出海远航时，一小群"死囚犯"被带着去执行一项似乎是自杀式的任务：在北极地区过冬。不过当船队走到英国东海岸的哈里奇时就将这群囚犯扔下，以便压缩成本。这次，中国公司的董事们更严肃地对待殖民想法，部分原因在于他们收到秘密情报，法国人可能正觊觎这片土地。据弗罗比舍了解，法国国王已命令 12 艘武装船只"前往那里，准备占领海峡，为开采矿石提供保护"。

于是中国公司指示弗罗比舍组建一支百人殖民团。这项重任落在了弗罗比舍的副指挥官爱德华·芬顿肩上，他打造了一个由木匠、面包师、帐篷工匠、制桶工和铁匠等普通手艺人构成的团队，他们被授予在新世界建立英国首个殖民地的光荣任务。洛克为建造一处永久性堡垒订购了 1 万块砖，以及供殖民者临时居住的活动房零构件，显然这是一项严肃认真的投资。此外，虽然补给船一年内就能抵达殖民地，但洛克仍采购了 18 个月的给养。起草临时清单时，芬顿预算他需要 7 020 千克牛肉、2 340 千克培根、540 千克猪肉，同时还有啤酒、面包、鱼、奶酪和豌豆等食物。

第三次航行的主要目的仍是寻找黄金，殖民冒险活动只是附属品。弗罗比舍完成第二次航行返回后不久，沃尔辛厄姆和投资人收到了没有发现通往中国的快捷航道的坏消息。不过，弗罗比舍从新世界带回了堆积如山的矿石，这着实令他们非常兴奋。人们对待这些古怪黑色石头的态度与上一次截然不同。既没有作为纪念品一样随意送人，也没有被扔进火里。"艾登号"与"加百利号"停靠布里斯托尔后，矿石被运进城堡封存起来。包括弗罗比舍和洛克在内的 4 人掌管着钥匙。"迈克尔号"继续驶向伦敦，将矿石卸船并送至位于伦敦塔以东的圣凯瑟琳山的威廉·温特家。这里已准备好熔炉用于检测矿石。

这一消息引来巨大轰动。弗罗比舍远洋活动主要赞助人之一的亨利·西德尼爵士之子菲利普·西德尼给他的朋友休伯特·朗格特（Hubert

Languet）写信，称弗罗比舍"给出了决定性的看法，这座岛屿盛产黄金，储量将远远超过秘鲁"。那就是说，英国比西班牙发现的地方更好。朗格特是一位法国新教徒，被视为"当时极有学问的人之一"。

朗格特在回信中意味深长地警告称，寻找财宝存在诸多危险。他写道，英国"意外发现大自然的馈赠，是所有财宝中对人类危害最大、最致命的，但尽管如此，几乎所有人都对它有着疯狂的欲望，这是他们甘愿冒险的最强动力。"朗格特还提醒菲利普·西德尼不要忘记圈地运动由于贪婪带来的恶果。"我现在担心英国会因对黄金的渴求而失去理智。"

英国确实受到了黄金的蛊惑，而且非常严重。矿石分析在疯狂的氛围中开始，而且女王也在观望和等待结果。已对矿石做过鉴定且第二次航行随船出海的乔纳斯·舒茨，10 月第一周在温特家开始再次对矿石进行分析。不到 1 个月，他有了乐观的初步结论。但是他坚称需要更大更好的熔炉才能更准确地做出判断。

其他鉴定师也参与了这项工作，包括阿涅洛和另一位德国冶金家伯查德·克拉尼奇博士〔Dr. Burchard Kranich 有时也被称为伯科特博士（Dr. Burcott）〕，而且克拉尼奇碰巧还是女王的私人医生。鉴定师们相互争吵，指责对方损毁矿石并篡改结果。不过，他们也有意见一致的时候，即需要新熔炉冶炼矿石，但他们所需的鼓风炉只有英国的矿区才能提供，那里与伦敦隔着万水千山。

多方寻找后，洛克和弗罗比舍认定一处现有的磨坊适合安装大型熔炉。这座磨坊位于泰晤士河口的达特福德（Dartford）。1578 年伊始，枢密院特别委员会批准建设新工厂，弗罗比舍、洛克带着一位泥瓦匠和木匠前往达特福德，为打造新厂房、磨坊和熔炉制订计划。但与工人讨论后，建筑工期远超弗罗比舍和洛克此前的预计，无法在第三次航行前按时完成，而且航行筹备工作已经展开了。因此，他们决定使用位于伦敦以北 480 千米的皇家矿业公司的鼓风炉对 10 吨矿石进行检测。

1578 年 3 月，委员会最终将结果以报告形式递交给威廉·塞西尔。报告写道，"各种证据和试验证明这种来自西北的矿石"显示"那片矿产丰富的土地是笔不错的收益"，所以应着手准备第三次航行，收集更多矿石，同时派遣 100 人在那里定居。

第三次航行铩羽而归，"中国公司"分崩离析

很快，第三次航行就已安排妥当，这也是规模最庞大的一次，伊丽莎白女王再次投入大笔资金。此次出海共募集了 6 952 英镑，募资总数超过前两次。舰队由 15 艘船组成，女王的"艾登号"再次担任指挥舰。船队此行任务是直接前往矿石产地沃里克伯爵夫人岛，尽可能多地采矿装船，然后带回英国熔炼。

弗罗比舍于 1578 年 3 月底扬帆起航，船队在海上摇晃着奔向英国人梦寐以求的地方。英国人希望这个地方能被证明是自己版本的波托西的塞罗里科山。西班牙密切关注此次航行。4 月份，在弗罗比舍出发前，西班牙大使伯纳迪诺·门多萨向菲利普二世汇报说，英国人正"以女王的名义"进行冒险，女王"本人非常热情地表示，这项事业对她的王国财富非常重要"。门多萨还指出，"殖民人数一直在不断增加，他们带着大量的木质简易房和其他必备物资"。门多萨尝试获取弗罗比舍所用海图的副本，但没有成功，不过他设法拿到一块矿石碎片交给了西班牙国王。

弗罗比舍对这条海路再熟悉不过，6 月中旬他来到熟悉的地方：弗里斯兰，或者说，他认为这里是弗里斯兰。他上一次没能登陆，不过这回他成功上岸，占领这座岛屿，他发现这是"一个适合船只停靠的良港"。或许由于迪伊的"大英帝国"说法浮现在他的脑海里，弗罗比舍将此岛命名为西英格兰。这是英国首个冠以国家之名的海外土地。

继续前行，弗罗比舍又经历了另一段多灾多难的航程，并在 5 个月后带着喜忧参半的结果返回英国。他们没有找到迪伊向伊丽莎白描述的富庶、人口众多之地，也没能建立殖民地，主要是因为运载建材的一艘帆船撞到冰山沉没了，预制的木房子损失殆尽，殖民计划不得不被迫放弃。此外，他们也没能成功穿越西北航道进入太平洋。

不过这片新土地上如今遍布着英文名字，彰显了伊丽莎白的臣民通过自立更生建立帝国的信心。弗罗比舍船队中的一位船长詹姆斯·比尔（James Beare）绘制的地图，将英格兰急速增长的领土标记在内。除去西英格兰，地图显示的还有沃尔辛厄姆角、哈顿海岬、洛克兰德和温特福尼斯等地区，而且都在进行采矿活动。这里甚至还有用伦敦地标建筑查令十字街（Charing Cross）命名的地方，以示对家乡的思念。当然，弗罗比舍海峡也标记在地图中，比尔指出，这里向西"能到中国"。

对此，投资者满怀憧憬。弗罗比舍停船靠岸后，当务之急的问题是如何处理这将近 1300 吨矿石。他将矿石运至已建好的达特福德冶炼厂，冶炼黄金的工作就展开了。但本应的凯旋最终演变成持续三年的争吵，最终导致中国公司的破产和投资人的醒悟。到 1578 年 10 月底，特别委员会委员们要求洛克以书面形式提供"此次航行的整个过程和程序"以及冶炼厂运营状况的完整账目和说明。洛克估计还需要额外 6 000 英镑才能支付矿工和船员薪水以及处理矿石的成本。12 月，女王准许筹集必需资金，洛克竭力从投资人手里争取更多的钱款。但冒险活动完成后去募资远比开始前更困难，特别是达特福德的矿石鉴定结果令人失望。很快，洛克和弗罗比舍就陷入相互指责的境地。洛克寻找现金填补投入的花费，而弗罗比舍怒斥他口是心非。

洛克开始意识到他犯了严重错误，不该代表整个公司签署协议。正如事情的最终结果那样，中国公司从未被授予正式的法律地位。"法律上没有这家企业或公司，"威廉·塞西尔在事态逐渐明朗时指出，这意味着当其他投资人拒绝认账时，洛克必须独自承担整个公司的开支和债务。他的财务主管工作很快便被叫停，同时他发现自己的经济状况陷入严重的困境。在一封"谦卑的请愿书"中，洛克希望枢密院特别委员会能拨付资金助他渡过难关，他解释说：他们夫妇和 15 个孩子"已处于讨饭的状态，除非上帝将达特福德的石头变为他们的口粮"。最终，洛克因无法偿还债务多次被关进债务人监狱。而弗罗比舍也痛骂达特福德的鉴定师，坚称他的矿石是真货。

随着中国公司的解体，西班牙人却仍继续跟踪弗罗比舍的活动，最终他们得出结论，此事没有担心的必要。1579 年 2 月，门多萨致信菲利普，同时还献上更多矿石样本。"正如英国人和鉴定师自己坦承的那样，这些矿石基本没有价值，不论加热到何种程度，他们都无法满意地提炼出黄金，毫无疑问，这意味着矿石并非富矿。"门多萨继续说，整个项目现在已不被那么重视，而且船员的薪水没有着落，投资的商人纷纷破产，人们幡然醒悟。

尽管弗罗比舍比任何人都更接近找到通往中国的西北航道，但对矿石的进一步分析没有得到贵金属后，女王和其他投资人放弃了这一项目。威廉·威廉姆斯于 1581 年 5 月做了最后一次鉴定，结果再次表明所有矿石不含有足够的贵金属，无法保证盈利。人们将矿石从达特福德运走，放到需要的地方，比如在冶炼厂附近建墙、盖房和修路。

第 9 章

为开发殖民地再次出海冒险

1577 年 11 月初，弗罗比舍第二次航行归来几周后，约翰·迪伊在家等待故友造访。迪伊家住泰晤士河上游的河边村庄莫特莱克（Mortlake），距伦敦塔约 16 千米。刚刚步入 50 岁的迪伊已成为名流，作为数学家、宇宙学家、制图学家、占星家，他受到整个欧洲的尊崇。他在乡下的宅邸门庭若市，宅邸非常精致，有主房、花园、庭院以及数个炼金实验室，这些实验室里常常飘出有毒烟雾。

伊丽莎白曾亲自到访迪伊家，观赏他所说的能让人产生视觉错误的镜子。对于任何一位到访者而言，去迪伊家一定要参观他令人咋舌的图书馆，这里的馆藏超过了牛津大学和剑桥大学之和，是全英格兰最大的图书馆。馆中有超过 3 000 卷、21 种语言的藏书，均是关于迪伊钟爱的炼金术、占星术、历史、地理以及光学等学科方面的书籍。

那年的 11 月迪伊等候的拜访者是汉弗莱·吉尔

伯特爵士，他心中当务之急的事情与西班牙有关。吉尔伯特刚刚完成名为《论女王陛下如何惹恼西班牙国王》（*A Discourse How Her Majesty May Annoy the King of Spain*）的专著。书中所言并非危言耸听，而是要对西班牙发动战争。当时，"annoy"一词意思是"惹恼"。照此，吉尔伯特主张采取一系列"伤害""危害"的大胆行动，他认为女王应该分割西班牙的财富，为英国从西班牙的新世界中分得一杯羹。

英国人反西班牙的情绪在滋长

尽管没有确凿证据表明两人在莫特莱克讨论了吉尔伯特的专著，但一直以来迪伊都赞同他的观点。10 年前，当吉尔伯特为寻找西北航道而四处申请特许时，迪伊为他撰写了名为《亚特兰蒂斯论说》（*Atlanticall Discourses*）的宣传手册（现已丢失）。"Atlanticall"指的是"亚特兰蒂斯"，迪伊则更倾向指代"美洲"。后来吉尔伯特被迫放弃此项计划，迪伊称赞他虽败犹荣。他夸奖吉尔伯特是"英勇无畏的船长"，如果没被"召唤或聘用"，他也会"时刻准备着，满怀希望地持有强有力的证据"等待时机。早在吉尔伯特拜访前两个月，迪伊已完成另一部论著，内容与吉尔伯特所持的解决西班牙、建立英国世界影响力的观点不谋而合。其论著名为《与完美的航海技术有关的常见和罕见的记录》（*General and Rare Memorials Pertaining to the Perfect Art of Navigation*）。在心潮澎湃兴奋异常的 6 天内，迪伊口述这篇漫谈，秘书则一旁记录。

最近几年，吉尔伯特的反西班牙情绪不断增长。1572 年，他在低地国家率领一支武装志愿组织支持荷兰起义民众，采取军事行动反抗西班牙军队。同年在巴黎，胡格诺派领袖在圣巴托洛缪节（St. Bartholomew Day）当天被刺杀，紧接着 1.3 万名新教徒在长达 3 周的肆虐暴行中被屠杀。圣巴托洛缪节也被称为血腥杀戮的一天，从此之后，法语词汇"massacre"（大屠杀）被引入英语中。此次袭击后，吉尔伯特致信塞西尔，敦促伊丽莎白考虑对"教皇党人"实施"报复行动"。所谓的"教皇党人"即教皇和天主教会的忠诚支持者。吉尔伯特警告说，如果女王不采取行动，那"欧洲所有新教徒就会悲惨灭亡"。

1574 年，吉尔伯特和表兄理查德·格伦维尔请求伊丽莎白支持他们前往赤道南端水域航行探险。不过这片地区是西班牙人的地盘。鉴于伊丽莎白最近才签署《布里斯托尔条约》，以此修复英西两国关系，女王和塞西尔都不想此时激怒菲利普国王。因此，这项提议被否决。皇室对吉尔伯特的计划缺乏热情还源于对他个人性格的保留态度。从伊顿公学时就认识吉尔伯特的托马斯·史密斯爵士曾致信塞西尔称，提到"动手能力"时，他是"我见过最棒的人选之一"，但在其他方面他"变化无常且极度虚荣"。史密斯评价吉尔伯特的本性是那种"只要不盛怒，就像所有英国绅士一样优秀"。而1569 年他在爱尔兰暴露的残暴行径，使人会认为他那变化无常的暴怒脾气随时可能会演变成灾难性的风暴。

受到枢密院的冷落后，吉尔伯特转而支持洛克和弗罗比舍，他同意出版《论通往中国新航道的发现》以及投资中国公司，仍关注着欧洲势态的发展。到1577年底，情况发生了变化，西班牙与荷兰爆发全面战争。1576年11月，西班牙士兵洗劫安特卫普，而这里正是英国的呢绒贸易中心。约 8 000 名新教徒奋起捍卫他们的城市，但最终都被无情屠杀了。这三天的暴力事件被称为"西班牙人之怒"。

随着西班牙受困于自己各殖民地爆发的武装反抗，吉尔伯特关于如何惹恼西班牙国王的论著在宫廷中引发了广泛讨论，他们认为英国不该再努力维持同菲利普的友好关系，而应对西班牙采取更激进的政策。罗伯特·达德利、弗朗西斯·沃尔辛厄姆以及女王卫队队长、宫廷势力新贵克里斯托弗·哈顿（Christopher Hatton）是这一鹰派观点的主要倡导者。这些人对西班牙和其代表的一切深恶痛绝。特别是沃尔辛厄姆，他一直奉行新教主义的不妥协精神。16 世纪 50 年代，在玛丽女王和菲利普国王当政期间，他宁可流亡海外也不愿归顺于这两位天主教君主。与之相反，另一位坚定的新教徒威廉·塞西尔则留在英格兰。

约翰·迪伊主张的方案比汉弗莱·吉尔伯特的提议稍显温和。但他并不是缺乏自信。迪伊将《与完美的航海技术有关的常见和罕见的记录》一书献给了克里斯托弗·哈顿，他在书中指出，英国是时候建立自己的"皇家海军"了。这支由新舰艇组成的舰队将被部署到英吉利海峡，目的是防止外国入侵，同时保护英国商船免受海盗和武装私掠船的洗劫，进而捍卫国家的经济财富。

迪伊相信这支舰队能保证"完美的不列颠君主制"处于"极其安全"的状态，确保皇权稳固和国家呈现"惊人的增长和繁荣"。他还建议将皇家海军部署到英国以外的海域，"走向新发现的海外之地"，以此提高"群岛帝国的荣耀"。

迪伊率先提出大英帝国应该将势力范围扩大至不列颠群岛以外的地方。16 世纪 40 年代，顾问们曾向亨利八世和爱德华六世提出打造融合英格兰和苏格兰两地成为帝国的想法。事实上，托马斯·史密斯爵士曾受命制定民法，为合并这两个独立王国提供法律依据。但迪伊想得更远更宏大。与吉尔伯特见面之际，他已在着手撰写一系列报告，并呈送给伊丽莎白女王，其中包括加冕格陵兰、弗里斯兰和伊斯蒂兰的君主头衔等内容。

与吉尔伯特一样，迪伊也看到了英国的机遇。此外，他能察觉到吉尔伯特急于采取行动的那种紧迫感。迪伊常常将不祥的政治意义归咎于占星术和宇宙现象。1572 年，当一颗超新星出现时，迪伊预测欧洲国家将诞生影响力巨大的女性领袖。此外他还相信，1583 年出现的土星木星会合会预示世界末日即将来临。新世界将在新世纪的开端发挥重要作用，伊丽莎白将成为新一任女王，统治基督教国家中"最和平、富饶、强盛、繁荣的君主制国家"，但前提是西班牙国王菲利普二世的势力被削弱。

打击西班牙的计划在酝酿

吉尔伯特采取行动的迅速远比迪伊给伊丽莎白女王的提议更实用。为让国家"强大和富有",吉尔伯特写道,需要采取行动令敌人"弱小和贫穷",即英国必须对西班牙采取打击行动,范围从纽芬兰海岸的国际渔场到西班牙控制的美洲西印度群岛等地区。

1497 年约翰·卡伯特宣称纽芬兰为英国所有。吉尔伯特想要通过向纽芬兰派遣英国军舰惹恼菲利普。吉尔伯特的想法对英国有利,而且比较容易实现。虽然西班牙捕鱼船队规模庞大,约有 100 艘船,是英国船只的两倍,但英国船装载了更多武器弹药。正如游历甚广的商人——吉尔伯特的顾问安东尼·帕克赫斯特(Anthony Parkhurst)指出的那样,英国才是"港口之主",所以其他国家的船只应指望英国人保驾护航,避免"海盗或其他暴力入侵者"的骚扰。

吉尔伯特的计划直截了当,甚至可以说厚颜无耻。他建议英国人控制纽芬兰海港所有最好的船,然后烧毁其他船只,没收一切值钱的物品。此举能为英国带来诸多益处:首先,一举削弱西班牙的航运能力,同时提升英格兰的航运能力;其次,降低西班牙捕鱼量,特别是纽芬兰鳕鱼是他们重要且能创造财富的畅销商品之一,菲利普国王的关税收入也会随之减少。此外,由于西班牙的鳕鱼供应量减少,人们的食物也越来越少,或许能让西班牙人饿死。

吉尔伯特接受了出任纽芬兰公司负责人的邀请,但爱尔兰的经验让他明白,万不可再向女王申请财政资助。因此,在成功控制纽芬兰渔场后,他将为女王在此处建立殖民地扫清障碍。女王可以派遣 6 000 人驻扎,使用向国外渔船征收的关税收入支付各项成本费用。

当所有事情圆满完成,吉尔伯特计划远航至西印度群岛,剑指西班牙财富源头：攻占伊斯帕尼奥拉岛。吉尔伯特指出，此举并不难实现，因为岛上"人不多"。在伊斯帕尼奥拉岛上建立军事基地，能够拦腰截断西班牙运银船队的路线。同时，这里非常适合建立殖民地，岛上拥有"大量牲畜"和鱼类，还有用于制作面包的茂盛的朱卡根。吉尔伯特还相信此岛能带来商业机遇，比如采矿和制糖。

吉尔伯特似乎预料到伊丽莎白对这种冒险行为的忧虑，他还提供了一个相对温和的替代方案。他准备占领无人居住的百慕大岛，其位于伊斯帕尼奥拉岛以北 800 千米处。西班牙人在 16 世纪初对此岛宣布主权，但从未派人驻扎。这座岛屿以西班牙发现者——领航员胡安·德·贝穆德斯（Juan de Bermúdez）的名字命名，有时候人们也称它为"恶魔岛"，因为这里狂风肆虐、浅滩难测而且激流遍布，经常造成船只失事，而百慕大位于打击西班牙运银船队的区域内。

吉尔伯特认为英国人在西印度群岛采取任何行动，都会对西班牙构成重创。甚至这里弄丢"一毛"，对菲利普来说都是"九牛的损失"，而且"远比其他地方的损失更要命"，因为西班牙依靠新世界源源不断的白银流入王室的金库。此外，这对英格兰来说是很划算的事情，据吉尔伯特估算，女王花费两万英镑在西印度群岛就能重创菲利普，而且比在其他方面投入 10 万英镑更有效果。

吉尔伯特吸取了此前多次被否的经验教训，这回他谨慎地坦陈了计划中存在的风险。他承认，激进举动会招致菲利普的报复，这样会危及同西班牙做生意的英格兰商人，影响他们正常、稳定的商业经营活动。如果他的武装袭击造成贸易受损，那么"女王陛下或许会在海运和关税上受阻，导致社会财富萎缩"。

为此吉尔伯特提出一套避免出现经济损失的方案。他建议，伊丽莎白只需授予他常规的许可状去"发现能够移民的陌生领地"，不过他没有给出具体地点。有了这一"幌子"，英国船只可以出海征服其他领地，并且似乎没有明显证据表明这些行动是在女王授意下开展的。如果西班牙人气急败坏，伊丽莎白可以否认一切，她甚至还可以假意逮捕吉尔伯特和他的船员，把他们关进英国沿岸的监狱，以此表现她的"不满"。吉尔伯特等人会身陷囹圄以平息事件。吉尔伯特的舅舅阿瑟·钱珀瑙恩任职德文郡海军中将，负责西南各郡的海防工作。如果吉尔伯特的计划能得以实施，钱珀瑙恩管辖的隐秘港口可以为舰船提供掩护。

吉尔伯特非常急迫地希望实施他的计划。"考虑到好事常常因拖延而失去色彩，"吉尔伯特写道，"就如同为人类的翅膀插上死亡的羽毛。"

再次出海，在打击西班牙的同时建立殖民地

吉尔伯特很明智地承认对英西两国贸易潜在损失的担忧。当他制定打击菲利普和西班牙商业活动的计划时，许多英格兰商人却在筹备截然不同的方案。他们希望与西班牙贸易伙伴保持良好关系，通过加强双边贸易关系，利用西班牙的财富获益。他们不想惹恼菲利普，因为西班牙贸易对英国至关重要。西班牙人买走英国呢绒，而英国人则得到安达卢西亚的红酒、染布颜料、柑橘和其他水果，当然还有美洲白银。

过去，双方关系裂痕不断，对贸易造成了损害。1568年，装有财宝的西班牙船只开往安特卫普，为占领荷兰的军队提供费用，船队遭遇了恶劣天气以及法国胡格诺派势力的抢掠，只得躲在英国海港避难，但船上部分财宝却被运上岸后转移到伦敦塔。西班牙人要求交还财宝，但英方一反常态采取了对抗态度，在伊丽莎白的支持下，威廉·塞西尔拒绝归还财宝。作为报复，西班牙人扣押了英国人的商品。接下来的5年时间里，两国间的贸易陷入停滞状态。对于同西班牙有固定业务往来和久居西班牙的英国商人来说，这是一段充满忧虑的日子。

直到 1574 年，伊丽莎白与菲利普二世签署《布里斯托尔条约》，西班牙解除了对英国商品的禁运，同时两国贸易关系得到修复，政治上进行了修正，一切恢复正常。英国与西班牙的贸易关系历史悠久。1517 年，西班牙公主阿拉贡的凯瑟琳（Katherine of Aragon）嫁给亨利八世为妻，从此坐上英国君主的宝座。大西洋海港城市塞维利亚的圣卢卡（San Lucar）兴起一个生机勃勃的英国商人社区，它位于西班牙瓜达尔基维尔河（Guadalquivir）上游。同年，这些商人得到授权，享有"河岸边街道的一块土地"，他们能在这里建造纪念英格兰守护神圣乔治的小教堂。

与西班牙贸易的英国商人的生计，很大程度上依赖于英国与欧洲大陆之间日常的稳定的贸易。尽管两国签订了《布里斯托尔条约》，但商人们希望能以更稳妥的方式维持规范和保护英西商业贸易。因此，即便他们支持弗罗比舍寻找通往中国的捷径、瓦解西班牙在新世界的势力，但为了保障直接与包括塞维利亚在内的西班牙市场做生意，有些商人还是同有关大臣一起筹建了新公司。他们向伊丽莎白申请成立以莫斯科公司为蓝本的西班牙公司。1577 年 6 月，西班牙公司获得一系列特许，获准在伦敦和西班牙组建管理机构。

西班牙公司的专利特许状上共登记了 389 位商人，其中超过 2/5 来自埃克塞特、布里斯托尔和南安普顿等外港城市。不过，权势通天的伦敦商人主宰着这份名单，他们均是国际贸易领域的资深投资人，包括托马斯·格雷沙姆、托马斯·斯迈思、安东尼·詹金森、乔治·巴尼和莱昂内尔·达克特。其中，詹金森是探索陆路前往中国的先驱，而巴尼和达克特是莫斯科公司的高层，曾反对弗罗比舍的冒险活动。但出人意料，这家新公司还有两位因持反对西班牙的态度而闻名的荣誉会员：弗朗西斯·沃尔辛厄姆和罗伯特·达德利。这两人与伦敦巨商关系紧密，依靠向海外公司投资赚钱。

西班牙密切关注着两国之间的贸易状况。西班牙大使伯纳迪诺·门多萨认为，"与西班牙的贸易对英国人来说至关重要"。他认为这是"英国人财富和力量的主要来源"，不仅因为"规模庞大"，还包括英国商人从西班牙带来的黄金和银币维持着英格兰商船队伍的生存。据门多萨透露，英国人"每天都在建造"船只，他们正逐渐成为"商业主宰者"。

英国人不认同门多萨"商业主宰者"的说法。他们已失去加来，退出安特卫普，没有直接同中国、印度和香料群岛等一流的远东市场展开贸易，更未在新世界站稳脚跟。这正是威廉·塞西尔等部分朝臣认定同西班牙和解是最佳解决方案的原因。

伊丽莎白很快便为西班牙公司颁发了特许状，但对吉尔伯特的提案却花了一些时间才做出决定。女王似乎在等待她让约翰·迪伊写的报告，内容涉及领土获得的法律依据。在此之前，英国向海外扩张的努力主要是商业方面，但吉尔伯特的提议却截然不同，可以说是胆大妄为：征服、殖民以及潜在破坏现有国际力量平衡。这一切有其合理性吗？

尽管迪伊没有直接参考吉尔伯特的提案，但他的回答是肯定的。1578年5月初，迪伊写完报告后便呈交给伊丽莎白，他在报告《以陛下之名对海外地区和岛屿的统治》中告诉女王可以宣示的所有权范围，即"以佛罗里达为起点的所有海岸和岛屿，沿着或靠近亚特兰蒂斯附近向北，还包括最北方所有大小岛屿，格陵兰以东的列岛"。

迪伊通过历史佐证宣示主权的合理性。他报告说，尽管存在错误，但伊丽莎白的皇室先祖之一亚瑟王（King Arthur）于530年征服了北大西洋地区。640年后，伊丽莎白另一位直系先祖威尔士王子马多克勋爵（Lord Madoc）"亲自带着给养、盔甲、男女勇士登船出海"建立殖民地。马多克带领他的人马"很快"抵达名为亚夸扎（Iaquaza）的地方，也就是现今的佛罗里达，还可能前往"周边省份和地区"，如亚伯尔耕（Apalchen）、摩可沙（Mocosa）和诺兰伯加（Norumbega）。迪伊写道，这些地方被认为是"古亚特兰蒂斯的知名地方"，也就是现在的美洲。

迪伊将这份报告融入名为《大英帝国疆域》(Limits of the British Empire)的鸿篇巨制中，不过这本书从未出版。伊丽莎白曾将弗罗比舍的发现命名为"Meta Incognita"，意思是"未被探索过的目标"，不过迪伊在论著中指出，帝国的疆域应被知晓，对于英国主张权利几乎没有任何限制。

7个月后伊丽莎白最终对吉尔伯特的提案做出回应。1578年6月11日，女王给出了肯定回答。她为吉尔伯特颁发了专利特许状，称他为"女王信任且宠爱的仆人"，授权他"探索发现……遥远的……不属于任何基督教君主或人民占有的土地、国家和领地"，并且"在那里定居或留在那里，建设和防御"。吉尔伯特得到广泛的权力，范围巨大而且没有规定具体内容，实际上，这赋予他在能发现的任何遥远之地建立一个新伊丽莎白王国、新英国的权力。他能使用自由裁量权选择"土地"或"区域"定居，筛选那些"看上去不错"的地区。吉尔伯特及他的"继承人和受让人"被授予"掌握、占领、享有"这些地方的"全部商品、司法管辖权和海陆关税"的权力。特许状规定其他人前往这些新地方生活时，吉尔伯特负责"安排处置"所有土地，包括城市、乡镇或农村，只要方式符合英国法律，他有权选择来客的居留方式。如果婴儿在这里出生，也会"拥有和享有英国本地人和自由居民的全部权利"，就如同他们在英国本土出生一样。作为回报，伊丽莎白收取新发现之地可能存在的黄金、白银等贸易的1/5营收。

迪伊从历史和法律角度为伊丽莎白提供了获得领土主张的依据，而沃尔辛厄姆似乎在女王最终同意颁发专利特许状上发挥了重要作用。据吉尔伯特透露，沃尔辛厄姆是他请愿活动的"重要守护人"，他力促女王陛下"支持并授权"此次航行。考虑到沃尔辛厄姆倾向对抗西班牙的态度，吉尔伯特向女王列出各种挽回面子的选择，伊丽莎白很可能已经非常了解此项事业存在的激进因素，因此，她采取谨慎的态度给予支持。她没有出资，而是借给吉尔伯特一艘皇家舰船"猎鹰号"，不过船只体积并不很大，排水量也只有100吨。

尽管此次航行高度保密，但消息仍不胫而走。吉尔伯特拿到专利特许状8 天前，西班牙大使向菲利普报告称，"汉弗莱·吉尔伯特已装备好船只"，据说将"前往西印度群岛"。吉尔伯特的计划确实如此。大使还指出，伊丽莎白已经同意，这一"保证自己不受伤害以及陛下财富安全"的方案实际上是"抢劫舰船"。法国大使也听到风声，他表示"吉尔伯特先生是位精明强干之人，他带着七八艘装备精良的船只出海探索"，他们将前往"南部地区，那里大部分土地只住着野蛮人"，他们可能将在那里"建立帝国和君主国"。

有了伊丽莎白的特许状，吉尔伯特开始着手筹集资金，他先为自己做了笔投资。西班牙大使记录称，吉尔伯特"用自己的钱"买下 4 艘"全副武装"的舰船。部分资金来自富豪好友亨利·诺利斯（Henry Knollys）。吉尔伯特急需投资，因此他任命诺利斯为此次冒险行动的副指挥官，但诺利斯完全没有航海经验。

最终，吉尔伯特组建了一个 50 位投资人的财团，成员包括家人、密友和知名商人。吉尔伯特的大哥、家族财产大管家约翰·吉尔伯特也投资赞助，并且负责为此次冒险提供物资给养。此外，吉尔伯特的弟弟阿德里安·吉尔伯特（Adrian Gilbert）连同他同母异父的兄弟卡鲁·雷利（Carew Ralegh）和他弟弟沃尔特·雷利（Walter Raelgh）也在投资人行列。另一位知名投资人是拥有深厚支持海外企业经验的"客户"托马斯·斯迈思。与许多商人一样，斯迈思对投资组合进行多元规划，包括投资莫斯科公司、西班牙公司，现在又投资吉尔伯特的殖民事业。

在吉尔伯特四处奔走融资、筹备船队和招募人员之际，他核心圈子之外的人揣测着此次航行的真正意图。吉尔伯特打造了一支由 11 艘船只组成的惊人舰队，配有"500 位精挑细选的士兵、船员"以及一年的给养。这种大规模的舰队和人员配置可以同西班牙运银船的护航队或军舰一较高下。舰队是有能力前往极其遥远的地方建立殖民地的。他在自己的专著中说，为什么不在打击西班牙的同时建立殖民地呢？

因此冒险行动还是更具战争色彩而非单纯的殖民。吉尔伯特招募技术过硬的船员，包括葡萄牙天才领航员西芒·费尔南德斯（Simao Fernandez），这预示着他们即将起航前往遥远未知的领地。此外，吉尔伯特还找来一些海盗出身之人作为船员，同时舰队还配备了 120 门火炮，再次流露出此次航行的"好战"色彩。吉尔伯特负责的指挥舰名为"安妮·奥舍号"，是以他妻子之名命名。指挥舰全副武装，配有 29 门火炮。以吉尔伯特在德文郡的宅邸命名的"格陵威希望号"由卡鲁·雷利指挥，这艘船装有 22 门火炮。

1578 年 9 月 25 日，吉尔伯特的舰队在嘹亮号角声中离开达特茅斯（Dartmouth）。舰队几乎刚起航就遇到麻烦。吉尔伯特负责的指挥舰被大风彻底吹离航线，朝东驶向怀特岛而非向西前往纽芬兰，因此所有船只不得不返港，重新集结，等待风向变为顺风。这次挫败引发了船队内部分裂。等待期间，吉尔伯特和诺利斯开始争吵并相互厌恶。诺利斯摆脱了吉尔伯特的控制，带领三艘船离开，而吉尔伯特则致信沃尔辛厄姆，称诺利斯"抛弃了"他的同伴。

如今吉尔伯特指挥的舰队规模缩减，11 月中旬，他们第二次起航，不过灾祸再次降临。吉尔伯特船队的实际遭遇已无从知晓，但可以肯定的是，他们没靠近纽芬兰，更别提西印度群岛了。一艘船出现裂缝，只得返回英国，其他船只则停靠爱尔兰港口，补充给养，没再远航。负责指挥"猎鹰号"的沃尔特·雷利似乎抵达了西印度群岛，并在那里干起打劫商船的勾当，缠住西班牙船只打海战。

3 个月后，冒险行动无疾而终。不过吉尔伯特没有气馁，依旧我行我素，他开始筹备下一次出海探险，但他哪里也去不了。枢密院警告他称，除非他"保证有良好品行"，否则将撤销特许状。枢密院命令德文郡的治安官、海军中将和治安法官禁止吉尔伯特和他的船员离港出海。此外，他们要求吉尔伯特"没有枢密院的命令"禁止"干涉海外事务"。

显然，汉弗莱·吉尔伯特爵士已惹恼了许多人，但绝大多数是英国人而非西班牙人。如今，他的实践能力和人品备受质疑。吉尔伯特的冒险事业莫名其妙地失败了，就像弗罗比舍的矿石鉴定最终同样令人失望。吉尔伯特销声匿迹了，弗罗比舍也是如此。

或许英国终究还是没有能力建立自己的"群岛"帝国。

第 10 章

三个秘密，改变英国的世界地位

1580 年 9 月，一艘三桅大帆船吃水很深地驶入英吉利海峡。当这艘名为"金鹿号"的船只靠近海岸时，身材矮小结实的船长向匆匆路过的渔民大声询问："女王还活着吗？"

这位船长名叫弗朗西斯·德雷克（Francis Drake），他远离国土已有 3 年时间。期间，他驾船环球航行，这让他成为首位完成环球航行的英国航海家，同时"金鹿号"也是自 1522 年麦哲伦船队返回西班牙以来唯一一艘经历环球航行而平安归来的船只。在漂泊这么久之后，德雷克知道伊丽莎白很可能去世或被赶下王位。

英国水手远航归来发现新国君已登基称王，这在历史上早有先例。1509 年，当塞巴斯蒂安·卡伯特返回英格兰时，亨利七世已去世，而新国王对航海冒险的兴趣不大。1554 年，理查德·钱塞勒从莫斯科回来时，发现爱德华国王辞世，玛丽加冕成为女王而且正准备嫁给西班牙国王菲利普。

现在，伊丽莎白完全有可能因病去世或被刺杀，抑或被她的劲敌——苏格兰女王玛丽取而代之。如果伊丽莎白失势，那么她的大臣也会随之散去。而赞助他远航的正是女王那些坚定地反对西班牙的大臣，主要有弗朗西斯·沃尔辛厄姆、罗伯特·达德利、克里斯托弗·哈顿和威廉·温特。

然而德雷克不仅关心女王的命运，他还担忧船上大量货物的命运。这些货物压得"金鹿号"吃水很深而且只能低速航行，但货物却令人咋舌：他在新世界从西班牙船只和港口抢来一大批价值惊人的财宝，有黄金、白银、珍珠、翡翠和其他奇珍异宝。这一船的战利品价值连城，但如果其他人取代伊丽莎白成为英格兰君主，那他就会陷入大麻烦。现在渔民的回答消除了德雷克最初的恐惧。

"金鹿号"继续向普利茅斯港驶去，但德雷克不敢卸下船上的货物。他深知这样做会激怒西班牙，而且他们的报复行动一定比上一次更猛烈。10年前，伊丽莎白扣押西班牙运送财宝的船只后，引发英西两国贸易中断长达5年时间。无法想象西班牙被劫掠的财宝出现在英国港口会引来何种结果，因此德雷克迅速派遣一位信使前往宫廷，向资助他远航的克里斯托弗·哈顿爵士寻求帮助。哈顿的徽章是一只前蹄腾空奔跑的雌鹿，德雷克的指挥舰名字正是由此而来。

德雷克的环球航行大获成功

年近 40 岁的弗朗西斯·德雷克是位胆识过人、造诣深厚的海员，他个人与西班牙已经斗争了十几年。1540 年，德雷克生于德文郡的塔维斯托克（Tavistock），他被风吹得双颊赤红，脸上（箭伤）和腿上（子弹伤）都有作战时落下的伤疤。尽管他是彻头彻尾的西南人，但德雷克却是在伦敦附近学的航海技术。德雷克父亲埃德蒙（Edmund）是一名纺织工人，1549 年，开始信奉新教。他为了躲避反对国王爱德华六世及其改革的天主教起义，携家逃离德文郡。

德雷克一家定居在泰晤士河支流梅德韦河畔的吉灵厄姆（Gillingham），在这里，年轻的德雷克给一位当地船长做学徒。接下来几年，他学习航海知识，在泰晤士河上跑运输的船上工作，他们穿越英吉利海峡向法国和低地国家运送货物。在他青少年时，他或许听过甚至见证了理查德·钱塞勒于1554年从莫斯科返回时的盛大场景。他很可能与从安特卫普、加那利群岛或非洲的黄金海岸和巴巴里海岸运送异国商品的船员有过接触。

20岁出头时，德雷克返回德文郡，向远亲约翰·霍金斯（John Hawkins）和威廉·霍金斯（William Hawkins）毛遂自荐。这两位是英国从事奴隶贸易的知名人物。他们雇用德雷克进行第三次运送奴隶的冒险业务。此次航行风险系数极高，因为两位雇主希望他驶过"界线"，这意味着他们不仅要穿越赤道，还要横跨无形的托尔德西利亚斯线进入西班牙控制的水域。

约翰·霍金斯指挥一支由5艘船组成的舰队，德雷克担任其中一艘船的船长。船队驶向非洲的黄金海岸，在那里，他们将500名非洲人装进环境恶劣的狭小船舱。然后一路向西，穿过托尔德西利亚斯线，抵达西班牙占领的西印度群岛进行交易。8月初的风暴卷起了波涛汹涌的海浪，霍金斯不希望将他价值180万英镑的货物置于危险境地，因此船队在墨西哥港韦拉克鲁斯附近的岛屿圣胡安·德乌卢阿（San Juan de Ulúa）避难。靠岸后，霍金斯着手采购给养用于返乡的旅程，并向西班牙申请豁免权。然而当价值连城的船队进入海港，让霍金斯震惊和恐慌的事情却降临了。头两天非常平静，霍金斯照样采购给养，但在没有任何征兆的情况下，西班牙人突袭了他们。大部分上岸采购的船员被"残忍地"杀害。海战中，霍金斯的船队只有"梅妮恩号""朱迪斯号"和大部分货物幸免于难。德雷克没有恋战，他设法逃出，霍金斯紧随其后，两人最终返回英国。德雷克在圣胡安·德乌卢阿岛近乎惨败的经历，使他向西班牙人复仇的火焰在心中熊熊燃烧。

德雷克的信使抵达宫廷，通知克里斯托弗·哈顿，他们的船长已安全返回，而且"金鹿号"带着大量财宝。直到那时，投资者只收到了德雷克行动的不完整报告，即这3年间一直在海上航行。其中一份报告来自海军中将约翰·温特（John Winter），他是威廉·温特爵士的侄子。约翰的船在火地岛附近因遭遇暴风雨而同德雷克的船队失散，只得返回英国。此外，一些关于德雷克行动的零散消息时不时地传回家乡，包括在太平洋地区被他打劫的受害者向西班牙总督提出控诉。但这些信息并不可靠，而且传回英国时已经过时了。

　　德雷克信使带来的消息让哈顿非常高兴，他指示德雷克前往伦敦。不久之后，这一消息迅速传遍宫廷。等待德雷克之际，伊丽莎白女王的核心集团针对如何处理战利品展开了激烈争论。不出意外，威廉·塞西尔和枢密院鸽派大臣主张将财宝归还其合法主人，但鹰派代表弗朗西斯·沃尔辛厄姆则希望将财宝留下，并断然回绝西班牙人的抗议。其中哈顿、罗伯特·达德利、约翰·霍金斯等人为此次航行投入了500英镑，而威廉·温特爵士和乔治·温特两人合资投入1 250英镑。鸽派和鹰派两方面的大臣开始表现出相互不满，甚至愤怒和怨恨的情绪。西班牙大使门多萨指出："与投资没有关系的议员开始嫉妒别人享受利润。"

　　随着德雷克带回财宝的消息流传开，塞西尔召开枢密院紧急会议，但只有5位与他关系密切的议员参加了会议。他们草拟了一封信，要求将财宝运至伦敦塔严加看管。但只有沃尔辛厄姆、莱斯特和哈顿同时签字同意，命令才能正式生效。作为德雷克航行的投资者，这3人在同女王讨论此事前拒绝签字。

　　所有目光都集中在女王身上，此时需要她做出最终决定。当女王考虑下一步的计划时，她将德雷克从普利茅斯召进宫。根据门多萨的记录，女王和德雷克船长详谈了6个小时，德雷克向女王讲述了他非凡的冒险经历。德雷克所言内容属于机密信息，女王认为这对英国极为重要，因此她下令任何知情人都不准走漏风声，否则将处以极刑。

德雷克带回了比那些价值连城的宝贝更重要的东西：对新世界的认知。他为女王带回 3 条新信息，同时也是秘密内容，其将为英国的世界地位带来巨大改变。

德雷克带回来的财宝和 3 个秘密

1577 年 12 月德雷克起航出发时，此行的目的地并不为外界所知。据说甚至连女王信任的顾问塞西尔也不了解此次航行的真实目的。表面上，这是一次商业冒险，德雷克要前往亚历山大港，这座地中海港口是古老的贸易中心，是丝绸之路的最西端。但德雷克的真实任务却不止如此：他计划前往南美洲南端，寻找展开商业贸易和建立殖民地的机会。虽然西班牙人和葡萄牙人占据了南美大部分地区，但南纬 30°以南地区仍有大片土地，至今，乌拉圭北方边境线地区仍没有被西班牙人控制。

德雷克率领 5 艘船一路向南，1578 年 8 月末，舰队抵达麦哲伦海峡，他们用 6 天时间穿过海峡，比麦哲伦节约了一半时间。而后德雷克对南美大陆南端进行了探索。此次航行的船队牧师兼记录官弗朗西斯·弗莱彻（Francis Fletcher）将周边的岛屿称为"最远端"，在其中一座岛上，德雷克立了一块石头，上面刻下女王的名字和登陆日期等信息。过了一会儿，船长被他所取得的伟大成就所折服，他跪俯在沙滩上：没有欧洲人曾到达如此远的南边。与此同时，德雷克的船员四处搜寻食物和其他给养，他们在威尔士船员称之为彭格温斯（Pen Gwynns）或"白翼"的岛上屠宰了 3 000 只在这里栖息的不会飞的海鸟。

德雷克将这里称作伊丽莎白群岛，其中一座岛屿为现今的伊莎贝拉岛（Isla Isabel），他的探索为宇宙学和航海学领域带来了重要信息。当时许多制图师相信最南端还有一块名为"南方大陆"（Terra Australis）的土地，与南美接壤并延伸至世界的尽头。为确定这片大陆的位置，德雷克向南穿过火地岛进入广阔的海洋，没有迹象显示这里有相连的大陆。他清楚地认识到，即便"南方大陆"真实存在也不与南美接壤，另外，不走麦哲伦海峡也能绕过南美洲的最南端进入太平洋。虽然此条路线比走麦哲伦海峡航程更远，但或许是个受欢迎的替代线路，能保证英国船只免受麦哲伦海峡危险环境的困扰，更重要的是，远离西班牙的势力范围。这就是现在的德雷克海峡。

这个发现是德雷克的第一个秘密。

德雷克完成对南美远端的勘探后，原本打算返回英国，这一次，他计划从西向东再次穿越麦哲伦海峡。但德雷克遇上了肆虐狂风，他不得已选择沿南美洲西海岸向北航行。途中，他劫掠了西班牙未设防的殖民地港口，那里的殖民者从未料到英国船只能到达南太平洋地区。

在临近巴拿马海岸的水域，德雷克遇到西班牙运宝船"卡卡弗戈号"。这艘船从秘鲁向巴拿马城运送货物，然后通过巴拿马地峡将银条转运至迪奥斯港，运宝舰队已在这里静候。作为猖獗的机会主义分子，德雷克攻下"卡卡弗戈号"，抢夺了船上的财宝，包括 80 磅黄金、26 根银条以及数箱银币。德雷克耗费 3 天时间才将财宝从"卡卡弗戈号"搬到"金鹿号"上。

西班牙称这是海盗行为，并将德雷克称为"恶魔"，即"恶龙的化身"。由于打劫了财宝，德雷克认定西班牙人很快会追来报复，他决定继续沿新西班牙（墨西哥）和北美西海岸向北走。德雷克希望找到阿尼安海峡入口，汉弗莱·吉尔伯特爵士曾在 1576 年出版的专著中提及这条北部通道，他相信它是西北航道的西大门。西北航道是返回英国最快的路线，卡伯特、弗罗比舍和吉尔伯特都希望在航海活动中打通这条航道。

虽然德雷克一路向北躲过了西班牙舰船，但却被恶劣天气困扰很久。根据一份记录，德雷克和船员们遇到"最恶劣、最浓密的臭气熏天的大雾"以及"极端狂暴的阵风"，他们无力与其抗争。船员们被寒冷天气"冻得面色苍白、苦不堪言"，纷纷抱怨这"极端气候"。他们越往北航行天气越冷。

德雷克向北深入多远已不得而知，他有可能驶入北纬48°地区，也就是现在的西雅图附近。不管怎样，在此地区航行数周后，船员们因寒冷气候而"彻底丧失信心"，德雷克最终认定"这里根本没有穿过西部海岸的航道，就算存在也是无法通航的。"

德雷克的舰队调转船头，接下来12天，他们向南航行抵达北纬38°的一处"适宜港口"，即今天的旧金山附近。德雷克等人在此处逗留了6周左右，从6月17日到7月23日，期间他们遇到许多当地米沃克人（Miwok），他们似乎相信这群英国人是造访的神明。"什么也无法说服他们，也无法改变他们的观点：我们应该是神。"弗莱彻说道。一位当地国王甚至发誓要效忠德雷克。德雷克是伊丽莎白女王的使者，至少礼仪上英国人如此称呼。显然，这位国王授予德雷克"拥有整个土地的所有权和统治权"，他甚至还"愿意做德雷克的臣民"，印第安人欢呼高唱，为德雷克戴上王冠，"以Hioh之名"拥戴他。

德雷克没有经历过这样的场面，他不想惹恼印第安人，但他确实想尽一切可能"为国家带来荣耀和利益"。因此，德雷克以女王之名"将权杖、王冠以及这片地区的尊严握在手中"，他希望"这里的财富和财宝能运回英格兰，让女王陛下的本土王国富足"。

为留下自己的印记，同时确立"女王陛下对这片土地的所有权和统治权"，德雷克用黄铜或铅制作了一个铭牌，刻下女王和他自己的名字以及抵达日期等内容。他还在铭牌上钉了一枚六便士硬币，露出伊丽莎白的面容和盾徽，并将铭牌钉在"非常显眼的位置"，以便所有人都能看到。

德雷克相信印第安人将这片土地献给了自己，他以伊丽莎白名义将其命名为"新阿尔比恩"(Nova Albion)。这里的"白色河岸和峭壁"让人想起英国南部海岸的悬崖,而"阿尔比恩"一词衍生于拉丁语"白色",是英国古时的叫法。

这是德雷克向伊丽莎白透露的第二个秘密:他为英国在美洲大陆西海岸建立一处根据地,使英国开始向帝国转变。

7月23日,德雷克离开新阿尔比恩,他推断唯一的回家之路是穿越太平洋,60年前,麦哲伦带领"维多利亚号"走的正是这条路线。但与麦哲伦不同,德雷克可以利用从西班牙人手中抢来的海图,其上绘制了墨西哥与菲律宾间的航行路线。60天后德雷克一行人终于见到了陆地的影子,他们来到名为特尔纳特(Ternate)的小岛,这是莫卢库群岛(Moluku),即现在的摩鹿加群岛(Moluccas)中的一座。这里便是传言中的香料群岛,拥有英国人梦寐以求的商品和货物,过去80多年来,无数冒险家出海寻找这里。这里虽然不是中国,但仍充满无限魅力。

对英国而言,德雷克抵达香料群岛可谓恰逢其时。当地人与葡萄牙人的关系已现裂痕。1511年,葡萄牙人首次在香料群岛开展贸易活动。因此,当地苏丹 ① 向德雷克递话说,他"非常欢迎"英国人到来。德雷克送给苏丹一件天鹅绒披风,作为友好的象征以及英国准备提供优质商品的证明。作为回礼,苏丹回赠德雷克6 000千克的丁香、大米、鸡肉和甘蔗。

随着友好关系的建立,德雷克可能同苏丹洽谈贸易协议了。他同意在与葡萄牙的冲突中支持苏丹,以获得香料贸易的垄断权。为表示他言出必行,德雷克送给苏丹一件盔甲、一个头盔和一个镶嵌宝石的金戒指。英国人第一次相信他们在东印度群岛有了商业和政治上的盟友。

---

① 苏丹(Sultan),某些伊斯兰教国家的统治者的称谓。——译者注。

这是德雷克的第三个秘密。他不仅确定了新航道，为英国开拓了新领地，还在香料群岛达成了贸易协议。

藏起在美洲建立殖民地的野心

再说英国码头上，德雷克带回财宝已经不是什么秘密。为安全起见，一部分财宝被运至伦敦塔，剩余部分则放在距普利茅斯不远的索尔塔什（Saltash）的垂姆顿城堡，由 40 名士兵守护。官方记录在册的财宝价值共计约 12.6 万英镑，约为女王半年的收入。

而伊丽莎白仍在考虑如何处理战利品。她应该站在塞西尔一方还是支持沃尔辛厄姆？当然女王的本意是想留下这批财宝，对西班牙强烈要求归还财宝不予理睬。为缓和紧张局势，伊丽莎白努力将德雷克带回大量财宝这件事说得轻描淡写，并散布流言称"他并没有带回多少财宝"。但据说德雷克"挥霍掉的钱财超过了英国任何人"。伊丽莎白还赏赐给他 1 万英镑供个人使用。

似是故意挑衅，伊丽莎白利用所有机会与德雷克一起抛头露面。"女王经常让他出现在内阁中，甚至在与他交换意见前都绝不公开表态，"门多萨称，"女王经常与他在花园散步。"与之形成鲜明对比的是，伊丽莎白拒绝召见门多萨，也不愿听取菲利普二世的抗议。

1581 年 4 月 4 日，德雷克返回英国半年后，伊丽莎白终于敲定处理财宝的方案。在"金鹿号"停靠的德特福德，女王夜宴德雷克。伊丽莎白拿出一柄镀金宝剑，开玩笑地说要砍掉他的脑袋，因为他行为太过鲁莽。然后女王邀请与西班牙关系紧张的法国大使把宝剑授予德雷克爵士。此举意味着伊丽莎白女王支持德雷克对西班牙的抢劫行为，与菲利普的关系就此紧张起来。

不过西班牙仍坚持追回被抢财宝。门多萨不断求见伊丽莎白表达抗议，但女王拒绝召见。门多萨威胁西班牙公司的商人：如果不归还德雷克抢夺的财宝，西班牙将扣押英国的商船和财产。听闻后，西班牙公司董事约翰·马什（John Marshe）带领代表团同沃尔辛厄姆会面。但即便身为西班牙公司的一员，沃尔辛厄姆也不为所动，拒绝劝说女王改变想法。他建议商人们"与西班牙减少贸易往来"。此后，当他们继续向他施压时，沃尔辛厄姆称如果他们在西班牙人那里蒙受损失，这里有足够的钱财可以补偿。

由于门多萨总是威胁，枢密院试图收买他。据门多萨透露："他们决定拖延归还财宝的时间，并诱惑我说，如果我能在德雷克事情上不再坚持，我和我的同伴就可拿到 5 万克朗。"门多萨选择了拒绝。另一方面，德雷克极力讨好敦促女王与西班牙妥协的伯利勋爵塞西尔。门多萨指出："德雷克送给伯利勋爵 10 根上好的金条，每根价值 300 克朗。"但塞西尔拒绝接受黄金馈赠，并表示他"不想昧着良心接受德雷克的礼物，因为德雷克的所有东西都是偷来的。"

1581 年 10 月，德雷克回来 1 年后，门多萨终于见到了伊丽莎白。他奉承女王"美若天仙，就连狮子都会俯倒在她面前"，这让女王十分高兴。而后他依然坚持，如果不归还财宝，菲利普国王将扣押所有西班牙统治范围内的英国商品，以此"偿还"损失。

不过伊丽莎白立场坚定：绝不归还财宝。

德雷克耀眼的成就在英国掀起一股狂潮，甚至比弗罗比舍首次航行归来爆发的淘金热更猛烈。知名商人和大臣争先恐后地跟进德雷克的冒险事业，凭借他在香料群岛签定的贸易协议大赚特赚。"几乎没有英国人不谈论出海航行，他们深受德雷克的鼓舞。"门多萨说道。

早在 1581 年 1 月，即德雷克返回英格兰 4 个月后，就有消息称伊丽莎白已授权他再次出航。这一次，他将统帅由 10 艘船只组成的舰队前往摩鹿加群岛，有可能的话再访新阿尔比恩。相关人员正制订"公司规划"，并请求女王授予这家新企业同莫斯科公司类似的特权。德雷克将担任公司的董事，拿 10% 的收益，皇室则收取德雷克在新领地发现的黄金、白银收益的约 6.7%。德雷克向投资人承诺，每投入 1 英镑能获得 7 英镑的回报。这是个极具诱惑的提议，"对英格兰人影响巨大，"门多萨指出，"所有人都想从此次冒险中分得一杯羹。"

不过最终德雷克的航行没有实现。战争的阴霾笼罩在英国上空，他需要为家乡效力。1581 年 4 月，德雷克被封为爵士，同月，西班牙国王菲利普击败对手成为葡萄牙国王。德雷克通过他的航海业绩"包围"了世界，但菲利普二世的帝国势力却在真正意义上包围了世界：西班牙和葡萄牙在《托尔德西利亚斯条约》框架下将世界瓜分为两国所有，如今一切都落入菲利普手中。这让菲利普一举成为世界上最有权势之人，甚至比亚历山大大帝还厉害。相应的，菲利普引用了亚历山大的座右铭："Non Sufficit Orbis"，意思是这世界不够大。

至此西班牙开始竭力保护海外领地。德雷克打劫成功后，门多萨敦促菲利普下令，任何进入西班牙和葡萄牙领地的外国船只"都应被击沉"，"船上没有一个人可以活着"。门多萨称这种激进举措是"防止英国人和法国人在这些地区打家劫舍的唯一方法"。

此外，门多萨还尝试说服菲利普扣押西班牙境内的英国商品，虽然英西两国关系紧张，但这样做是不明智的，因为双方贸易正蓬勃发展。1582 年 2 月，西班牙公司商人告诉门多萨，他们"过去 18 个月来在西班牙从未获得如此丰厚的利润"。门多萨写道，与英国人贸易量的激增，使西班牙本土商人"产生了一种深刻印象"，即他们取得的商业成功与同英国做生意密不可分。这反而助长了英国人的"得意与傲慢"。

英国人筹备的又一次航海冒险恰恰证明了门多萨的这个观点。通过他的间谍网络，门多萨了解到一支船队正准备前往摩鹿加群岛。船上"载有大量能工巧匠"，如木匠、砖瓦工，"这表明他们打算开拓殖民地"。

门多萨的消息准确无误，前往香料群岛冒险的筹备工作正悄然进行。此次新探险行动得到了许多曾支持德雷克的商人和大臣的支持，其中包括莫斯科公司的知名商人如乔治·巴尼。德雷克为此次远航投入了 600 英镑，最初，此次航行原本计划由马丁·弗罗比舍指挥船队，此时，他正忙于恢复自己的名声。最终，爱德华·芬顿，这位曾在弗罗比舍第三次航海时担任过副指挥官的人，接过了船队的统领大权。

1582 年 5 月，芬顿想要绕过非洲的好望角前往香料群岛，这是葡萄牙商人的传统海上通道。船员包括弗朗西斯·德雷克的侄子约翰·德雷克，同时还有一些其他商人。船队接近非洲时，芬顿忽然说他很希望占领中非岛屿圣赫勒拿岛，在那里加冕称王，埋伏等待从巴西而来的葡萄牙运宝船。他也许在考虑德雷克在新阿尔比恩的加冕礼，毕竟，芬顿原本应该成为英国在新世界的首位领袖的，但装有为定居者准备的预制房材料的船在北极风暴中翻沉才导致他愿望落空。

但芬顿的船队没有在圣赫勒拿岛停靠，而是继续向南美洲驶去。后来船员因产生分歧而分道扬镳。约翰·德雷克带领他的追随者驾船离去，此后他再也没有在英国露面。驶入麦哲伦海峡后，芬顿碰到驻扎在此抵御英国船只的西班牙军舰。芬顿选择调转船头返回英国。1583 年 6 月，芬顿致信威廉·塞西尔称："非常抱歉地通知您……'我们的航海'没有获得成功。"芬顿将失败归咎于逆风和船员分歧，但他说最主要的原因是西班牙。芬顿"历来踏实的品行"完全被"西班牙国王舰队颠覆"。"这种错误，"他说，"是无法容忍的。"

在英国人希望在德雷克成功的基础上再有斩获之际，门多萨继续竭尽所能打探环球航行的确切信息，他派遣间谍前往普利茅斯，命令他们"从参与航行的人员身上弄清详细情况"。门多萨设法获悉了德雷克的两大秘密：其一，火地岛"并非大陆，而是面积很大的岛屿"，而且被"公海"包围；其二，德雷克已同特尔纳特岛的苏丹签订贸易协议。

不过门多萨没能打探出第三个秘密，即德雷克在新阿尔比恩登陆。似乎这是所有信息中保守最严格的秘密，英国人不想让西班牙人知道他们有意在美洲建立新英格兰。

第 11 章

吉尔伯特的帝国愿景

汉弗莱·吉尔伯特爵士虽然暂时销声匿迹，但他并没有放弃。1583 年，芬顿一瘸一拐地回家了，至此，他效仿弗朗西斯·德雷克爵士创造丰功伟绩的梦想已经破灭，而吉尔伯特正在卡桑德湾（Cawsand Bay）筹备舰队远洋探险。卡桑德湾是普利茅斯港入口附近一处受保护的避风港，吉尔伯特野心勃勃地为在美洲北部建立殖民地准备远航。他既不会像德雷克在新阿尔比恩那样加冕，也不想像芬顿那样谋求称王，他最希望的是担任总督，以伊丽莎白女王之名管理这片幅员辽阔的土地。

野心勃勃，为殖民美国做准备

吉尔伯特此时仍持有伊丽莎白 1578 年颁发的专利特许状。特许状授权他"发现、探索以及寻找"新领地，他要赶在特许状 1584 年过期前完成此事。吉尔伯特草拟了一份声明，相当于为他想象中的北美领地打造一部宪法。他和妻子安妮以及他们的子女拥有这片土地的统治和商业特权，所有在他控制的地区做生意的商人需要支付高额关税。

他认为殖民地并非要完全仿照故土的封建制度。实际上，他的思想极具前瞻性、民主性，甚至可以说现代性。作为总督，应该有一支殖民者组成的管理团队，且这群人"经过人们同意而选出"，也就是说由选举产生。这与枢密院完全不同，因为枢密院大臣均是基于社会地位和皇家恩宠产生。

吉尔伯特的帝国愿景需要付出不菲的代价才能实现，但他"惹恼"西班牙国王的行动失败后，个人财务陷入危机。在他首次试图利用皇家特许状时，他败光了妻子继承的遗产，正如他向沃尔辛厄姆透露的那样，他被迫出售妻子的"嫁妆"。此外，他已声名狼藉，忍受着痛楚，抱怨自己"每天承受被捕、被处死、被剥夺权益"的压力。

但依照特许状条款，吉尔伯特却坐拥令人羡慕的资产，这便是价值连城的美洲土地。在英国，土地非常珍贵，属于稀有资源。在新世界，土地辽阔，却丝毫未被开发。对于像汉弗莱·吉尔伯特一样在大家族内排行靠后、无法继承家族地产的人来说，新世界大量的土地为他们提供了在世界上宣称尊贵地位的机会，而在英国这是无法想象的。

1582年5月，吉尔伯特吸引来首位重要的投资人——菲利普·西德尼。他是约翰·达德利的外孙，同时也是沃尔辛厄姆的女婿。吉尔伯特大方地分给西德尼1.2万平方千米的美洲土地，相当于整个约克郡或牙买加的大小。

而后，吉尔伯特设法吸引了另一群投资者，他描绘了建立一个与众不同的殖民地的愿景：一个天主教徒的避风港。西班牙大使门多萨获悉，7月中旬，沃尔辛厄姆"秘密"接触了吉尔伯特冒险活动中的两位"天主教绅士"——乔治·佩卡姆爵士（Sir George Peckham）和托马斯·杰拉德（Thomas Gerrard）爵士。他们二人同意向吉尔伯特的冒险活动投入数目不详的资金。

吉尔伯特在爱尔兰曾对天主教徒进行血腥杀戮，此次愿意同天主教投资人合作似乎与他的性格不符。另一方面，吉尔伯特与佩卡姆很熟悉，16 世纪 70 年代时，两人曾联合投资穿越麦哲伦海峡的冒险计划，同时，佩卡姆还参与了吉尔伯特在 1578 年发起的冒险活动。此外，吉尔伯特通过佩卡姆与杰拉德相识，佩卡姆的女儿嫁给了杰拉德的儿子。杰拉德出身天主教的名门世族，他此前就对建立海外殖民地的想法感兴趣。1570 年 3 月，杰拉德请求伊丽莎白授权他开发爱尔兰阿兹半岛的一部分土地，而这片土地最终却落入托马斯·史密斯爵士手中。

据门多萨透露，佩卡姆与杰拉德是"挥霍无度的绅士"，而且濒临破产。能拥有大片令他们随心所欲地做事的土地是促使他们投资的另一个原因。而当时英格兰天主教徒的日子并不轻松。尽管佩卡姆是位温和的天主教徒，而且在教皇将伊丽莎白逐出天主教会的那一年，被女王授予爵士，但他有时也胆大妄为，在 1580 年因为庇护秘密来到英格兰的著名耶稣会士埃德蒙·坎皮恩（Edmund Campion）而被投入监狱。此外，杰拉德还因参与营救苏格兰玛丽女王而在监牢里度过了一些时日。新教徒武装政变后玛丽女王逃离苏格兰，在英格兰被软禁了很多年。

当伊丽莎白第一次登上权力巅峰时，在宗教问题上采取宽容的中庸政策。伊丽莎白女王是位新教徒，但她没有听从顾问的建议取下教堂中的耶稣受难像。1570 年教皇开除她的教籍后，伊丽莎白成了天主教徒刺杀的目标，因此她对待天主教做法变得更加强硬。虽然英格兰没有出现像 1572 年巴黎圣巴托洛缪节大屠杀那样针对新教徒的血腥迫害事件，但却出台了新的禁令和更严格的法律。1581 年，英国议会通过法案，向拒绝参加英国教堂服务的人员每月征收 20 英镑罚款，久而久之，这笔巨额罚款足够摧毁并不富裕的天主教徒。

按照伊丽莎白和议员们的说法，他们无意驱逐不遵守法律的天主教徒，相反，他们更希望将这群人留在家乡，以便监控他们的一举一动，而且通过罚款还能减少他们组织活动。如果将天主教徒从英格兰驱逐或流放，他们就会加入法国或西班牙的天主教组织，密谋侵略、政变或暗杀活动，还可能骚扰这些国家的新教徒。

然而，将天主教徒送到异国他乡的想法，比如美洲等遥远、无人居住的地方，总的来说更有吸引力。在新世界，他们不会构成严重威胁，也不会公然违反英国教会的规定。沃尔辛厄姆似乎得出结论，现在考虑建立天主教徒殖民地正是时候，这可能是他愿意帮助吉尔伯特、佩卡姆和杰拉德间的合作扫清障碍的原因。

作为提供资金支持的回报，吉尔伯特给予佩卡姆和杰拉德 0.6 万平方千米土地，这又是一笔巨大财产，面积与康涅狄格州或德文郡相同。他在协议中还额外激励性地加入 5 座岛屿，虽然它们尚未确定和被发现，或许根本不存在。同时，他还授予天主教殖民者贸易自由权，不受法律监管。相应地吉尔伯特则收取租金、关税以及土地上发现的黄金和白银 13.33% 的抽成。随着双方谈判的进展，吉尔伯特将土地配额提升至 1.2 万平方千米，同时要求天主教殖民者保证提供武装舰船和人手组建殖民自卫队，吉尔伯特希望借此保卫美洲。不过吉尔伯特并未止步于此，他又划给佩卡姆和他儿子 0.6 万平方千米土地，位于约翰·迪伊在地图上标记的迪伊河附近，即现在的纳拉甘西特湾（Narragansett Bay）。

吉尔伯特残忍对待天主教徒的历史让佩卡姆和杰拉德忧心忡忡，两人希望沃尔辛厄姆确保协议细节能准确落实。他们想得到保证，当时机成熟时，他们的殖民地居民，包括叛乱者，能获准离开英国前往新领地，就像吉尔伯特信誓旦旦承诺的那样。他们俩也保证殖民地居民不会离开美洲前往其他国家，同时他们不会参与任何可能引发女王与"其他国家君主"冲突的谋逆活动。此外，他们承诺 10% 的殖民地居民是无法"在英国谋生"的人，这能帮助英国解决"闲散人员"的难题。

据门多萨的说法,伊丽莎白同意这些条款,授予佩卡姆和杰拉德"盖有英格兰大印的特许状,批准他们定居佛罗里达",即美洲整个东海岸。不过佩卡姆和杰拉德的愿景似乎没有激起其他人的兴趣,两人艰难地寻求天主教徒的支持。门多萨并未向他们伸出援手,而是想方设法破坏这项计划。他指使天主教牧师去警告未来的殖民者,新世界的土地属于西班牙,如果他们胆敢踏上那里,便会"立即被割喉"。

西班牙人针对美洲殖民者的报复如幽灵一般,可能会给这项事业造成灾难性后果,因此佩卡姆力图确认英国对美洲拥有必要的主权,他求助于这方面的专家学者:约翰·迪伊。佩卡姆请教迪伊,他们协议中涉及的地产是否侵犯了西班牙人的权利,是否违反《托尔德西利亚斯条约》。迪伊向他保证,这片土地不属于西班牙的领地范围。佩卡姆送给迪伊约 20 平方千米新世界的土地,不过这与他手中的上万平方千米土地相比不值一提。

为海外扩张艰难募资

即便得到西德尼、佩卡姆和杰拉德的资金支持,吉尔伯特仍需要吸引更多投资者来筹集在新世界建立殖民地所需的全部费用。为此,他着手推出一场影响深远的营销活动。当年,他为推广弗罗比舍的航行出版了《论通往中国新航道的发现》,他从中看到宣传手册的价值。因此当前牛津大学年轻教师理查德·哈克卢特(Richard Hakluyt)自告奋勇,或者也可能是沃尔辛厄姆的推荐,称他能写这类宣传手册时,吉尔伯特欣然接受了他的请求。

哈克卢特最初因大力倡导英国海外扩张而名声大噪。1580 年他凭借完成的一个分报告开始走进公众视野,报告提出了英格兰占领麦哲伦海峡的令人信服的理由,尽管这种鲁莽的行动并未发生。哈克卢特从约翰·温特那里获得了许多信息,作为弗朗西斯·德雷克的副指挥官,温特先于德雷克的

"金鹿号"返回英国。根据温特提供的信息，哈克卢特认为："麦哲伦海峡是进入东印度群岛和西印度群岛宝库的大门，无论谁当上麦哲伦海峡之主，都会把自己也算作西印度群岛之主。"

哈克卢特自幼就对旅行家、航海发现和探险故事有浓厚兴趣。他的同名同姓的表哥——大理查德·哈克卢特是位律师，而他却痴迷于地图和地理。16 岁时，哈克卢特去看望表哥，发现表哥的书桌上摆着"一些印有世界地图的宇宙学书籍"，他非常感兴趣，大哈克卢特拿起讲解棒，在地图上指出"海洋、海湾、港湾、海峡、海角、河流、帝国、王国、公国以及各部分领地"等内容，向他确认了每个地方可以得到的特产、当地人的需求以及这些商品的"流通和贸易"。

这些给小哈克卢特留下了深刻印象，他下定决心在大学时专攻这方面的学科。之后，得益于皮革和纺织品商会两家同业公会的奖学金，他前往牛津大学完成学业。在这里，他阅读了大量地理方面的书籍，深入了解了商业管理和经营。1577 年，拿到文学硕士学位后，他开始了一系列的演讲，向听众展示各类"地图、地球仪和其他工具"，给他带来了"极大的乐趣和满足"。

如今，为了吉尔伯特的计划，哈克卢特着手将英国人探索发现的相关故事、地图和其他信息总结成纲要。1582 年 5 月，名为《美洲和附近岛屿的航海发现录》（*Divers Voyages Touching the Discovery of America and the Islands Adjacent*）出版发行，哈克卢特将这本著作献给了菲利普·西德尼。如果哈克卢特的近期目标是推广吉尔伯特的冒险活动，那他更宏大的愿望是倡导一种全新海外探险的精神。自克里斯托弗·哥伦布发现美洲大陆以来，西班牙人和葡萄牙人在新世界进行的"巨大探索和殖民"，"非常"令哈克卢特惊讶。与之相比，同一时间里"我们英格兰"却没有"体面地在这些富饶、宜人的地方站稳脚跟"，哈克卢特对此感到非常疑惑，在他看来，这是整个国家的失败。

不过哈克卢特是位乐天派，他相信现在正是英国从美洲和其他"尚未发现"之地分一杯羹的好时机。他以为，西班牙人和葡萄牙人的探索和殖民活动并不是如他们所说的是为了改变异教徒的信仰而拯救他们，他们真正想得到的不过是新世界的"物品和财富"。

根据约翰·卡伯特 1497 年航海时发现的土地并宣称其归英国所有，哈克卢特认定英格兰对从南起佛罗里达北至北纬 67°（大概为现今加拿大北部边界）的大部分美洲地区拥有定居的历史性权利。他认为英国急需扩张，因为监狱已经人满为患，可以将这些人送至"温暖富饶的美洲土地"。他告诫说，此举需要勇气和决心，坦率地说更需要转变态度。"我们每个优秀国民都应心怀此念，"他写道，"英国人很早就该利用这些属于我们的土地，这是公平且正义的。"

整理收集《美洲和附近岛屿的航海发现录》资料时，哈克卢特有幸接触到迈克尔·洛克收集的大量地图、历史文献和其他有关弗罗比舍航行的信息，包括洛克对梅塔因科格尼塔和西北航道绘制的草图。此时，洛克仍努力重塑因弗罗比舍远航失败而受损的名声。哈克卢特赞扬洛克在语言和宇宙学方面的专业知识，称他是那种有能力"为祖国做贡献"的人，他配得上"更多的尊重和更好的运气"。

在一封信中，沃尔辛厄姆对哈克卢特的工作赞赏有加，夸奖这位年轻学者的观点"对西部未知地区的发现有许多启发"。哈克卢特认为，着眼于英国海外的世界极为重要。沃尔辛厄姆敦促他继续努力，这不仅能让他"名利双收"，更会对"国家的财富有益"。在信结尾处，沃尔辛厄姆写下了"你亲爱的朋友"字样。

哈克卢特的工作达到了预期效果，刺激了投资人向吉尔伯特的殖民冒险活动注资。1582 年 11 月，《美洲和附近岛屿的航海发现录》出版短短几个月后，吉尔伯特成立了一家新公司，起了一个自命不凡的名字："汉弗莱·吉尔伯特的商人冒险家公司"。新公司设有董事、财务、代理人和秘书各一人，这 4 位高层均由吉尔伯特任命，另外 8 位助理和主管则由高层共同选择。公司总部定在南安普顿，吉尔伯特一直将融资重点放在这座港口城市，同时他也承诺在此建立美洲贸易的专属集散地。这是对伦敦商人的有意怠慢，特别是莫斯科公司那些曾阻止吉尔伯特追逐美洲梦想的商人们。

对于南安普顿商人来说，这个项目吸引人之处就在于土地，西德尼、佩卡姆和杰拉德正是出于这个原因才掏钱投资。在吉尔伯特提供的条款下，只出钱不亲自前往的投资者，可委派其他人去殖民地，如果他们派出 5 人，能得到 4 平方千米土地，派出 10 人可得到 8 平方千米土地。那些没有钱投资的人，可凭借携带的工具获得部分土地。比如，提供"匕首和火枪"的人可以分得 0.48 平方千米土地。如果有人雇用其他人一同前往美洲，并承担全部开销，可得到条件最好的待遇。如果他带去 5 个人，能获得 40 平方千米土地。如果他能介绍 10 个人，可获得 16 平方千米。留在殖民地至少 8 个月的投资人还能获得土地分红。为避免出现迈克尔·洛克曾遇到的麻烦，吉尔伯特许诺向航行前出资的投资人额外分配 4.4 平方千米土地。

在吉尔伯特随意分配他一无所知的那片土地时，皇室也做出豪横的承诺。根据门多萨的记录，只要吉尔伯特登陆美洲并建立合适住所，女王答应派遣 1 万人去开拓新土地并在那里定居生息。如果门多萨的消息准确无误，这将是伊丽莎白有史以来对海外冒险活动做出的最大承诺。不过也许事实并非如此。

近 50 位南安普顿人向吉尔伯特的公司投资，包括呢绒商人和小康家庭，如面包师、酿酒师、裁缝等。沃尔辛厄姆投入不多，金额是 50 英镑。为吸引投资人，吉尔伯特向资助他首次航行的人员授予自由贸易权，包括托马斯·斯迈思和塞西尔、达德利兄弟、克里斯托弗·哈顿爵士等"重要且可敬之人"。

虽然这一系列投资人的大名如雷贯耳，但他们大部分只投了很小数目资金，从 5 到 15 英镑不等。吉尔伯特最终只筹集到至多 1 000 英镑，因此，他不得不从亲戚手中寻求额外资金。吉尔伯特姐夫的兄弟沃尔特·雷利将自己的"巴克·雷利号"（Bark Raleigh）帆船借给吉尔伯特，这笔投资价值超过 2 000 英镑。所以尽管宣传用词华丽，乐观情绪高昂，有位高权重的朋友参与，但实际上此次冒险活动还是缺乏资金，这绝不是一个良好的开端。

吉尔伯特遇难，冒险之行落败

即便资金有限，吉尔伯特仍设法组建了一支拥有 5 艘船、260 人的船队。如今只剩下一个障碍摆在他眼前：伊丽莎白女王的准许。虽然雷利献出他的船只，但女王禁止他参加此次航行。女王最初拒绝了吉尔伯特的出海请求，用女王委婉的话说，他"在海上交不到好运气"，这在他此前航行中表现得淋漓尽致。后来雷利替吉尔伯特向伊丽莎白求情，女王才发慈悲准许他出海。吉尔伯特准备起航之际，雷利从里士满写信告诉他说，伊丽莎白祝愿他"一帆风顺，舰船平安"，如同女王亲临祝福一般，同时女王还送上一份礼物：一个吊坠，寓意"女王是后盾"。

1583 年 6 月 11 日，汉弗莱·吉尔伯特的商人冒险家公司的船队从普利茅斯港扬帆起航。吉尔伯特负责"斯沃洛号"和小船"松鼠号"。三桅船"雷利号"是船队中体积最大的船只，排水量约 200 吨。威廉爵士之子威廉·温特担任指挥舰"迪莱特号"的船长。另一艘船名为"金鹿号"，是为致敬德雷克的著名舰船，该船由它的主人爱德华·海斯（Edward Hayes）统领。海斯是位海外扩张的狂热支持者，曾出资捐助吉尔伯特 1578 年的航行，塞西尔及密友对他非常熟悉。此外，海斯同意为此次出海远航做记录。众多为建立殖民地所需的能工巧匠也随船出征，包括造船师、泥瓦匠、木匠和金匠，同时还有矿工及精炼师等。

祸不单行，航行再次开局不利。由于逆风，船队不得不滞留港口，当他们最终出海时，食物给养几乎消耗殆尽，因此"雷利号"只得返航。剩余四艘船改变航线，向北进发，这样他们不久后能抵达补充给养的地方，理想状况下，可到达纽芬兰。

航行途中，船队因遭遇恶劣天气而短暂失散，不过 8 月初，他们在纽芬兰重新集结。他们聚在圣约翰港入口，根据海斯的记录，这里有 36 艘"各国"捕鱼船作业。虽然吉尔伯特的小舰队与大规模捕鱼船队相比显得微不足道但却中规中矩，但他仍准备按《论女王陛下如何惹恼西班牙国王》中阐述的想法征服这片土地。他"准备"同负隅顽抗的船只战斗，但事实上冲突并没有发生。英国捕鱼船队的船长登上吉尔伯特的船只，他们看到伊丽莎白颁发的特许状后，纷纷表示支持吉尔伯特的行动。

吉尔伯特登岸后向渔民大声宣读特许状，称要以女王的名义"占领"圣约翰港方圆 200 里格的全部土地。他进一步解释说，渔民今后要遵守三大新法律。第一，所有宗教的"公众活动"都必须遵守英国国教会的规定；第二，任何对抗伊丽莎白统治权的人都将按谋反罪处置；第三，任何对"女王陛下出言不逊"的人，将被割耳、扣押船只、商品充公。而后吉尔伯特在女王的新领地实施新财政政策。渔民必须支付税费才能获得在纽芬兰海岸捕鱼的权利，此外，他们还需为用来暂住和加工鱼产品的土地缴纳地租，即便此前他们一直免费使用多年。

吉尔伯特和下属立起"一个木桩"，表明占领行为的完成，木桩上刻有英国盾徽，与德雷克 4 年前在美洲西海岸的做法一样。如今，凭借吉尔伯特和德雷克对纽芬兰与新阿尔比恩宣示主权，伊丽莎白女王在美洲东西两岸都拥有了土地。

尽管吉尔伯特和德雷克的宣示主权行为似乎站不住脚，但在当时人们普遍接受这种领土所有权规则。这主要源于拜占庭帝国[①]皇帝查士丁尼（Justinian）的举措，这位 16 世纪君主致力于收复罗马帝国分裂的土地，重现其昔日之辉煌。查士丁尼设定了 4 种宣示主权的方式。第一条是物理上占领没有其他国家设立司法管辖权的土地。凭此，吉尔伯特宣布纽芬兰为女王所有不会惹来非议。他踏上的这片领土没有人，至少没有欧洲人宣布主权。第二条是"时效权"，即主张人在较长一段时间内对该地点拥有所有权，即使他没有实际占领。因此如果有人认同约翰·卡伯特近一个世纪前发现纽芬兰并宣布主权，那么吉尔伯特的主张便符合"时效权"的规定。第三种方法则是与土地现有主人签订条约，购买这片领土的主权。据吉尔伯特所知，纽芬兰没有这类土地所有人。第四种方案是"征服"，即一个国家可通过征服其他国家获得土地。这条仍然不符合吉尔伯特的情况，他在纽芬兰没遇到任何抵抗，也没有出现武力征服的局面。

对纽芬兰宣示主权后（显然没有考虑当地人的权利或意见），吉尔伯特尽可能了解该区域的实际情况。他手下的一部分人搜寻商品，另一部分人负责绘制港口和停泊处的地图。其中一位撒克逊冶金学家在山里无意中发现一块矿石，看起来其中似乎含有白银，他们认为发现了铁、铅和铜的痕迹。

这些都是喜人的发现，在纽芬兰停留 1 个月后，吉尔伯特告诉海斯他准备返回英国。不过，他此前曾向投资人承诺，将探索更南的地区，他手下很多人却觉得没有这种义务。他们虽没有哗变，但一些人却密谋偷船返回英国，另一部分则藏身灌木丛，希望搭上其他经过的船只，还有一部分突发疾病。最终，吉尔伯特同意将"斯沃洛号"留在纽芬兰，留下食物，带着那些思乡和患病的人返回英国。

8 月 20 日，吉尔伯特离开圣约翰港，率领"迪莱特号""金鹿号"以及他最爱的"松鼠号"向南进发。9 天后，他们遭遇"暴雨和浓雾"。"迪莱特

---

① 拜占庭帝国（Byzantine），又称为东罗马帝国。——译者注

号"搁浅了，然后解体，船员被抛下甲板，其中一部分人设法爬上了舰载逃生船。他们最终回到纽芬兰，一路上依靠"喝自己的尿液"勉强活下来。

由于损失"迪莱特号"及寒冬即将到来而情绪沮丧，吉尔伯特与海斯决定返航。尽管吉尔伯特没有为殖民地找到合适位置，但他乐观地相信有朝一日终能找到。他甚至满怀信心地对海斯说，伊丽莎白会向他放贷 1 万英镑用于第二年的航行，他将借此机会实施宏伟大计。尽管所有文档都丢失了让他懊恼不已，但吉尔伯特可以凭借海斯的记录草拟请愿书。

不过吉尔伯特没能看到那一天的到来。9 月 9 号，船队遇到另一场风暴。装满设备的"松鼠号"出现上重下轻的情况，船体摇摇欲坠。船员请求他转移至"金鹿号"，但他拒绝了。这艘小船在"金鹿号"旁剧烈颠簸，海斯看到吉尔伯特正坐在甲板上看书，可能是莫尔的《乌托邦》。吉尔伯特向海斯大喊道："我们从陆上去天堂与乘船去是一样近！"这可能是对莫尔的评论的诠释："所有上天堂之路，都是一样长一样远。"那一夜，"松鼠号"上的灯光忽明忽暗，最后熄灭了，这艘船和它的船长"被大海吞噬了"，再也没有出现过。

温斯顿·丘吉尔爵士在他的著作《英语国家史略》(*History of the English-speaking People*) 中写道："英国首位向西拓荒的伟大先驱，随着他的死亡而离我们远去。"

第 12 章

美洲殖民计划危在旦夕

吉尔伯特走了，该如何处理他的特许状？

汉弗莱·吉尔伯特不幸遇难的消息引发了一连串的反应。乔治·佩卡姆表达了对吉尔伯特授予他父亲的土地宣示主权的迫切期望，同时搬出弗罗比舍、霍金斯和德雷克等大人物为他站台。不过他最终一无所获。而后是乔治·巴尼爵士的外孙、沃尔辛厄姆的继子克里斯托弗·卡里尔（Christopher Carleill）登台，他推出自己的宣传手册，称要开发"美洲大部分土地"。卡里尔说，这片土地面积"大过整个欧洲"，由于"很大一部分位于北方"，当地人应该"对我们英国呢绒需求量极大"。最初，陷入困境的莫斯科公司的商人对此表现出些许兴趣。不过他们出钱投资有个重要前提：卡里尔必须拿到女王颁发的专利特许状。

谁来继承吉尔伯特的遗志

与以往一样，伊丽莎白花了些时日才做出决定。

1584 年 3 月，女王最终颁发专利特许状，不过既没有授予佩卡姆、卡里尔，也没有给莫斯科公司。相反，女王将特许状授予了汉弗莱·吉尔伯特同母异父的弟弟、女王的宫廷新宠沃尔特·雷利。比吉尔伯特小 17 岁的他如今面临一个令人激动也令人生畏的机遇：接手他哥哥未完成的事业——在美洲建立英国殖民地。这在宫廷里引起嫉妒，人们从很多迹象可以看出女王非常宠爱这位风度翩翩的军人。

4 年前，雷利在爱尔兰崭露头角。当时，他所在的英国军队被派往爱尔兰，镇压西班牙人支持的叛乱活动，他因骁勇善战而名声大噪。战后，他被招到宫廷并自荐担任爱尔兰事务顾问。短短数月时间，雷利凭借令人难忘的骑士风范成功吸引了女王的目光。据后来的一位史学家回忆称，女王有一天在室外散步，走到一处"湿地"，也就是泥泞的地方。女王犹豫了一下，雷利立刻将"他华丽的新外衣铺在地上"，女王踩在衣服上走了过去。伊丽莎白赐给他"很多衣服"作为他"大方且及时提供的靓丽地毯"的补偿。

据说伊丽莎白对雷利的宠爱"远超其他所有人"。他正是女王最钦佩的那种"正派"男人。他活力四射，"身穿镶着珍珠刺绣的白色绸子紧身上衣"，样子十分迷人，宫廷贵妇都很爱慕他。古文物学家约翰·奥布里（John Aubrey）指出，雷利"同时爱着一位宫女"，这位年轻的朝臣曾与女王的侍女"在树林里亲昵"。

伊丽莎白开始将雷利"视作圣人一般"依赖。他头脑聪明而且酷爱读书，他是位"不知疲倦的读者，不论是在海上还是路上，都书不离手"。与吉尔伯特一样，雷利总是随身带着一大箱书，也曾在牛津大学奥里尔学院学习。后来，他前往中殿律师学院进修，零星地学了些法律知识，在那里，他肯定与大理查德·哈克卢特有过接触。

女王大量赏赐雷利礼物、特许状和钱财。1583 年，雷利的军事任务接近尾声，此时他每年的俸禄至少有 600 英镑，女王赏给他牛津大学万灵学院附近的两处优良地产的租赁权。他后来将其出售换得现金。他不仅获得酿造和出售葡萄酒的特许状，还拥有出口未染色的绒面呢特权，这让他有能力从英格兰最重要的产业中分得一杯羹。这些慷慨的特权恩赏是他财富的基石。

作为财富蛋糕的糖霜，伊丽莎白还送给他一套位于泰晤士河北岸的豪华公馆——达勒姆宫，这座宅邸由于城堡式高墙、角楼、水闸和宜人的果园而与众不同。达勒姆宫始建于 13 世纪，一直是达勒姆主教在伦敦的居所。16世纪 30 年代亨利八世袭击教堂时将这座宅邸查封。16 世纪 50 年代初，约翰·达德利住进达勒姆宫，他正是在这里密谋商人冒险家协会的事情。

奥布里指出，雷利在达勒姆宫建立了一个公司总部，这里的"小角楼"可以远眺泰晤士河，能看到"与世界其他地方一样的令人愉悦的景色，不仅能消除视觉疲劳还能振奋精神，同时激发人的奇思妙想"。

雷利以他的哥哥吉尔伯特为榜样，请来众多专家顾问帮助他筹划殖民冒险活动，其中包括托马斯·哈里奥特（Thomas Harriot）。这位 23 岁的年轻数学家、宇宙志学家简直是约翰·迪伊的翻版。虽然他出身贫寒，但他在圣玛丽堂中学接受了良好教育，这所学校隶属牛津大学，后来归雷利的母校奥里尔学院所有。雷利于 1583 年底将这位年轻学者招致麾下，此时他甚至还没拿到专利特许状，他把哈里奥特安排在达勒姆宫，两人的房间相隔不远，

与此前迪伊的做法相同，雷利请来哈里奥特筹备三人美洲之行的工作。雷利招募了三名资深水手负责他的首次冒险活动，即勘测美洲。这三人分别是来自德文郡的 19 岁贵族菲利普·阿马达斯（Philip Amadas）；经验丰富的船长阿瑟·巴洛维（Arthur Barlowe），以及天才领航员西芒·费尔南德斯（Simao Fernandez）。费尔南德斯生于亚速尔群岛，吉尔伯特首次航行时他就是水手中的一员。哈里奥特准备了一份名为"Arciton"的导航手册（现已丢失），同时教授其他人宇宙学和其他新科学的课程。

1584 年 4 月末，巴洛维等三人驾驶两艘小船出海，寻找适合殖民定居的地方，与此同时，雷利开始设计他自己的体制完善的美洲殖民公司。他认识到，如果要取得探索成功，他需要皇家在授予专利特许状以外提供更多的支持。虽然他深得伊丽莎白宠信，但仍需拿出一个完整且有说服力的方案才能赢得女王支持。为此，雷利在沃尔辛厄姆的建议下找来热衷英国在美洲拓展领土的殖民头号倡议者：小理查德·哈克卢特。

英国首部记载殖民帝国计划的论著问世

时年 32 岁的哈克卢特正享受着《美洲和附近岛屿的航海发现录》出版大获成功带来的喜悦。此书正是为推广吉尔伯特最后一次航行而写的。后来在沃尔辛厄姆的推荐下，哈克卢特被派往巴黎，担任新一任驻法国大使爱德华·斯塔福德爵士的牧师兼秘书。

虽然哈克卢特人生的大部分时光都在阅读伟大旅行者的著作中度过，但这却是他第一次出国，才有机会亲身感受长距离旅行中蕴藏的危险。从伦敦到巴黎耗时两周，单是顶着狂风恶浪穿越英吉利海峡，就让一行人"被大海折磨得筋疲力尽"，丢了"半条命"。

哈克卢特不仅仅是大使助理那么简单，事实上，他还主持沃尔辛厄姆的情报网络工作，负责收集有关美洲的信息。据哈克卢特自己所言，上司期望他"费尽心血搜集能照亮我们向西探索之路的信息"。因此，他满怀激情地全身心投入到这项工作中。他同不计其数的探索新世界领域的专家交流，然后将所获信息传给沃尔辛厄姆。他还检验了从加拿大带回法国的"黑貂皮、海狸皮及水獭皮"等价值 5 000 克朗的动物皮毛。他还与法国皇家宇宙学家安德烈·泽威特（Andre Thevet）交上了朋友，与他畅谈加拿大的皮毛贸易。他同众多葡萄牙领航员和船长"促膝长谈"，拜见法国植物学家兼亨利三世的私人医生皮埃尔·佩纳（Pierre Pena），讨论新世界的草药贸易事宜。他还前往鲁昂（Rouen）拜会仪器制造师安德烈·迈耶（André Mayer），在这里他恰好碰到才从美洲东北海岸航行归来的商人冒险家埃迪安·贝伦格（Étienne Bellenger）。从觊觎葡萄牙王位的流亡分子多姆·安东尼奥（Dom Antonio）手中，哈克卢特看到一张显示西北航道的世界地图。

哈克卢特将有用的信息传回给沃尔辛厄姆，不过这位上司似乎在海外冒险上见风使舵：他当然想为国家效力，但同时还希望为自己和身边人创造财富。他此前曾利用自身影响力帮助女婿菲利普·西德尼从汉弗莱·吉尔伯特爵士的封地中获得 1.2 万平方千米土地，同时推动继子卡里尔的项目。不过当卡里尔失败后，沃尔辛厄姆开始支持雷利的冒险活动，并鼓励他学习借鉴哈克卢特的经验。

接到伦敦方面的调回命令后，哈克卢特没有丝毫犹豫。他致信沃尔辛厄姆，称已准备插上"珀伽索斯（Pegasus）①的翅膀"从法国飞回英国。1584 年 7 月底，在巴黎待了 9 个月后，哈克卢特返回英国，接下来两个月时间，他殚精竭虑夜以继日地撰写报告。最终，英国首部关于殖民帝国计划的恢宏巨制问世，这本书全称是《关于西部探索中可能促进英格兰财富增长的主要商品的详论——牛津大学的理查德·哈克卢特写于 1584 年》。也就是现在广为人知的《西部殖民论》（*Discourse of Western Planting*）。

10 月第一周，哈克卢特将论著呈献给伊丽莎白，虽然只有几本手写本，而且哈克卢特在世时从未出版发行②，但他仍在论著中详述了新世界殖民方案。某种程度上而言，海外扩张的缘由是英国面临困境。自 1549 年托马斯·史密斯爵士在著作《论英国本土的公共福利》中提及的艰难日子以来，英国的状况从未好转。哈克卢特写道，英国贸易已在"赤贫线"上挣扎，甚至极度"危险"。在西班牙，英国商人面临被宗教裁判所逮捕审判的危险；在地中海地区，海盗控制着北非或巴巴里海岸；在土耳其，那里的商人控制

①　珀伽索斯，长着翅膀的天马，是古希腊神话中缪斯女神的坐骑。——译者注
②　《西部殖民论》于 1877 年由缅因州历史协会首次出版发行。

丝绸之路西端，英国人做生意成本极高；莫斯科市场最初充满希望，但随着伊凡四世在 1584 年 3 月去世，一切都成了未知数。

哈克卢特为英国的慢性病开了一剂良药，且与史密斯时代的方案不同，当时，商人们寄希望于找到中国。哈克卢特表示，现在他们应该将目光放在美洲。那里拥有旧世界的一切商品，包括水果、葡萄酒、鲜花、鱼类、金属、皮毛、原油、檫树、香料和药品，还有制造家具、武器和船只用的木料。在美洲殖民地定居需要大量能工巧匠：造船师、农民、猎人、石匠、渔民和商人。家庭手工业，如生产羊毛编织品，则需要妇女、儿童、老人和残疾人打理。一个领域的持续繁荣将有利于国家财富的积累。

美洲殖民不仅能让英国直接获益，同时还可削弱西班牙的统治势力。在美洲，英国人可以找到良好的避风港，他们的船只可以在那里打劫西班牙的运宝船。鉴于美洲印第安人"极为憎恨西班牙人"，他们定会与英国人站在一起反抗伊比利亚的统治者。英国人可以从矿产方面获取丰厚利润，当他们的财富超越西班牙时，就会让菲利普国王"沦为全世界的笑柄"。

因此，美洲殖民是解决英国商业、社会和政治等众多问题的途径。而且此事刻不容缓。与弗罗比舍、迪伊和吉尔伯特一样，哈克卢特催促伊丽莎白早下决心，以免英国"错失时机"。其他国家也正在觊觎美洲，拖延意味着英国正败给"敌人和居心叵测的朋友"。

9 月 15 日，哈克卢特写好《西部殖民论》之际，菲利普·阿马达斯与阿瑟·巴洛维也完成了美洲勘测返回英国。他们带回的消息令人振奋，在新世界他们发现了土地并宣示主权为英国所有，那里"没有任何基督君主及其子民居住"。与弗罗比舍此前做法一致，他们带回两个大活人来证明他们的发现。这两位印第安人名叫曼蒂奥（Manteo）和旺奇斯（Wanchese），能佐证美洲拥有"与众不同的大量商品"。不过与弗罗比舍武力绑架来的因纽特人不同，这两位美洲土著似乎没有受到胁迫。两人被带到伊丽莎白面前，大臣们惊奇地目不转睛盯着他们。一位正在英国观光的德国贵族描述称，印第安人"面容和身材像是白种摩尔人"，虽然"他们习惯穿着野生动物皮制成的粗糙披风，不穿上衣，私处部位前挡着一张动物皮"，但在觐见女王时却"穿着棕色塔夫绸"。

巴洛维将 5 个月冒险之旅的记录呈递给雷利。两人耗费两个月时间穿越大西洋，沿着佛罗里达海岸航行，最终抵达外滩群岛（Outer Banks）。这座七零八落的群岛四周均是天然沙洲，他们在此发现一条隐秘河流的入口。他们登上沃科恩岛（Wococon），上面有"众多上好树木"和大量猎物，还有"世界最高、最红的杉树"。巴洛维称，岛上的"土地肥沃，就如同刚创世一般，轻轻松松就能得到丰富的资源"。他们以伊丽莎白女王之名宣布这座岛屿归英国所有。

几天后，他们遇到一群当地人，他们通过手语询问这里的名字，然后英国人写下"Wingandacoia"。其中一位印第安人登上他们的指挥舰，英国人"送给他一件衬衣、一顶帽子和一些其他物品，邀请他品尝葡萄酒、肉食，他非常高兴"。双方很快开始进行交易，英国人用五金工具和器皿交换印第安人的鹿皮和水牛皮。巴洛维写道，令人难以置信，他们用"20 张兽皮换我们一听鱼罐头，那些皮毛价值 20 克朗或 20 诺布"。（诺布，Noble，是一种高价值硬币，1 诺布约为 0.3 英镑。）他继续说道，同印第安人做生意的过程中"我们发现这群人非常温和、友爱、诚实，不会耍任何诡计和阴谋，就好像黄金时代的人"。

不久后，巴洛维和一伙人向北航行，来到名为罗阿诺克（Roanoke）的岛屿，就在现今的北卡罗来纳海岸附近。这里"土地肥沃""杉树参天""丛林茂密"，同时还有葡萄、亚麻和其他作物，看上去有作为殖民定居点的潜力。不仅如此，这座岛屿隐藏在内陆深处，远在过往西班牙船只观察范围之外，同时这里离大海很近，方便对西班牙运宝船发起突然袭击。

为利用这份鼓舞人心的勘测报告，雷利希望尽快采取行动，但同时他还想保护自己的专利特许权。雷利最近刚当选为德文郡议员，因此他决定寻求议会支持。1584 年 12 月，下议院宣读一项法案，以确认雷利在美洲殖民的专利特许状。这是议会审议的首个关于美洲的法案，其将接受议会委员会的监督，人员包括拥有丰富海外扩张经验的弗朗西斯·沃尔辛厄姆、克里斯托弗·哈顿、菲利普·西德尼、理查德·格伦维尔和弗朗西斯·德雷克。他们没有更改一字就集体通过了这项法案。不过法案最终没有呈送上议院，因为极有可能得不到上议院议员的支持，所以雷利的权利并没有写入议会法案。即便如此，这项法案仍得到了美洲殖民运动背后的英国统治精英的支持。

"征服"弗吉尼亚，预备开拓新市场

当雷利试图赢得伊丽莎白和议员的支持时，我们不知道女王是否看过哈克卢特呕心沥血完成的论著，他已着手筹备横跨大西洋航行的具体行动了。雷利在托马斯·哈里奥特的帮助下，派遣阿马达斯和巴洛维实现勘测航行。哈里奥特不仅担起项目经理角色，还负责辅导水手、管理账目、制作地图和指导航运等工作。

现在，雷利要求哈里奥特接手更复杂、更全面的任务。如果雷利的冒险活动取得成功，殖民定居者与当地人的交流沟通就成为首先必须解决的问题。因此，哈里奥特需要学习阿尔冈昆语，这是印第安人的母语，从美洲东海岸，即现在的南卡罗来纳到马萨诸塞的部落都说这种语言。与此同时，他负责教授曼蒂奥和旺奇斯英语，以便两人最终能作为翻译为殖民活动效力。

哈里奥特一丝不苟地研究曼蒂奥和旺奇斯所说语言的结构和含义，包括声带的发音、嘴型、舌头运动方式等，最终他创造了"通用字母表"，其由 36 个代表英语和阿尔冈昆语相同发音的符号构成。符号是奇怪的手写体，借鉴了宇宙学代数和数学符号。

哈里奥特与印第安人在富丽堂皇的达勒姆宫闭门研习时，雷利开始为航行和殖民募资筹款。威廉·桑德森（William Sanderson）为他出谋划策，桑德森是富裕的商人，是鱼商公会（Worshipful Company of Fishmongers）的重要成员，最近迎娶了雷利的侄女。支持雷利法案的议员是海外事业的狂热支持者，他们是最有可能出钱投资的群体。对他们来说，这不仅是反对西班牙的爱国精神体现，而且还能从中获得利益回报。

拿沃尔辛厄姆来说，身为国务大臣，他每年俸禄为 100 英镑。他通过其他有报酬的活动和投资积累资金。1574—1582 年间，他经手授权出口的绒面呢或粗绒布超过 20 万匹。事实上，他控制了英国上好半成品呢绒出口贸易量的半壁江山。他妻子的第一任丈夫亚历山大·卡里尔持有莫斯科公司股权，卡里尔死后，这些股权似乎也落到了他手中。到 1568 年，沃尔辛厄姆已成为莫斯科公司最杰出的成员之一，并担任"助理"或"总监"一职。此外，他还从德雷克的掠夺行动中获取利润。

不过，并非所有生意都大获成功。身为西班牙公司的总监，他却遭受巨额损失，这很大程度上源于他的政治主张，以及将皇室的利益放在自己之上。对弗罗比舍和吉尔伯特航行的投资结果也令人失望，不过沃尔辛厄姆坦然接受风险和回报并存的事实，并向雷利的殖民活动投资。正如乔治·佩卡姆在他献给弗朗西斯爵士的著作《真实报告》（True Report）中所言："不入虎穴，焉得虎子。"

随着雷利船队起航日子的一天天临近，女王也增加了对此次殖民冒险活动的投资。此前，女王已直接向雷利本人投资——授予他部分英国呢绒、葡萄酒和锡矿开采等行业的独家经营权，所获利润将用于资助他的美洲事业。现在，女王又借给他一艘皇家舰船"威虎号"，命令伦敦塔的军械总管安布罗斯·达德利提供价值 400 英镑的火药。当时，火药供应十分紧张，因此这是极有价值的物资。

伊丽莎白还通过象征意义的方式表达对雷利的支持。她授予雷利爵士爵位，准许他使用自己的名字，或者至少是"童贞女王"（Virgin Queen）的绰号宣示领土主权：弗吉尼亚（Virgin）。很快，沃尔特·雷利爵士以弗吉尼亚市长和总督身份示人。不过这引来许多朝臣的嫉妒，他们讥笑雷利是上蹿下跳的暴发户。他们其中一人对外称，雷利"是宫廷、伦敦、英国乃至全世界最令人讨厌之人"。

伊丽莎白赐给雷利指挥舰、火药、丰厚的投资，还封他为爵士。但女王不准备满足宠臣一件事：离开英国，带领船队出海冒险。在他哥哥汉弗莱爵士的事情上，女王曾改变想法，准许那位刚愎自用的冒险家前往纽芬兰，最终致使他葬身海底。但在雷利身上，女王不准备这样做。她不敢想象没有雷利的日子，不愿冒失去他的风险，因为她已经失去吉尔伯特了。

雷利默默接受了女王的意见。他能有其他选择吗？他请理查德·格伦维尔代替他出任船队总指挥。格伦维尔是位头脑敏捷的殖民主义者，而且是他的亲戚。格伦维尔在爱尔兰积累了丰富经验，他对新世界了如指掌，不过大多通过书本介绍。身为议员，格伦维尔一直大力支持雷利，争取议会批准他的专利特许状。格伦维尔家族与英格兰军界渊源深厚，16世纪30年代至40年代，他的祖父曾任加来保安官，负责加来的防御工作。他父亲是亨利八世的头牌战舰"玛丽·罗斯号"的船长，不过这艘战舰却成了当时的"泰坦尼克号"，离开朴次茅斯港迎战法国军舰时，在亨利八世眼前悲壮地沉没。16世纪70年代初，格伦维尔参与汉弗莱·吉尔伯特众多未能实现的计划之一，即在麦哲伦海峡外的南方大陆建立殖民地。因此，当雷利请他领导罗阿诺克冒险活动时，格伦维尔欣然接受了。

4月9日，格伦维尔船队在指挥舰"威虎号"的引领下从普利茅斯起航出海。4艘舰载着600人，包括300名士兵和300名能工巧匠，他们具备在陌生的弗吉尼亚建立定居点的必备技能。大理查德·哈克卢特建议应派"一位妙手画家"前往美洲，通过视觉记录这片新大陆，因此，一位绅士艺术家约翰·怀特（John White）随船出征。西班牙人用画记录"他们所有的发现"，这点人尽皆知，怀特表示，他能为"各类飞鸟、走兽、鱼类和城镇"及新世界其他特色事物提供绘画。早在 10 年前，这位水彩画家因描绘弗罗比舍航行的场景而广为人知，其中一幅画记录了弗罗比舍的手下与因纽特弓箭手的武力冲突，还有一幅母亲和孩子的特写，孩子骑在母亲脖子上，从连衣帽中向外看世界。因此，雷利选中他前往美洲。

托马斯·哈里奥特也在出行大军中，他的任务是撰写美洲殖民发展的商业潜力报告。同时，他辅导的（同时也向这两人学习）曼蒂奥和旺奇斯这两位印第安人陪伴左右。在阿尔冈昆语方面，哈里奥特取得了长足进展。令雷利高兴的是，他甚至了解到他们希望定居地方的印第安名称为 Wingdancon 或 Wingandacoia，实际的意思是"你的衣服真漂亮"。

也许这是个好兆头，毕竟美洲原住民首先注意到的是航海者身上穿着的上好呢绒，这正是英国商人希望在美洲开拓的新市场领域。

狂风暴雨后，船队成功穿过大西洋，不过当他们接近罗阿诺克时却遇到巨大挫折。"威虎号"穿越浅滩时不幸搁浅。领航员西芒·费尔南德斯竭尽全力花了两个小时才救下这艘船。船员们疯狂向海里抛船上的货物来减轻负重。其中一位殖民者日后在写给沃尔辛厄姆的信中回忆道："我们都处在可能被抛弃的极度危险中。"抛卸重物的方法起了作用，他们最终将这艘庞然大物拖回了大海，但同时付出沉重代价：相当大一部分食品给养被海水泡坏。这意味着没有足够食物和其他物资供所有定居者建立殖民地。因此，大部分船员被送回英国，只留下 107 人继续完成任务。格伦维尔在此停留两个多月时间帮助军人出身的总督拉尔夫·莱恩（Ralph Lane）。

众人建造居所之际，约翰·怀特和托马斯·哈里奥特开始与殖民地的开拓者组成考察团，横跨帕姆利科湾（Pamlico Sound）前往大陆探索。进入内陆不久后，他们来到波美奥克（Pomeiooc）原住民部落，怀特开始绘制这里的景象。他采用了在当时绅士艺术家中流行的水彩"肖像绘"技巧，当时称为"一种淡雅的绘画"。通常，他先用铅笔在纸上画草图，然后在贻贝壳中混合经过药剂师调配制成的稀有颜料，再用上好松鼠毛制成的宽画笔为背景着色，接着用尖画笔过渡并加深所画场景的颜色。为增强效果，他将金子磨成粉末，加入蜂蜜调制，突出加亮色彩，不过他用这种粉末十分节俭。

在波美奥克，怀特发现了保存完好的村庄，里边有 18 座建筑物，按环形排列，中间是公用的篝火。村庄由 3 米左右高的篱笆墙包围，篱笆墙用树枝编织而成，下面深扎进土地，上面则是尖形，显然，此种设计意在防范外来者的攻击。在更远的内陆，格伦维尔又遇到另一个村庄塞克坦（Secotan），一条宽阔的大道穿过村子中心，村子周围是玉米地，其中一块地里的玉米已是金黄一片，可以收获了，另一块还郁郁葱葱，第三块田地的玉米苗"刚刚破土而出"。

除去风景外，怀特还绘制了数张肖像画，其中包括一幅当地首领维吉纳（Wingina）的画像，在阿尔冈昆语中，他被称为"Werowance"，意思是"拥有财富之人"。这位首领看上去亲切和蔼，灰白的头发打着结并戴着羽毛饰物。他腰上围着一块镶着花边的布，脖子上有一串项链，同时还挂着一个巨大方铜板以显示尊贵身份。另外的水彩画则描述了一对母女，其中小女孩拿着殖民者送给她的伊丽莎白时代的洋娃娃；一位巫医被认为是"飞人"，他正展示空中悬停；一男一女蹲着分享像是爆米花一样的玉米，食物整齐地摆放在木质盘子中。此外，怀特还绘制了家庭聚会、宗教庆典、葬礼仪式以及捕鱼耕种等场景。

怀特的画作算不上艺术作品，尽管现在它们已经变成了艺术品。这些画作实际上是视觉营销手段，旨在刺激潜在投资人和殖民者的兴趣。他们希望画作能消除英国殖民者的疑虑以及对在美洲谋生的恐惧。怀特不遗余力地将印第安文化描绘成友好、迷人甚至熟悉的样子。甚至一些印第安人展现了欧洲流行服饰书籍中的常见姿势，如部落首领手背叉腰，看上去极像一位绅士在等候他的马车；部落首领的一位妻子左脚勾住右脚，手掌放在肩上来挡住胸部，她似乎是个害羞的少女。总而言之，怀特呈现了弗吉尼亚一幅田园诗般的悠然画面。这里的人们吃得饱而且性情温和，看起来似乎非常欢迎英国定居者融入他们的社区，会为他们提供家常便饭，支持他们同西班牙帝国作斗争。

在怀特忙于绘制精美的水彩画时，托马斯·哈里奥特则埋头准备新殖民地的商业前景报告。他四处搜寻"适销产品"，发现了很多品类：草丝、檫树、鹿皮、水獭皮、铁矿石、铜、银、珍珠、草药以及纺织行业需要的染料。此外，他还找到能维持殖民者长久生活的日常主食，如玉米、豆子、南瓜，以及各类野生动物：兔子、松鼠、狗熊、"凶残的大狗"和"狮子"，这些猛兽应该是黑豹、美洲狮和美洲豹等。

接着，哈里奥特着手阿尔冈昆人的民族学研究。他们是能与雷利、投资者和英国人做生意的对象吗？答案言简意赅：能！"对我们殖民和定居带来的问题上，他们并没有什么可怕，"他写道，"事实上在一起居住，他们对我们又爱又怕。"他们穿着简单，可以说衣不蔽体，上身裹着"宽松披风"，下身围着短裙或"围裙"，都是由鹿皮制成。他们住在散落的小村中，通常一个村落有 10 户人家，不过哈里奥特也见过 30 户规模的村子。最有权力的部落首领控制不超过 18 个村庄，可召集大概 800 名勇士作战。尽管他们生活朴素，但哈里奥特指出，"他们也有卓越的智慧"，他相信印第安人能成为非常好的邻居和贸易伙伴。

格伦维尔于 1585 年 8 月离开罗阿诺克，他承诺来年复活节时带着新给养返回这里。他于 10 月中旬回到英国，向雷利呈递各种物品以及怀特的作品集，其向英国人首次展示了美洲的景象。他们此前读过弗罗比舍航行的详细信息，看过从梅塔因科格尼塔半岛和弗吉尼亚带回的因纽特人和印第安人，但他们都未曾亲眼见过那里的景象。通过怀特的水彩画，能让他们以最形象的方式观察美洲。

不过事情很快就变得明朗，罗阿诺克殖民地并非像怀特描绘的那般田园诗意。格伦维尔随身带回拉尔夫·莱恩写给沃尔辛厄姆和菲利普·西德尼的信函。他们对罗阿诺克提出了截然不同的观点：机遇和挑战。

在给沃尔辛厄姆的信中，莱恩称"女王陛下的新领土""幅员辽阔"、拥有"天然防御工事"和"众多稀有或独特物品"。他信誓旦旦地表示，他和手下宁愿"豁出自己的性命"也不会放弃占领这片"尊贵的土地"。他还对雷利和他"最有价值的努力"表达了赞许之情，称正是雷利让"征服"弗吉尼亚成为现实。但在写给菲利普·西德尼的信中，莱恩却吐槽船员们"无法无天"，并暗示殖民地已陷入困境。随后他断定，只有英国发现"上好矿山"或"通往南海的航道"，否则他们没有在这里成功定居的希望。黄金和中国的诱惑在英格兰殖民者的脑海中根深蒂固。

在这期间，菲利普·阿马达斯干了一件无法无天的事情，这位 21 岁的鲁莽青年一年前与巴洛维联合组织勘测任务。他怀疑当地人偷了一只银杯，于是便将整个印第安村庄夷为平地。随之那位在怀特画作中英气十足的当地首领开始对英国殖民者失去耐心，特别是当殖民者对食物的需求量暴增后。

殖民者设法在美洲度过严冬，但情况变得令人绝望。随着给养不断减少，他们与印第安人发生了冲突，造成首领维吉纳在内的整个印第安村子居民死亡，印第安人与英国人的关系降至冰点。英国运来的新给养是他们活下去的唯一来源。1586 年 6 月的一天，他们看到一支舰队出现在地平线上。这既不是他们担心的西班牙人，也不是格伦维尔的运输船，而是弗朗西斯·德雷克爵士带领着舰队浩浩荡荡而来。

英国与西班牙不宣而战

莱恩和殖民者们在新世界忙于为生存而战斗之际，英国和西班牙两国正爆发首次冲突，而且是不宣而战。德雷克站在英国军事行动的最前沿阵地。

1585年9月，他指挥一支规模庞大的舰队——25艘战舰（两艘由女王提供）、9艘舰载艇和2 300位船员，前往新世界攻打西班牙人的领地。事实上这是一场恐怖行动，在德雷克、马丁·弗罗比舍和克里斯托弗·卡里尔等人的带领下，英国人从伊斯帕尼奥拉岛的圣多明戈（Santo Domingo）到卡塔赫纳再到古巴，一路对西班牙殖民地烧杀抢掠。

德雷克继而挥师北上，1586年5月，他们抵达西班牙位于佛罗里达的前沿哨所圣奥古斯丁（St. Augustine）。英国人认为，这里的堡垒意义在于"阻止其他国家在海岸地区建立殖民地"。因此德雷克将这里洗劫一空，把军事堡垒夷为平地，拿走所有或许对罗阿诺克定居者有用的装备，然后他出发寻找同胞们。

当德雷克抵达罗阿诺克时，发现殖民地规模比预想的小很多，而且人们生活得相当艰苦。他将"弗朗西斯号"小船、部分人手以及充足给养分给莱恩，能让殖民者安然等到格伦维尔返航。不过一场飓风席卷了海岸，将德雷克舰队吹得七零八落，"弗朗西斯号"也消失在地平线，随它一起陨落的还有殖民者继续留在弗吉尼亚的希望。最终，全体人员放弃罗阿诺克，登上德雷克的船队返回家乡。

他们走后没几天，雷利组织的一艘小型补给船抵达罗阿诺克。船员登岸后没发现英国人生活的迹象，便调转船头返回英国。不久之后，格伦维尔带领大规模救援队赶来。当他发现定居点已被抛弃后，做出了一项令人费解的决定。他既没命令三四百船员登岸，也没让他们全体回国，而是留下一支15人小分队和两年给养，要求他们驻守这座小岛，沃尔特·雷利希望有朝一日能在远离英国6 400多千米的地方建立帝国。

第 13 章

为美洲梦倾其所有，却一无所获

雷利在弗吉尼亚待了一年后，这群满身泥泞的殖民者终于在 1586 年 7 月末返回英国，但他们发现因与西班牙不宣而战，英国此时正处在高度紧张的形势下。弗朗西斯·德雷克爵士扫荡西班牙殖民地的行为在伊比利亚半岛引起众怒。门多萨评价德雷克的行径是"罪恶滔天的抢劫"。门多萨如今待在巴黎，他因密谋颠覆伊丽莎白的政权而被驱逐出境。

不过这个"恶魔"并非唯一一位攻击西班牙人的英国船长。伊丽莎白颁发了数百个私掠特许状作为报复行动，准许急功贪利的商人动用自己的私人船只攻打西班牙商船，抢夺船上物资，以作为他们的船只或商品毁于西班牙和葡萄牙人之手的补偿。这些武装私掠船，当时自称"志愿船"，常常越过规定的范围，不断在西班牙海岸或跨过大西洋像发动战争一般反复骚扰对方。

艰难应对与西班牙的战争

伊丽莎白放任这支与众不同的海军之后不久，菲利普便宣布禁止任何非从西班牙塞维利亚港出发的船只驶向西印度群岛。这条禁令实际上无法执行，海上武装私掠活动日渐猖獗，门多萨也无法预先获得情报。11月，他向菲利普递交一份详细报告，解释收集英国方面动态的情报工作十分困难。他曾尝试"收买"或贿赂"各国商人"向他提供消息，但他们非常小心谨慎。他的间谍均未能潜入英国港口，因为"任何陌生人甚至一只苍蝇"的出现都会引起英国人的注意。门多萨夸张地说，任何外国人刚踏上英国国土，"刽子手的绳索就套过来了"。

随着两国战火越烧越旺，沃尔特·雷利成了英国最忙碌的人士之一，他几乎没有时间思考殖民地失败的原因。拉尔夫·莱恩和殖民者们扬帆出海那一年，雷利将三个权力极大的职位收入囊中：康沃尔郡治安官、西区海军中将、矿区监管大臣（负责康沃尔郡的锡矿）。前两个职位将雷利推上西南各郡的防卫负责人岗位。实际上，他是伊丽莎白在这些地区的私人特使，当出现敌人入侵的情况时负责调集士兵和船员。康沃尔郡是英国极为脆弱的地区，这里实际上是割裂之地，当地一部分人仍使用凯尔特语。此外，康沃尔郡沼泽地众多，迷雾重重，而且有上百个走私者藏身的小海湾，为西班牙入侵军队提供了庇护所。雷利的官职不仅使他扛起重担，还为他带来发财的新机遇。作为海军中将和治安官，雷利能从英国水手的武装私掠活动中获得私利；而身为锡矿负责人，他可以在英国最值钱的产业中分一杯羹。

在履行这些职责的同时，雷利抓住机会做了一件他挚爱的同母异父的哥哥汉弗莱·吉尔伯特曾努力想做却未成功的事情：建立爱尔兰殖民地。罗阿诺克殖民者返乡前几个月，爱尔兰副总督约翰·佩罗特（John Perrot）致信威廉·塞西尔和其他枢密院大臣，警告称"要做好充分准备……西班牙国王要攻打爱尔兰"。在他看来，西班牙侵略军"很可能进攻芒斯特"以及其他城镇，"事实上这里防卫也确实非常薄弱"。

为防止芒斯特落入西班牙人手中，枢密院在塞西尔和沃尔辛厄姆的带领下制定了一项吸引潜在殖民者的计划，特别是"年轻一代英国绅士"，他们在本土无法继承祖辈房产，但可能在芒斯特建立的永久性地产中受益。就像吉尔伯特时代一样，枢密院的观念是，在爱尔兰的忠诚的英国殖民者不大可能加入西班牙侵略军，而心怀敌意的当地人却并非如此，这些当地人盼望"摆脱英国的统治"。1586 年 6 月，罗阿诺克殖民者准备放弃弗吉尼亚之际，雷利拿到专利特许状，将科克郡和韦克斯福德郡收为己有。特许状规定，授予投资人的领地不得超过 1 个土地单元，约为 48 平方千米。但雷利一直是个例外，1587 年 2 月，他宣布占有 170 平方千米领地。

这些事情耗去雷利大半精力，令他对罗阿诺克的支持不断减弱。返乡的殖民者指控他们管理不当、过度宣传、未能达到预期。一些绅士殖民者抱怨那里的生活远比预期艰难，此外，他们还要接受拉尔夫·莱恩严苛的军事管理。另外一些希望在美洲挣下一份家业的人则表示，他们已为这项事业倾家荡产。例如披肩商人托马斯·哈维（Thomas Harvey），他得到官方授权前往殖民地做买卖，但他最终却"陷入赤贫并且无力偿还债务"。他不但投入"相当大一部分家产"，同时还借了外债用于采购商品。哈维有礼貌地表示，此次航行没有实现"预想中的繁荣"。

这种不满动摇了雷利在宫廷的地位，宫廷里不乏幸灾乐祸之人，他们巴不得他走霉运。但他信任的盟友们保证，弗吉尼亚仍是充满机遇之地，建议他不要理会那些不满和抱怨。托马斯·哈里奥特便是其中一员，他对绅士们的指控嗤之以鼻。正如他日后写道，部分殖民者不外乎是投机的淘金狂，他们"只关心自己的生活，其他一概不管"。他们一直过着安稳、舒适的生活，"在城镇中长大，在此之前从未见过外面的世界"。在美洲，他们既看不到城市，也找不到像样的居所，更没有"习以为常的美味食物或者羽绒、羽毛制成的软床"。

拉尔夫·莱恩坦言这次殖民遇到了许多困难，但他认为造成这种局面的重要原因是地点选择存在问题：罗阿诺克是座小岛，建设殖民地的空间有限，同时没有深水港，导致无法停靠大型船只。他相信现为切萨皮克湾（Chesapeake Bay）的北部地区更适合建立殖民地和港口，他还认定，那里的内陆有铜或黄金，而且大西洋就在不远处。

考虑到这些负面消息，雷利很可能放弃弗吉尼亚项目，但海外事业最强有力的拥护者提醒他不应如此。1587 年 2 月，理查德·哈克卢特的最新出版物摆上圣保罗教堂的书店货架。该书是彼得·马特（Peter Martyr）的经典著作《新世界简史》的再版，30 年前，商人冒险家协会筹备第二次远航莫斯科时理查德·伊登将此书翻译为英文。

哈克卢特在献词中写下最有说服力的内容，他慷慨激昂地请求雷利继续完成这项辉煌的事业："对我们来说中国宫廷和未知海峡仍在世界某处，"哈克卢特强调说，"把那些世界创始之初就已关闭的大门抛开不谈，这里还有新世界广阔的领域和未知的民族等着你们。"哈克卢特坚信这些土地等待"被迅速地去发现、去征服"。雷利能实现这点，因为他背后有伊丽莎白的支持。哈克卢特赞美伊丽莎白是"海洋女王，就连西班牙人都承认这一称谓"。

哈克卢特敢于说出自己的想法，他提醒雷利：已做出承诺，就应该继续下去。实际上，雷利在与哈克卢特往来的书信中发誓称，"没有任何危险、个人损失或遇难"能让他"放弃弗吉尼亚的甜蜜怀抱"，那里是"最美的仙女"。这种诗歌般的修辞不是哈克卢特的作风，他对这项事业充满激情，同时他还怀有巨大担忧，害怕美洲殖民计划最终被抛弃。

对于反对者，哈克卢特鼓励雷利解雇那些心怀不满的殖民者："让他们去他们该去的地方，那些愚蠢的懒人只关心自己吃喝玩乐。"

哈克卢特的呼吁并没有被置若罔闻。事实上他的书出版时，雷利已达成新协议，组建在新世界开疆拓土的新公司，同时任命了弗吉尼亚雷利城总督和助理。但如果这表明雷利不缺乏承诺的话，那么对总督的选择却凸显他缺少判断力。

雷利任命曾前往罗阿诺克的水彩画家约翰·怀特担任第二次殖民活动的负责人。怀特比雷利稍长几岁，他没有任何从军、航海和领导的经验。或许雷利的选择表明他此时多么心烦意乱，抑或这是他唯一可行的办法：英国正准备与西班牙开战，而且武装私掠活动获利颇丰，很少有人愿意接受前景不明的殖民地建设任务。也还可能是因为失望恼火的殖民者的描述让潜在冒险家相信留守本土是更好选择。值得注意的是，新殖民者没有一位是来自名门望族的年轻子弟。

此次殖民活动与此前有很大不同，有 150 人报名参加雷利的冒险行动，其中大部分为艺术家，一小部分是地主，中产阶层商人则寥寥无几，同时还有 17 位妇女和 9 位儿童也将登船出海，这是史上首次有妇女儿童参加的殖民活动。雷利城将成为真真切切的社区而非防御要塞。与第一次前往弗吉尼亚的绅士们相同，他们都怀揣着发财的梦想。不论他们此次投入多少资金，每位殖民者都将分得两平方千米土地。虽然与汉弗莱·吉尔伯特动辄分配给同伴上万平方千米的土地相比，两平方千米简直小巫见大巫，但在英国确实是相当可观的一块土地。新公司中怀特的 12 位"助理"还被授予额外激励：盾徽。对于有资格佩戴盾徽的人和家庭而言，这是身份和地位的象征。通过前往新世界，这 12 人能提升自己的社会等级。

1587 年 4 月底，船队从朴次茅斯起航，船队由 3 艘船组成，其一为"雄狮号"，另两艘则是舰载艇和吃水很浅的小型平底快艇。两位印第安人随船远航，其中一位是曼蒂奥，他去年同德雷克一起返回英国。船队顶风航行两周才抵达康沃尔郡南部的利泽德半岛，而后开始横跨大西洋的艰难旅程。天气十分恶劣，情况越来越糟，此时怀特与首席领航员西芒·费尔南德斯的关系也出现裂痕。这位亚速尔群岛的领航员 8 年前曾参与汉弗莱·吉尔伯特夭折的航行。这次当他们穿越大西洋时船队走散，7 月末，船队在罗阿诺克南部海岸重新集结。怀特准备登陆罗阿诺克，他希望接上格伦维尔留下的 15 位殖民者然后前往切萨皮克湾。拉尔夫·莱恩此前认定这里更适合建立殖民地。但费尔南德斯反对这项计划，拒绝前往罗阿诺克以外的地方。怀特对他的傲慢毫无办法，只好做出让步，温顺地接受了下属的反对意见。

他们在罗阿诺克找到了被遗弃的房子，但未看到殖民者的踪影，"也没有他们曾在这里生活的痕迹，只看到一些人的尸骨，而且已被杀害很久"。英国人从克洛坦（Croatoan）岛上的印第安人那里了解到，格伦维尔留下的 15 人曾遭到印第安人的攻击，双方爆发武装冲突，他们大部分乘船逃走，自此再也没有出现。

在罗阿诺克停留 1 个月后，费尔南德斯准备返回英国。但因在安排哪些殖民者随他返乡筹备给养上发生冲突，他在此又耽搁了 1 周时间。大部分殖民者希望怀特能登船回家，他们认为只有他能影响雷利，但怀特本人则希望留在美洲。身为总督，他深感要为殖民者负责，如果他现在回国会导致"名誉受损"，而且他也不想同刚出生的外孙女弗吉尼亚·戴尔（Virginia Dare）分开。孩子母亲是埃莉诺拉·怀特（Elenora White），父亲是阿纳尼亚斯·戴尔（Ananias Dare），她是首个在北美土地上出生的英国孩子。此外，怀特担心他离开后，他的"东西和货物"会遭遇不测。不过最后众人说服了他，而且在英国只有他能代表他们的利益。为消除他的疑虑，众人向他保证会照看好他的财产，但凡有任何损毁，他们都会赔偿。

怀特最终没抵过"他们迫切的恳求"，8 月底，他起航返乡。经历横渡大西洋的狂风暴雨后，怀特于 11 月初抵达英国。他很快与雷利见面，恳请雷利临时向罗阿诺克补充给养，他请求一艘舰载船迅速前往美洲。紧接着，格伦维尔再次领导规模更大的探险队向美洲进发。

不幸的是，英格兰与西班牙的关系正迅速恶化，虽然此时补给船准备工作已就绪，但是却不能正常启航。弗朗西斯·德雷克再次站在战争旋涡的中心。伊丽莎白去年签署死刑令，将参与密谋刺杀自己的苏格兰女王玛丽赐死。处决玛丽后，她获悉菲利普正准备入侵英格兰，德雷克受命对西班牙发起突然袭击。哈克卢特指出："女王陛下得到消息，西班牙正准备从海路攻打英格兰，严谨慎重的枢密院大臣建议应急之策是提早动手。"

途中，德雷克从一艘过往的船只处了解到西班牙在南部海岸的加的斯（Cadiz）港备好"大量战略物资"。加的斯距离直布罗陀海峡不远。德雷克"竭力全速前进"，两个晚上摧毁了100艘战船，包括归属西班牙海军上将的"一艘重达1 200吨的新建巨无霸战舰"。

德雷克将他的突袭称为"烧西班牙国王的胡子"。菲利普迅速回击，他命令海军上将圣克鲁斯·德·穆德拉（Santa Cruz de Mudela）侯爵一世阿尔瓦罗·巴赞（Álvaro de Bazán），在里斯本组建无敌舰队，然后进攻英国。不过任务并不轻松：德雷克已摧毁众多舰船，其他船只则散落停靠在不同港口，巴赞短期内无法集结这些舰船。1587年底，菲利普再次下令，但仍旧无济于事，无敌舰队仍未做好准备。由于筹备工作拖延太久，西班牙人几近绝望，而且这成了"欧洲公开的秘密"。

面对迫在眉睫的入侵，伊丽莎白封停了英国港口的船运工作，甚至连雷利为罗阿诺克殖民者运送补给的舰载船都未能幸免。1588年4月初，怀特返回5个月后，理查德·格伦维尔爵士终于如愿获得批准筹备航行任务，不过所用船只须是不参与英国防卫工作的。怀特最终于4月末出发，他带领7男4女等未来的殖民者以及两艘满载给养的小船驶向美洲。

他们满怀期望上路，但很快就被泼了冷水，格伦维尔任命的船长的心思根本没有放在穿越大西洋运送殖民者到美洲上而是专注于发财上。怀特再次表现出作为领导者的软弱，他无法维护自己的权威。由于两艘船陷入困境，船员们开始自相残杀。怀特披露称，他自己"脑袋受了两次伤，一次是剑伤，另一次是长矛所伤，而且还被枪打中了屁股"。两艘受损的船只艰难地返回英国，距他们出海仅仅过了 4 周而已。

西班牙舰队遭到重创

伊丽莎白和英国多年来惧怕的事情终于到来：无敌舰队的入侵。10 年来，菲利普一直着手组建一支强大的海军。如今，他坐在马德里西北约 70 千米的富丽堂皇的埃斯科里亚尔王宫（El Escorial）中发号施令，命军队攻打英国。5 月，130 艘战舰、1.9 万名士兵、8 000 名水手离开里斯本，浩浩荡荡前往比斯开湾。

英国早有准备，而且倾其所有。英国海军可以说鱼龙混杂，既有 34 艘皇家战船，又有商人和朝臣贡献的 160 艘武装私掠船，他们希望能在缴获西班牙战利品的同时，报效女王和国家。一些英国海外扩张的先驱担任舰船指挥，如为伊丽莎白献礼的"皇家方舟号"指挥舰由雷利负责；"复仇号"由德雷克统帅；马丁·弗罗比舍掌舵英国舰队中规模最大的战船"胜利号"。

7 月 20 日双方战斗打响，接下来的 9 天时间里，英国船只不断骚扰、掠夺西班牙舰队。无敌舰队最终抵达加来，西班牙人停港靠岸，等待低地国家派遣的 1.7 万名精兵强将组成的援军。但一夜之间，英国派出的军舰就将西班牙舰队冲得七零八落。混乱中，西班牙船只砍断船锚慌忙穿过英吉利海峡。7 月 29 日，在加来东部的小港口格拉沃利讷（Gravelines），西班牙调转船头向英国人发起进攻，但不及英国舰艇灵活，最终吞下失败的苦果。英国境内的教堂钟声长鸣，祝贺战胜西班牙的无敌舰队。

格拉沃利讷海战后，菲利普的舰队向北逃亡，英国人则在后追杀，并一路将他们赶到福斯湾（Firth of Forth）。福斯湾是个宽阔的河口，可直达苏格兰首府爱丁堡。西班牙人打算绕过奥尼克和设得兰群岛，沿爱尔兰西海岸向南航行，以此躲避英国暴虐的海上力量。很久之前，弗罗比舍前往梅塔因科格尼塔半岛时曾在设得兰群岛休息整顿。当西班牙舰队抵达大西洋时却被狂风恶浪吹散，英国传道者将这场巨大风暴称为"新教之风"。

接下来的 3 个月里，西班牙舰队遭到重创，许多船员幸运地爬上爱尔兰海岸但却被当地人残忍杀害。爱尔兰人一直信奉天主教，但失事船只上的财宝让他们欲罢不能。受命征服英国的西班牙人随船携带了大量珍贵的黄金白银饰品，以炫耀西班牙帝国的荣耀。其中一件饰品为蝾螈，是一种"长翅膀的蜥蜴"，由墨西哥黄金打造而成，上面还镶嵌着印度红宝石，这是西班牙帝国疆域辽阔的一个佐证。这件珠宝原本同众多西班牙名门贵族在"希罗娜号"上。这艘重 700 吨载有 1 300 人的大船因猛烈的暴风雨而在爱尔兰北部海岸的巨人堤〔Giants Causeway〕触礁，"蝾螈"沉入海底。

西班牙的悲剧有多惨痛，英国的胜利就有多振奋，伊丽莎白凭借这次海战得到了宣布大英帝国地位的时机。西班牙舰队要么葬身海底、要么丧气回家时，伊丽莎白忠诚的海军中将且在海战胜利中起到至关重要作用的弗朗西斯·德雷克，派人制作了一幅彰显她为世界女皇的肖像。画像中，女王坐在黄金御座之上，雍容华贵，她右手放在一个地球仪上，手指刚好覆盖美洲的东西海岸。御座旁边地球仪上方摆着一顶王冠，她身后两扇窗户则分别挂着值得纪念的海战场景画作。这幅肖像画现被称为《无敌舰队肖像》，德雷克希望传递的信息已路人皆知。女王打败了世界上最强大的帝国，她已成为新世界各个领地的统治者。约翰·迪伊的愿景似乎最终成为现实了。

除去肖像画作外，德雷克还委托著名宇宙学家杰拉德·墨卡托之孙迈克尔·墨卡托打造一枚银质纪念勋章。勋章正面刻有旧世界图案：欧洲、非洲、亚洲以及朝思暮想的中国；背面则是新世界中所有归属处于萌芽期帝国的重要地方：位于南方的伊丽莎白群岛，北美地区的新阿尔比恩以及最新殖民地弗吉尼亚。似乎是为表达志得意满之情，标志着西班牙大部分领土的"伊比利亚半岛"〔N.Hispania〕用很小的字体刻在勋章上。德雷克的环球航行路线则用虚线描出。凭借这枚勋章，伊丽莎白时代的普通英国人能将世界握在手中，同女王本人手握地球仪的做法一致。

最动人的航海故事集出版

绘制伊丽莎白肖像和打造银质勋章等艺术之举，悄然预示着一个全新、自信、刚毅的国家正注视着它的帝国。但理查德·哈克卢特却在他的著作中传达了新理念。这位传教士和美洲倡导者的书作名为《1500 年来英语国家海路、陆路前往地球最远端的重要航行、航海和发现》（以下简称《重要航行》）。它以古不列颠人前往圣地开头，贯穿古今，一直写到"最新一次广为人知的英国人环球航行之旅"。这是第二次由英国人领导的环球航行，负责人是托马斯·卡文迪什（Thomas Cavendish），航行于 1588 年 9 月宣告成功。

在弗朗西斯·沃尔辛厄姆的担保下，首版《重要航行》于 1589 年 9 月 1 日进行出版登记。沃尔辛厄姆是此书出版的主导者。毫无疑问，这是国家大事，哈克卢特在巴黎工作的时就开始筹备这本书，这是他继《美洲和附近岛屿的航海发现录》出版后又一代表著作。在巴黎，他不断听到和读到"其他国家赞扬他们奇迹般的海上发现和显耀的航海事业"，但在英国方面，他只听到了对"后知后觉的安防"的嘲笑声和对海外扩张"频繁疏漏"的谴责声。当哈克卢特意识到没有人为同胞"勤奋劳动和艰苦探索航行"摇旗呐喊时，他下定决心担起赞美歌颂他们取得的成就的重任。在当时，英国人已经开始全球探险和航行。

哈克卢特不想推出那种"拼凑"（总结他人作品）或"捆绑"而成的"令人厌烦的书卷"（他或许将合集式的《美洲和附近岛屿的航海发现录》归为这种类型）。因此自 16 世纪 70 年代起，他不断收集原始的第一手材料，包括拜访当事人、挑选搜集零散信息和采访相关的人士。他希望这些主人公为自己发言，并努力"一字一句"真实记录他们的言语。哈克卢特和托马斯·哈里奥特共同从德雷克在圣奥古斯丁俘虏的一名西班牙士兵处了解情况；与沃尔特·雷利和理查德·格伦维尔联合采访马丁·弗罗比舍；从伦敦前往诺福克拜访托马斯·巴茨（Thomas Butts）。巴茨是位富裕家庭出身的年轻人，曾因 16 世纪 30 年代的一次航海活动变得骨瘦如柴。此外，作为研究的一部分，哈克卢特收集或查阅了无数旅行家的材料，包括航海日志、个人日记和信函、官方报道、地图和航海图（船员手册）、绘画、协议、条例、记载和诗作等第一手资料。

这是一种由于对航海前辈的尊崇而心甘情愿的付出，哈克卢特将其称为"责任"，因为"这些航行资料散落在小商贩手中"。他都不知道自己如何能忍受得了那些手里持有这些原始资料人的"拖延、好奇和迟疑"，但他对自己的成果感到非常自豪。《重要航行》出版前，市面上的出版物只记载了 16 位英国人航海活动，哈克卢特将这一数字扩展至 64 位。这本书最动人的故事或许是被人忽略的德雷克环球航行，它的收录是哈克卢特发誓记录最新信息的决心和胆量。他依靠船员的点滴回忆重现德雷克环球航行的事迹。不过沃尔辛厄姆不希望他讲述德雷克的事，因为部分信息仍属机密，特别是对新阿尔比恩宣示主权的情况。为确保信息不会外泄，沃尔辛厄姆要求国家公文办公室负责人约翰·詹姆斯博士（Dr. John James）审查全书内容。身为审查专员，詹姆斯谨慎地删掉敏感材料。只是在这本书第一次印刷后，沃尔辛厄姆才宽宏大量允许把涉及德雷克的故事收录进去。哈克卢特将这段"著名航海活动"的故事精简到 1 万字，并将其放在未售卖的书中，页数不详。

在编排所有内容方面，哈克卢特发挥了同他收集信息时一样的创新精神。《重要航行》拥有文献书目的清晰结构，包括目录表、肩注和为每页内容提供有用解释的旁注以及索引。对于绅士读者和潜在投资者，这本书成了圣经和旅行文学的百科全书。

现在已不清楚《重要航行》出版、分销以及零售的具体数字，但这是一本创新性出版物。那个年代既无日报也无公共图书馆，信息只能通过海报、宣传册和讲坛布道传播。英语自身也是尚在发展中的语言，与拉丁语和希腊语相比它是边缘语言而且地位很低，但它正处于不断演变中。第二年，也就是 1590 年，威廉·莎士比亚的首部戏剧《亨利六世第二部》（Henry VI Part II）首次上演。

哈克卢特的故事集赋予了英国全新审视自我的角度，而不再是后知后觉、疏漏频繁的国家，是拥有许多英勇无畏的航海家的国度，在具前瞻思维的商人和朝臣的推动下，勇敢的人们能穿洋越海，前往新大陆探索发现。"在女王陛下统领的杰出、无与伦比的政府中，"哈克卢特在致沃尔辛厄姆的献词中写道，"臣民们通过特殊资助和上帝的赐福，探寻世界的每个角落，坦率地说，不止一次环绕地球大部分地域，还将其他国家和人们都甩在了身后。"

又一次殖民探索以失败告终

理查德·哈克卢特的《重要航行》不仅是为重拾信心的英国高唱的一曲赞歌，也是推广下一次穿越大西洋之旅的务实宣传材料。这也是哈克卢特作为投资者首次为自己的主张慷慨解囊。《重要航行》出版之际，他加入了一家为组织另一次冒险活动而成立的财团。这家财团由托马斯·斯迈思负责，旨在同罗阿诺克殖民地建立联系。时年 31 岁的斯迈思是安德鲁·贾德爵士的外孙及托马斯·"卡斯特摩尔"·斯迈思的次子。

财团同意向雷利并不成功的罗阿诺克项目投资，以此为"我们在弗吉尼亚的同伴打造居住地"。根据协议条款，雷利保留总督身份，但财团同现有殖民者成立联盟，由约翰·怀特负责领导。联盟成员身份非常有意思，包括雷利的商业经理威廉·桑德森；植物和草药专家约翰·杰拉德，他曾在威廉·塞西尔的伦敦居所管理花园；还有剑桥大学数学家托马斯·胡德（Thomas Hood），他是哈里奥特的完美替身（由于被派往爱尔兰打理雷利的产业，哈里奥特的岗位出现空缺）。

财团自始至终也未能实施前往罗阿诺克的航海行动，原因是 1590 年 2 月枢密院发布命令，再次禁止商船离开英国港口。但约翰·怀特没有打消出海的念头，他了解到一位名叫约翰·沃茨（John Watts）的呢绒商人想要赞助一次前往加勒比地区的武装私掠活动。怀特敦促雷利向伊丽莎白求情，授予沃茨特别通行权，将他和一众殖民者送到罗阿诺克。

计划如此安排，但事态发展却未能如怀特所愿。当他带领殖民者准备登船时，沃茨，也可能是船队中的一位船长，拒绝运送这些人员和物资。怀特不得不独自登船，"甚至连个孩子都不能带"。船队最终于3月出发，但令怀特意想不到的是，船队并未急速向美洲海岸驶去，而是参与了一系列武装私掠活动。

直到8月中旬怀特才抵达弗吉尼亚，他此前曾答应女儿尽快回来，但最终他耗费3年时间才重新踏上罗阿诺克的土地。当他眺望这座岛屿，看到一缕炊烟"在1587年我离开的殖民地定居点附近"袅袅升起，让他"满怀希望"，这里的同胞仍然在世而且盼望他的到来。

靠岸后，怀特走到殖民者的营地。他发现树干上刻着"奇怪的标记"，是"大写字母 CRO"。怀特写道，这是"秘密符号"，殖民者用它"标记可能找到他们的地点"。怀特欢欣鼓舞，因为这表明可能在附近的克洛坦岛找到他们，此岛也正是曼蒂奥的出生地。

怀特清楚地知道，殖民者是自愿转移的。依据他们此前的约定，如果遇到困境被迫迁移，他们会留下"十"字符号。怀特没有发现类似标记，当他看到"CROATOAN"完整的拼写字样后更坚信这点。尽管房舍遭到破坏而且被遗弃，但没有迹象表明这里发生过打斗，而且也没有尸骨、坟墓或者殖民者被残忍屠杀的痕迹。不过，偶然遇到装有自己物品的箱子"破损遗弃"后，怀特心中掠过一丝不悦。他的藏书"封皮开裂"，武器则是"锈迹斑斑"。他一直担心的事情终究还是发生了，他的"物品"皆毁。

怀特决定前往克洛坦岛，但经历一系列灾祸和恶劣天气后，他改变了想法，认为前往西印度群岛过冬后再返回弗吉尼亚更稳妥。不过这项计划也未能实现。怀特迫不得已只能返航英国。6个月令人沮丧的探险活动后，他于

10 月抵达家乡。虽然满怀憧憬地筹划，但他为与罗阿诺克的家人重聚的努力最终付诸东流。

这是怀特最后一次前往弗吉尼亚的旅程，他此后再也没能回到罗阿诺克，也再没有见到外孙女。多年后，住在雷利爱尔兰的庄园的怀特将满是悲痛的最后一次航海日志送给了哈克卢特。他写道，自己别无选择，只能"中断"努力，但他仍向上帝许愿，用他的家产"实现"遗愿。

与许多其他英国人相似，怀特为美洲梦倾其所有，却一无所获。

第 14 章

东印度公司成立，新的商业冒险力量出现

随着振兴罗阿诺克殖民地的希望化为泡影，英国前往新世界的冒险活动中断了相当长一段时间。直到 1598 年，也就是理查德·哈克卢特收到约翰·怀特那封满怀哀怨之情的信函 5 年后，年近 40 哈克卢特才重整旗鼓，再次点燃英国海外扩张的梦想。他将 10 年前首次出版的著作《重要航行》再编并扩充内容，从原有的 1 卷扩增至 3 卷。

哈克卢特认为这部巨制是必不可缺的，因为英国并未如愿以偿地实现他早在 1589 年预见的理想：征服殖民地，为呢绒开辟新市场，将圣经传播到美洲各个角落。他知道因为某些原因，英国已经从这项伟大事业上分心了。许多最早谋划海外事业的伟大商人，已将注意力放在获利颇丰的武装私掠上。与此同时，西班牙战争阻碍了海外贸易，抑制了本土对商品和服务的需求量，并且导致大批民众失业。此外，百年不遇的酷热于 1593 年袭击伦敦，加之黑死病卷土重来，令许多人命丧黄泉：仅仅一年内，伦

敦就有 10% 的人口因瘟疫和其他疾病死去。

但造成英国海外扩张戛然而止的毁灭性原因，是第一代探索新世界的先驱纷纷撒手人寰。1590 年 4 月，哈克卢特第一版《重要航行》出版后不久，弗朗西斯·沃尔辛厄姆在他伦敦的府邸、同时也是前莫斯科公司大楼与世长辞。这位纵横新世界的风云人物享年只有 58 岁。1591 年，托马斯·"卡斯特摩尔"·斯迈思、理查德·格伦维尔爵士和克里斯托弗·哈顿爵士先后离世。1594 年，与无敌舰队战斗期间受封的爵士马丁·弗罗比舍因在联合法国对抗西班牙的战争中腿部受伤而死亡。同时，这场战争也带走了弗朗西斯·德雷克，船员为他在巴拿马海岸举行了海葬。1598 年 8 月 4 日，被誉为旧秩序旗手的伯利勋爵威廉·塞西尔，在位于伦敦河岸街的塞西尔庄园中驾鹤西去。

塞西尔死后几周，一则标志着一个时代结束的消息传来：西班牙国王菲利普二世被病痛折磨数月后终于走完了人生之路。对于这位前姐夫、曾经的追求者、一生宿敌的离世，伊丽莎白并没有感到哀伤。他的离开让英西双方开始和平谈判、结束两国间旷日持久的战争成为可能。

新的竞争力量——荷兰崛起

对于哈克卢特来说，这似乎是新时代的开始，是推出内容扩充为三卷的《重要航行》的恰当时机。最后一卷于 1600 年与公众见面，三卷出版后也标志着哈克卢特取得了里程碑式的成就：一部长达 825 页、70 余万字的恢弘巨制，包含 110 份航海日志、采访记录和评论，内容涉及英国人的冒险、发现和殖民活动，还包括其他外国的故事。

哈克卢特的首卷献词向英西海战的中坚力量致敬，这位名为查尔斯·霍华德（Charles Howard）的海军上将指挥大军迎战无敌舰队。哈克卢特第二卷的献词选择了威廉·塞西尔之子罗伯特·塞西尔爵士。他这样做旨在彰显英国即将进入全新时代的信念。虽然罗伯特·塞西尔年仅 36 岁，但哈克卢特知道他拥有独一无二的影响力，是英国海外活动的推动者。随着他父亲的死去，外界私下议论英格兰将延续"塞西尔式统治"的问题，这是他权力惊人崛起的有力佐证。与伊丽莎白的其他宠臣不同，罗伯特·塞西尔外表平平：身材矮小、驼背，走起路来样子并不好看。据说这是因他小时候被一位粗心大意的保姆摔到地上所致，不过真实情况似乎是脊柱畸形所导致的。伊丽莎白开玩笑地称他为"我的小矮人"，但他拥有非凡的头脑，女王深知他作为管理人才和顾问的价值。他不仅聪明绝顶，而且做事认真到令人恐惧的程度。他在 28 岁时就担任枢密院大臣，如果说他的平步青云源自父亲的提携，那么他赢得女王的赏识则是靠自己的勤勉奉献。他精力充沛、干劲十足，身上具有英格兰那个时代家中次子的典型特征。他的哥哥托马斯·塞西尔继承了伯利勋爵爵位和林肯郡的庄园，罗伯特知道，他必须跟随父亲的脚步，通过政治才华谋求飞黄腾达。

16 世纪 80 年代初，哈克卢特与罗伯特·塞西尔在巴黎首次见面，这位未来的皇家顾问当时正在索邦大学深造。作为通才教育的一环，他还在父亲最爱的剑桥大学和格雷律师学院学习。在这里，英格兰驻法国大使同时也是哈克卢特的上司爱德华·斯塔福德爵士负责罗伯特的饮食起居。哈克卢特称，"认真地讲"，罗伯特对"印第安航海活动"了如指掌，从美洲到亚洲，他无所不知。在《重要航行》的献词中哈克卢特强调了罗伯特推动此书出版发挥的重要作用。无疑，这位年轻朝臣与他父亲一样，渴望成为领导第二代英国殖民地扩张的人士。

与之前相同，寻找新的呢绒市场仍是哈克卢特的重要关注内容之一。"因为我们热切盼望为国家的天然商品——粗纺毛织物找到需求充足的出口地。"哈克卢特争论道，"我有目的地翻阅和查找的所有材料中，我认为最适合的地方是日本群岛、中国北方地区。"这里的冬天"如同欧洲纺织业中心弗兰德（Flanders）那样寒冷"。

鉴于他在英国同亚洲建立贸易关系方面有着深刻研究，官方要求他针对"为什么英国商人可以进入东印度群岛开展贸易，特别是那些不受西班牙和葡萄牙管辖的富裕王国和领土"这一问题为枢密院提供建议。哈克卢特指出，尽管部分地区在《托德西利亚斯条约》的限定范围之内，但世界上大多数地方仍对英国商业发展敞开门户：特别是"强大而富有的中国"和"富饶及岛屿无数的马鲁科斯和香料群岛"。英国人对踏上中国土地的渴望并没有消退。

不过眼下情况十分复杂。菲利普国王的去世虽然带来了和平的可能性，但却为英国释放了一支新的分裂力量：荷兰人。16 世纪 80 年代中期，荷兰人转投伊丽莎白阵营，尊她为荷兰女王。尽管伊丽莎白派出军队帮助荷兰人，但同时也拒绝了他们的提议。现如今，荷兰虽仍在对西班牙进行漫长的独立战争，但他们看到了登上世界舞台的机遇。感觉到西班牙对他们作战的兴趣越来越低后，荷兰人首次扬帆起航，驶向香料群岛。在 16 世纪最后 5 年里，他们共派出约 40 艘船前往亚洲港口从事贸易活动，仅在 1598 年一年，他们就派遣了 22 艘商船。1599 年 7 月，其中一艘船满载数量惊人的香料返回欧洲时，英国商人却只能在一边观望。荷兰似乎正在取代威胁不断减弱的西班牙，而成为全球主要的商业强国。

两个月之后，60 位英国商人紧急碰面，商议直接前往香料群岛的办法。那里位于东印度群岛，是英国人垂涎已久的遥远市场。距弗朗西斯·德雷克爵士与摩鹿加群岛之一的特尔内特的当地统治者签定协议已过去 25 年之久，但并未成功建立商业往来。现在，后知后觉的英国商人期望将此前的成功转化为资本。不久之后，100 多位投资人筹集了 3 万英镑用于前往东印度群岛的冒险活动。尽管当时英国经济萎靡不振，但这却创下英国冒险的单次募资纪录，不仅彰显了人们对此次行动的乐观态度，还表明资本界对高风险投资的大力支持，其中大部分资金来自与西班牙大战时获取的收益。超过 25% 的资金来自那些靠武装私掠发家致富的商人。当时，武装私掠一年带来的利润高达 20 万英镑。

伦敦商人向伊丽莎白女王呈交了一份请愿书，寻求皇家对这次"为祖国的声誉、为推进大英王国的商业贸易"而发起的航海行动的支持。商人们在请愿书开头写道：英国"多位商人获悉荷兰人正筹备新航行……对促进本国贸易的热情不亚于荷兰人"。鉴于东印度群岛的贸易情况，"此去路途遥远，只能以合资、参股公司的形式从事商业活动，"因此伦敦商人请求"联合成立一家公司"。

但就在商人们筹谋建立新的海外贸易公司时，枢密院却不得不暂时搁置计划，因为英西两国的和平谈判已到敏感阶段，他们不愿做任何导致与西班牙决裂的事情。商人们同意将筹备工作推迟到明年。

1600 年 9 月 23 日，冒险家果然信守诺言，在英西两国中断了一年谈判没有达成和平协议之后，他们重聚一堂。大部分成员是像罗伯特·塞西尔一样的新生代冒险家，其中的明星人物是贾德－斯迈思家族的后裔：托马斯·斯迈思。10 年前，他领导理查德·哈克卢特参与的财团获得了弗吉尼亚雷利城的各项权利。约翰·怀特救援罗阿诺克殖民者的行动失败后，斯迈思用他自己的方式继续这项事业。他父亲托马斯·"卡斯特摩尔"·斯迈思死后，小斯迈思得到伦敦港税收协议的继承权。收益丰厚的协议为他的财富打下了坚实基础。此外他还加入了黎凡特公司，这家公司由威尼斯公司和他父亲一手打造的土耳其公司合并而成。

16 世纪 90 年代，斯迈思追随曾担任伦敦市长的祖父的步伐走向政商界的舞台。1597 年，他当选为下议院议员，代表英国北方商业城市艾尔斯伯里（Aylesbury）的利益，两年后，他又进入伦敦政治精英阶层，包括出任高级市政官及同业公会公司男装公会的负责人。随着新世纪的到来，他当选为莫斯科公司和黎凡特公司的董事，事业如日中天。不过另一项殊荣正向他走来。1600 年 10 月，东印度公司董事会成员齐聚创办人大厅（Founders Hall），股东们选举斯迈思担任首任公司董事。创办人大厅是罗斯柏瑞街上的"一座巍峨建筑"，与市政厅相隔不远。

即使拥有资本和商业两方面的秘诀，但商人们仍面临一个主要障碍：年迈的女王。他们需要女王签署专利特许状，赋予他们在远东地区从事商业活动的权利。1600 年 12 月 31 日，女王终于签完所有文件，托马斯·斯迈思领导的东印度公司正式成立。商人们得到"派遣合适数量的船只和舰载艇，运输商品前往东印度群岛"的航海权利。他们承诺将"自己投入人员、费用去冒险，为大英王国的荣誉而战，同时扩充航线以及发展英国商业贸易"。

获得正式批准后，斯迈思和董事们迅速筹备首航工作。他们聘请哈克卢特担任高级指挥官，出海寻找胡椒、丁香和其他诸多香料。1601 年 4 月 2 日，在著名的英国船长詹姆斯·兰卡斯特（James Lancaster）的带领下，满载500 位水手、20 个月给养的 5 艘商船起航驶向东印度群岛。

雷利在美洲坐拥巨大权力

1600 年，共有 213 人入股东印度公司。不过沃尔特·雷利爵士的缺席却格外引人注目。这非常奇怪，因为与其他投资人一样，雷利凭借在英国领土外的事业上大展拳脚而获得丰厚身家。1592 年，他与同伴们因劫掠葡萄牙运宝船"马德雷·德·迪奥斯号"（Madre de Dios）而获得巨额收益。这艘船载有珠宝、香料、白棉布、象牙、瓷器以及其他奢侈品，价值约为50 万英镑，这也是武装私掠史上最大的单笔抢劫数额。

但雷利也有失败的经历。16 世纪 90 年代中期，他前往南美洲寻找埃尔多拉多（El Dorado），据说这个神话中的黄金王国位于亚马孙丛林深处。不过雷利没有找到埃尔多拉多。或许因为这次失利以及武装私掠战事的逐渐平息，让雷利对东印度贸易视而不见而重燃对罗阿诺克殖民地的兴趣。根据专利特许状，他仍可以拥有弗吉尼亚总督的地位和权力。

特许状让雷利在新世界坐拥巨大权力。他有权持有、占有发现的土地，可依照自己的想法任意处置。此外，他还可以"驱逐、流放、拒绝"任何入侵他在美洲领地的组织和个人。换而言之，雷利不发话，特许状 6 年有效期内，没有人能在 200 里格，即约 960 千米宽的殖民地内驻扎。实际上，他拥有 1 900 千米美洲海岸线的土地，南起佛罗里达，北至现在的缅因州，向西则横跨到现在的肯塔基州。

这片广阔的土地有成为庞大帝国的潜质，但前提是雷利须证明罗阿诺克殖民地仍然欣欣向荣。换句话说，如果殖民者没能在这里生存繁衍，他的特许状就变得毫无价值。碰巧很多专家相信罗阿诺克殖民者依然健在而且日子过得有声有色，尽管怀特没有在最初位置找到他们的踪影。1597 年，草药商、罗阿诺克投资人约翰·杰拉德坚信，有充分理由认为这群英国人仍然在世，除非"谋杀、瘟疫、污浊空气、痢疾或其他致命疾病"最终夺去他们的生命。

作为雷利的老朋友，哈克卢特也断言罗阿诺克殖民者依然活着。他再次表现出对美洲极大的热忱。"我们眼皮底下伟大、富饶的弗吉尼亚，"他写道，"最近发现的这片土地非常美丽而且气候宜人，拥有大量银矿资源，各类丰富的商品正是意大利、西班牙和法国所需要的。"哈克卢特期望为确保"美好且神圣的和平到来"，伊丽莎白女王应派"一到两千人"前往弗吉尼亚，因为他了解到许多"愿意出人出力，自己承担费用成为冒险家"。如果伊丽莎白这样做，她将"得到上帝的援助，短期内得到许多伟大且意想不到的效果，包括扩大领土范围，积累财富并为基督教减少异教徒"。

由于外界普遍相信罗阿诺克的殖民者依然还在，雷利于是重拾美洲兴趣。1600 年初，他先后派遣 3 支船队前往弗吉尼亚。多年来，他们一直努力寻找这群殖民者。最后一支船队于 1602 年出发，虽然雷利的人受风暴天气影响一直未能靠岸登陆，也没看到殖民者的身影，但他们带回一船草药和其他植物，包括整个欧洲都极为流行的檫树的树叶和树皮。

一支新力量悄然登陆美洲

1602 年 3 月，正当雷利苦思冥想殖民者的命运如何之时，一位有魄力、有担当的年轻人出现在众人面前，他的目标似乎要验证雷利对弗吉尼亚的主权宣示。这位年轻人名叫巴索洛缪·戈斯诺尔德（Bartholomew Gosnold），年仅 30 岁，来自萨福克郡的古老的世袭贵族，与探索新世界的先驱们来往密切。他的父亲是位律师，一直担任多萝西·斯塔福德夫人（Lady Dorothy Stafford）的顾问。斯塔福德是女王的朋友，也是哈克卢特的上司爱德华·斯塔福德之母。

与雷利经历相同，戈斯诺尔德也曾在剑桥大学和中殿律师学院接受教育。后来他转投武装私掠行业，16 世纪 90 年代末的一次冒险行动中，他获得 1 625 英镑收益，这在当时是笔巨款。后来，他又娶了富家女玛丽·戈尔丁（Mary Golding）为妻，成了商人冒险家协会元老安德鲁·贾德爵士的外孙女婿。通过联姻，戈斯诺尔德与另一位商人冒险家协会的投资人、伦敦前市长乔治·巴尼及他的侄子克里斯托弗·卡里尔攀上亲戚关系。卡里尔曾尝试弄到汉弗莱·吉尔伯特的特许状，不过最终未能如愿。

戈斯诺尔德的公司组织架构、财务背景等信息并不明朗。出海航行既没组织募股，女王本人也未参与。很可能是他得到了有权有势的朋友和亲戚们的支持，并拿出了部分武装私掠抢来的资金。南安普顿伯爵三世、莎士比亚的赞助人亨利·里奥谢思利（Henry Wriothesley）也曾帮助戈斯诺尔德，至少精神上一直鼓舞他。日后的一位史学家记录称，这次航行"由南安普顿伯爵提出，由巴索洛缪·戈斯诺尔德船长领导"。

此次航行在雷利毫不知情的情况下悄然进行，似乎涵盖勘察、殖民、商业任务等各种目的：探索北部海岸的广阔未知领域，寻找通往中国的航道，评估商业前景，确定适合建造贸易站的地点，留下部分殖民者，收集各类商品带回英国，特别是檫树，其叶子和树皮是整个欧洲知名的药品。

戈斯诺尔德将目光锁定在罗阿诺克以北的区域，当时人们将这里称为诺兰伯加，现为新英格兰地区。选择这个英国人几乎完全未踏入过的区域，戈斯诺尔德可能是为追随乔瓦尼·德·韦拉扎诺（Giovanni de Verrazzano）的步伐。1524 年，这位佛罗伦萨冒险家首次对美洲北部海岸进行了全面详细的勘察。

韦拉扎诺不仅是位才华横溢的水手，还是个经验丰富的史学家。以至于勘察航行结束后的 80 年，他的著名日志仍是有关美洲北部海岸信息的唯一实质性报告，范围从现今的北卡罗来纳州开普菲尔河（Cape Fear）一路向北到纽约港（韦拉扎诺海峡及韦拉扎诺大桥均以他的名字命名），还有缅因湾外围区域。他向北最远到达"不列颠人曾经发现的土地，位于北纬 50°"，这里便是约翰·卡伯特称之为纽芬兰的地方，其大部分区域在北纬 51°。

韦拉扎诺对这片区域的描述远比托马斯·哈里奥特笔下的弗吉尼亚更诱人。这里的人们"谦恭有礼"，韦拉扎诺写道，绿树成荫，"可以想象这美不胜收的画面"，而且"空气清新"、花开如海。在航海日志里，韦拉扎诺描述了他们停靠的一个地方，即现今的罗得岛州纳拉甘西特（Narragansett）。"这里富饶、迷人，尽是高大茂密的树林"，拥有天然良港，"任何大型船队都可安全穿行……不用担忧风暴和其他危险"。韦拉扎诺和船员们在此躲避暴虐的海浪，并将这里命名为"里菲吉奥"（Refugio）。

由于理查德·哈克卢特的缘故，戈斯诺尔德了解到韦拉扎诺的航行活动。当时哈克卢特住在韦瑟林塞特（Wetheringsett），距戈斯诺尔德的家不远。可以肯定，戈斯诺尔德知道韦拉扎诺的航海日志。在写给父亲安东尼的信中，戈斯诺尔德提到了《重要航行》中的韦拉扎诺的故事，称其有关美洲的信息极有价值。

1602 年 3 月 26 日，戈斯诺尔德指挥"协和号"从法尔茅斯（Falmouth）

出发。船上一共有 32 人，包括船员、冒险家还有 12 位准备留在目的地的殖民者。5 月 14 日清晨，"协和号"在缅因地区中部海岸停靠。现在不清楚戈斯诺尔德是否有意避免侵犯雷利的权利，但他确实在罗阿诺克以外 200 里格（约 960 千米）的法定范围之外登上陆地。

戈斯诺尔德是首位因探险和贸易到达此处的英国人，不过显然不是首位造访的欧洲人。靠岸后不久，一群印第安人划着一艘吃水浅、有桅帆的小船出现在戈斯诺尔德面前，小船显然不是当地的，他们大胆地登上了"协和号"。英国人在印第安人的船上看到了铁钩、铜壶等器具，更令人吃惊的是，其中一位印第安人的着装打扮与欧洲人无异：马甲、马裤、紧身裤、鞋子和帽子。

这群印第安人能用英语和其他"基督教用语"交流。英国人对他们的说话和模仿能力感到欣喜。戈斯诺尔德的船员向印第安人开了一句玩笑"老兄，你对我的烟卷很感兴趣吗？"他立马能重复整句话，仿佛天生的"语言大师"。得益于印第安人的语言天赋，英国人了解到马甲等外国货的来源。据悉，这些商品是由"法国和西班牙边界处的巴斯克地区（Basque）的人贩卖过来的，巴斯克人长期光顾纽芬兰周围海域"。英国人可能没意识到当时印第安和欧洲双边贸易的规模如此之大。在复杂的经济贸易中，印第安人担起中间商角色，将美洲内陆丰富的皮毛、木材与欧洲沿海大量的鱼类产品及其他货物进行交换。

戈斯诺尔德一行人捕获了许多鳕鱼、鲱鱼和鲭鱼，航海记录员约翰·布里尔顿（John Brereton）写道："相信 3—5 月间，此处海岸的渔产与纽芬兰一样充裕。"纽芬兰海岸"路途遥远"，与之相比，这里水深 40 ~ 50 英寻[①]（约合 70 ~ 90 米），渔区靠近海岸，而且水深只有 7 英寻，约合 12 米。

---

① 英寻：海洋测量中的深度单位。1 英寻 =1.828 米。

船员们继续向南航行，一路上他们不断与印第安人互动，寻找贸易机会。他们分享烟草，认为这远比英国所售的烟草更好抽，不过他们都没将其看作紧俏货。船员们用带来的刀具、镜子、铃铛和珠子等小物件同印第安人交换鹿皮、海狸皮、貂皮、水獭皮和野猫皮。其他欧洲人了解到，印第安人将他们自己没有的东西视为珍宝，如玻璃和金属制品。其中绳花尤为受欢迎，如布条或皮革条封口用的小锡管，包裹鞋带头所用的金属箍。英格兰绳花的售价极为便宜，而且体积小，几乎不占船上空间，同时绳花与动物皮毛的价值在欧洲差距极大。

"协和号"继续南行，船员们一直未见大陆踪影。几天后他们发现一个海角，最初他们认为这是一座小岛，因为浅滩避风港将其与大陆隔开，而且港内空间宽敞。他们在此处捕获了大量海鱼，并将其命名为"鳕鱼角"（Cape Cod）。

航行继续，途中发现一群"美丽的海岛"，他们将其中一座岛屿命名为玛莎葡萄园岛（Martha's Vinyard），或是为致敬戈斯诺尔德的岳母玛莎·戈尔丁（Martha Golding）。他们决定在另一座命名为伊丽莎白岛的地方建立贸易站和定居点，大概是现在的卡蒂杭克（Cuttyhunk）这个地方。伊丽莎白岛荒无人烟，但有良好的锚地和淡水资源，渔产丰富、螃蟹贝类充足而且距离大陆不远。

戈斯诺尔德和手下开始着手工作，搭建了一个房屋和一个简陋的堡垒。他们在"肥沃的土地上"种下小麦、大麦、燕麦和豌豆，然后他们惊奇地发现，幼苗两周内长了 20 厘米。密克马克（Micmac）印第安部落时常光顾这里并同英国人交换商品。船员们注意到，这些来客看上去似乎拥有大量铜，他们的各类珠宝首饰、箭头、水杯饭盘等器具皆是铜制品。戈斯诺尔德猜测伊丽莎白岛附近存在铜矿，印第安人似乎确认了这点，不过英国人没有四处探寻。

此后，英国人开始忙于砍伐檫树。檫树高 6 ～ 12 米，树叶宽大，果实呈棕黄色，遍布整个海岛。他们花了不少时间砍树，印第安人有时过来搭把手。印第安人还与英国人共进晚餐，把酒言欢，分享鳕鱼干。但他们不喜欢英国人用来改善鱼肉味道的浓烈的芥末。"看他们皱眉挤眼成了一项娱乐活动。"一位船员写道。

到 6 月中旬，戈斯诺尔德的手下已将檫树、皮草和兽皮装满"协和号"，他们认为这些商品是欧洲市场的紧俏货。戈斯诺尔德希望这是从诺兰伯加贸易站发出的首批货物。不过当起航时间日渐临近，承诺留下管理贸易站的人们开始改变主意。或许惧怕像罗阿诺克殖民者那样被困在岛上的想法压在他们心头。同时戈斯诺尔德意识到，给养不够殖民者度过漫长的 6 个月严冬。最后，他们放弃了贸易站，所有人登船返乡。历经 5 周的快速航行，他们于 7 月底抵达埃克斯茅斯（Exmouth）。

新王加冕，雷利痛失美洲特权

8 月，雷利听闻戈斯诺尔德出海航行的消息，认为他侵犯了自己的美洲特权，十分愤怒。他动身前往西南沿岸的港口小镇韦茅斯（Weymouth），那里距"协和号"的停靠地埃克斯茅斯不远。他计划同塞缪尔·梅斯（Samuel Mace）会面，梅斯刚从弗吉尼亚南部寻找罗阿诺克殖民者回来，他的船上也装满了檫树。雷利偶然碰到戈斯诺尔德的副指挥官巴索缪洛·吉尔伯特（Bartholomew Gilbert，与汉弗莱·吉尔伯特没有亲属关系），他透露了檫树的信息。

侵犯垄断权的行为让雷利怒火中烧，他扣押了"协和号"，追查已卸载的檫树去向。雷利给罗伯特·塞西尔送去加急文件，请他签发逮捕令，将戈斯诺尔德逮捕，因为"所有船只和船上准备买卖的商品"都没有得到雷利的授权。雷利认为檫树最多可卖到 1 英镑 20 先令，戈斯诺尔德的一船货物涌入市场会压低檫树价格，进而影响他的利润。未发现戈斯诺尔德的檫树前，雷利估算他自己的货品价值能达到成本的 10 倍——市场需求就是如此旺盛。

在当时，檫树就是摇钱树。大量汤剂、药品、草药添加剂的主要成分是檫树，这些药剂能治疗大部分疾病。作为新世界印第安人青睐的药物，凭借舶来品的声望收录于 1577 年出版的名为《新世界多样珍稀的草药、树木、油脂及其他植物和石头的喜人新发现》书中，人们广泛接受了檫树万能灵药的身份。这本书的作者是西班牙内科医生尼古拉斯·默纳德斯（Nicholas Monardes），布里斯托尔商人约翰·弗兰普顿（John Frampton）将其译为英文。书中介绍了佛罗里达檫树皮如何"溶解体内杂物"，从而"促进健康体液的生长"。哈克卢特在《1584：西部殖民论》（*Discourse of Western Planting of 1584*）一书中提到，檫树是极有市场前景的商品，而托马斯·哈里奥特在著作《弗吉尼亚新发现之地的简短而真实的报告》（*Brief and True Report of the Newfound Land of Virginia*）中指出，印第安人称檫树为"维诺克"（Winauk），用其"治疗疾病"。一直以来，人们依靠檫树治疗胃痛、咳嗽、感冒、腹泻、鼻出血、消化不良、维生素 C 缺乏病及梅毒等疾病，同时作为增加月经量和刺激怀孕的用药。

这些药用价值令檫树成为稳定、畅销的商品。但如果涌入市场的数量过多，会导致檫树的吸引力和价格下跌。尚不清楚双方的争议最终如何解决。或许是雷利扣押了部分戈斯诺尔德的货物然后以自己的名义销售。此外，雷利似乎安排德国商人向整个欧洲出口部分檫树。这是英国人向欧洲市场出口新世界商品的早期案例。

不管怎样，雷利没对戈斯诺尔德采取进一步的讨伐措施。事实上，由于布里尔顿把日后出版的海航日志献给了雷利，双方最终友好地解决了特许状侵权问题。日志副标题用大号字体提醒读者，此次前往弗吉尼亚北部地区的航行"得到了令人尊敬的沃尔特·雷利爵士的准许"。

布里尔顿的作品名为《弗吉尼亚北部地区发现见闻的真实故事》（*A*

Briefe and True Relation of the Dicoverie of the North Part of Virginia），
是韦拉扎诺故事后出版的首部英国人游历美洲北部地区的航海记录，而且这
本书广受好评。布里尔顿的文风没有韦拉扎诺那般激情洋溢，也不似哈里奥
特那样一丝不苟，布里尔顿描绘了一幅愉悦惬意的画面，令这片不为人知的
广阔土地成了理想的殖民地场所：友善的印第安人、树木茂盛、果实丰硕、
植物繁多而且渔产资源丰富，更重要的是"气候宜人"，这里既不像西印度
群岛那样酷热难耐，也不如纽芬兰那般天寒地冻。"我们在这里始终保持着
健康和强健的体魄。"布里尔顿写道。远离疾病和病痛的侵袭，这些冒险家
返家时"比当初离开英格兰时胖了不少，也健康了不少"。

戈斯诺尔德的航行重新点燃了公众对北美的热情，不久之后，英国人再
次开启冒险之行。此次出海的费用由布里斯托尔商人承担，之前理查德·哈
克卢特一直建议他们这样做。1603 年 3 月 24 日，伊丽莎白一世驾崩，她的
离世为此次航行蒙上了一层阴影。身为都铎王朝最后一位君主，她是美洲第
一任女王，将自己的昵称赐予"弗吉尼亚"，对新阿尔比恩宣示主权。

一直以来，伊丽莎白谨防自己过于明显地支持帝国事业，她却找到了资
助沃尔特·雷利等心怀帝国梦想人士的审慎方式，包括改变呢绒、矿产行业
关税收入用途，动用皇室不动产收入等。战胜西班牙无敌舰队后，伊丽莎白
欢喜地摆了个姿势，将她的欲望之手盖住地球仪上标记美洲的大陆。

伊丽莎白的离世让海外扩张的战士们失去了一位坚定的支持者，虽然她
有时也会反复无常。没人知道继任者是否会延续她的帝国事业。新国王詹姆
斯一世是苏格兰玛丽女王之子，是一位新教徒，因热衷于与西班牙达成和平
协议而被外界熟知。不过对于沃尔特·雷利来说，这个征兆着实不妙。

如果雷利是伊丽莎白最宠爱的朝臣，那么他现在却是最不受新君待见的
人士之一。雷利的做事方式是守旧的、反对西班牙的体现，他是依靠强烈反
对伊比利亚强权来标榜自己是老一代商人和朝臣的代表。如今时代变了，詹

姆斯国王竭尽所能边缘化这位弗吉尼亚总督。

雷利坚韧地忍受着一个接一个的羞辱。他的卫队长职位被免去，葡萄酒贸易的垄断权被剥夺，并被赶出了他住了 20 年的达勒姆宫。虽然与詹姆斯同去温莎狩猎，以此维护与皇家的良好关系，但雷利仍遭到拘留审问。几天后，他被关进伦敦塔，受到参与多起密谋颠覆国王的指控，包括筹划扶持亨利七世玄孙女阿贝拉·斯图尔特（Arbela Stuart）上位，取代詹姆斯的位置。

雷利几乎已经失去了一切。随着收监伦敦塔，他也失去了最宝贵的资产：美洲特权。根据最初的专利特许状条款，如果雷利做出"任何非正义或违法的举动"，国王有权撤销他的弗吉尼亚总督称号。他的叛国罪名成立意味着从进入监狱那一刻起，他失去了在弗吉尼亚的一切权利。此外，这还意味着 25 年来，美洲第一次成为人们争夺的对象。

1604

第三部分

殖民扩张，一切都是为了新市场

1621

第 15 章

开拓北美的热情重新燃起

1604 年 5 月，代表英格兰和西班牙两国的 11 位
政府官员齐聚丹麦宫。这座富丽堂皇的宅邸位于泰晤
士河上游，距伦敦塔不远，此时雷利已被关进伦敦
塔。经历了近 20 年的不宣而战后，两国希望通过协
商谈判缔结和平条约。

英西启动和平谈判

詹姆斯一世即位后不久，两国开始谈判。当时，
西班牙派出使节前往英格兰为詹姆斯一世道贺，出乎
意料的是，他发现英国宫廷对自己很友好，且"受到
了最热情的招待"。在此之前，西班牙大使已习惯了
英格兰对他们的怠慢态度，正如 16 世纪 80 年代初
德雷克打劫西班牙运宝船期间，伊丽莎白让西班牙大
使门多萨高坐冷板凳。随着事件的发展，西班牙和英
国的外交官逐渐认为"彼此毫无理由反目成仇"，也
该启动和平谈判了。

丹麦宫是以詹姆斯王后——来自丹麦的安妮的名字命名。为了这次谈判，丹麦宫做了精心筹备：墙上挂着壁毯，窗前摆上绿植，甚至使用亨利八世收藏的上好毛毯装饰谈判长桌。这群政要高官身着深色褶边领长袍，留着整齐精致的胡须，面对面分坐谈判桌两侧。英方谈判代表有海军大臣查尔斯·霍华德、托马斯·萨克维尔（Thomas Sackville）、多塞特伯爵（Earl of Dorset）以及罗伯特·塞西尔。经过 8 轮磋商，英西双方达成一致并签署条约，条约全名为《西班牙国王菲利普三世、阿尔伯特大公、伊莎贝拉女大公与英格兰国王詹姆斯一世双方的永久和平同盟条约（1604 年签署）》

伊丽莎白一世离世后不久，英西关系出现突破性进展。新国王詹姆斯一直渴望结束与西班牙之间不必要的冲突，寻求和平共处。另一方面，登基近 5 年的 26 岁西班牙国王菲利普三世也有停战的想法。自 1555 年起，西班牙几乎战事不断，先后在英吉利海峡、爱尔兰海、地中海、法国、荷兰、非洲、伊比利亚半岛等地掀起海陆战争，与此同时，还要应对英国武装私掠船无休止的骚扰。只有 1577 年 2—9 月这几个月时间里，西班牙才没有卷入全球任何战事或冲突。

"众所周知，"条约宣布，"经过漫长且残酷的毁灭性战争后，基督教王国多年来饱受苦难，上帝用其神圣的力量扑灭了熊熊燃烧的战火。"凭借签署条约，"双方已达成一致结束和解决争端，即日起缔结真诚牢固、友好同盟，永久和平之关系"，并在"陆地、海洋和湖泊"等领域内全面生效。

1604 年 8 月 18 日，英西双方代表团正式签署条约，其包含的 36 项条款详细阐明了自由贸易协定的重要内容。英西两国人民"无须持有特许证或护照"，即可自由地在任何陆地与海域"前往、进入、驾船驶向对方，开展进出口贸易、商品买卖"。自此以后双方不再颁发"私掠特许证"，也就是不再颁发供武装私掠船合法经营的证件。对过往已发生的违法违规行为不予追责，对已丢失的货物商品不予追回。

这份条约也被称为《伦敦条约》，它似乎打开了曾长期封闭的海港与大洋航线。不过《伦敦条约》也存在遗漏之处：没有提及两国共同占领的广袤无垠的土地——西班牙称其为佛罗里达，而英国称之为弗吉尼亚。换而言之，条约回避了悬而未决、充满争议的潜在棘手问题，即谁真正拥有宣示、占领以及开发美洲的权利。正如日后外界所知，西班牙谈判代表不愿提及这一问题，因为他们深信英格兰的罗阿诺克殖民者仍然在世，生活在弗吉尼亚的某个地方。正如他们所言，英国人"和平占领"那片土地"已有 30 年"。

与此同时，一位 20 年来几乎参与了英格兰在新世界所有活动——身影遍布罗阿诺克定居、几内亚淘金、爱尔兰殖民、弗吉尼亚北部檫树贩卖的人正在伦敦塔内努力适应牢狱生活。这人便是雷利。监狱里并没有固定的期限，因此他享有更多的自由。雷利每天都忙着做各种各样的事情，其博学才华也日渐显现。他建造熔炉，种植与加工烟草，研究从盐水中提取淡水的方法。更重要的是雷利有笔头功夫，他上午伏案写作，包括日记、诗文，并开始撰写不朽之作《世界史》（*History of the World*）。事实上，他本身成了一个"著名观光景点"。行人时常瞥见身高一米八的沃尔特·雷利爵士在伦敦塔高墙上锻炼的身影。

新一代冒险家维莫斯崭露头角

雷利坐牢期间，一位名叫乔治·维莫斯（George Waymouth）的年轻人开始崭露头角，成为新一代探索新大陆的先驱。维莫斯在社会地位、行事作风和世界观方面都与雷利不同，他来自一个依靠航海和捕鱼为生的家庭，住在离海岸线不远的德文郡卡金顿（Cockington）。祖父威廉攒下足够财富后，便将价值 50 英镑的"里昂号"一半股权给了维莫斯的父亲小威廉。此后，小威廉开始扩大经营项目，先是收购若干船只用于往返纽芬兰渔场海域，而后买入大型船只，最终自建商船。此外，他还投资海外冒险事业，包括出钱支持汉弗莱·吉尔伯特爵士 1578 年打击西班牙的行动。乔治·维莫斯是位领航员，他在父亲的船队中学习掌握航海专业技能，同时激起对冒险的热情。

虽然未在朝中做官，但维莫斯仍设法觐见詹姆斯一世。这位新国王登基仅有数月之久，没有任何关于他赞助或否决海外冒险提案的先例。外界不知道詹姆斯对新世界的真实想法，或许他还没有想法。显然为激励新国王，维莫斯献上名为《阿尔特斯珍宝》（The Jewell of Artes）的皮革封皮的精装图书。不过单从书名是无法联想到其中内容的。这位年轻海员、未来的冒险家写道，本书为那些希望"探索未知领域"之人而写，为在荒野中建造防御城堡提供指导和建议。

以往的英文书籍没有涉及这类具体可用的细节内容。汉弗莱·吉尔伯特的计划聚焦在十多万平方千米土地分配、出租和赚钱的办法上；理查德·哈克卢特则通过扣人心弦的故事为足不出户的读者带来享受，进而呈现真知灼见和浪漫情怀。维莫斯的《阿尔特斯珍宝》却恰恰相反，它是一本真真正正的操作指南，其外观设计精美优雅，棕色小牛皮封面上手工绣着金色花瓣和詹姆斯国王的盾徽，显然这是为国王精心定制的。书稿是手写完成，字体飘逸，由一位代笔人一气呵成。书中包含大量图解，即维莫斯口中的"演示"，如工程绘图、彩色图表以及现代儿童图书中常见的剪纸弹窗。

这本博学精致、插画丰富、装帧华丽的书必定耗费了大量的时间与金钱。维莫斯如此良苦用心，显然是为了争取詹姆斯一世支持新世界冒险行动，并让其相信他是领导这项任务的最佳人选。在游说拉票方面，维莫斯有些经验。尽管才 20 岁出头，但这并非他第一次为远洋冒险寻求支持。1601年 7 月，维莫斯曾尝试争取东印度公司赞助他重启寻找西北航道的项目。

考虑到维莫斯的提案意义重大，而其本人年纪尚轻、经验尚浅，东印度公司董事会经过慎重考虑，成立了 6 人组成的"探索西北航道"委员会，由约翰·沃茨领导。沃茨是一位商人，经营武装私掠船，曾与雷利合作，也曾资助约翰·怀特重回罗阿诺克的最后一次航行。不过具体工作耗费了一些时日才最终敲定。首先，东印度公司必须获得仍持有北方地区垄断权的莫斯科公司的准许。经过多次谈判后，两家公司达成一致，共同支持维莫斯的冒险之旅。此后，东印度公司极力讨价还价。他们同意出资 3 000 英镑购买两艘中型艇并配备全套航海装置，拿出 100 英镑为维莫斯购买"仪器和其他必需品"。此外，他们还出手阔绰地奖励维莫斯 500 英镑，但前提是他成功找到西北航道。如果他以失败收场，那么他付出的"辛劳将分文不值"。

然而，他真的失败了。1602 年 5 月 2 日，维莫斯率领两艘载着 16 个月给养的船只从伦敦起航。但到 9 月中旬，船队返回英国，似乎维莫斯和其他船长一样，遭遇了船员暴动而被迫返航。虽然如此，他仍毫不动摇地坚信西北航道真实存在。东印度公司甚至考虑再次尝试，但最后关头他们认为应将精力放在传统、成熟的路线上，即绕过非洲最南端而非穿越西北航道前往东印度群岛。

遭遇沉重打击的维莫斯依旧意气风发、异想天开，他开始专注于殖民地运动和撰写《阿尔特斯珍宝》。这本书虽然装帧华丽夸张，但内容却通俗实用。维莫斯在书中说道，远洋殖民的首领需要精通航海仪器和造船技术，同时还要具有敏锐的观测能力，以便"选择宽阔适合的地方"建立定居点。此前没有人提出过。书中大篇幅介绍建造"防御工事的实用技术"，维莫斯特别建议携带枪支，作用有两点：海上航行时可有效抗击"私掠抢夺者"与其他袭击者，上岸时携带以保卫陆上殖民地。

维莫斯在书中提出了建设防御城堡的总体规划设计，包括如何用"宽敞明亮"的街道、坚固结实的地基、防护性壕沟和堡垒来布局定居点。他的设计有点像佛教的坛场——一个圆形的广场，既像一个啮合精密的齿轮，又像一朵交叠有序的玫瑰花结。广场四周建有围墙，传统居民住宅则整齐有序地坐落在笔直或弯曲的街道旁。在维莫斯设计方案中的定居点，有的像中规中矩的花园，有的像纷繁复杂的迷宫，但每一处舒适的定居点四周都布置了火炮，瞄准各个方向。

维莫斯对印第安人发动暴力事件

虽然没能说服詹姆斯一世出资支持他的冒险议案，但经常出现在宫廷的乔治·维莫斯结识了一位潜在的赞助人：托马斯·阿伦德尔爵士（Sir Thomas Arundell）。时年45岁的阿伦德尔出生于一个长期掌握军政大权的贵族家庭。他被美洲能为英格兰天主教徒提供避难场所的计划所吸引，这项计划最初由乔治·佩卡姆、托马斯·杰拉德及汉弗莱·吉尔伯特提出。詹姆斯授权实施一系列反天主教的严苛法律，包括限制发售某些宗教书籍和修订教义问答后，阿伦德尔便对美洲避难产生了兴趣。

但维莫斯绝不会仅仅依赖一两位主要赞助人。与吉尔伯特此前的做法一样，维莫斯也向其他投资人展示他的计划，特别是德文郡商人。他们投资北美殖民地另有打算：开展渔业。这些支持者包括普利茅斯商人兼武装私掠船长威廉·帕克（William Parker）和住在达特茅斯附近的吉尔伯特的长子约翰·吉尔伯特（John Gilbert）。或许是戈斯诺尔德有关这里拥有大量近岸渔场且不受其他国家竞争对手骚扰的描述，让帕克和其他投资者认为此处可建立捕鱼贸易基地，用来管理捕鱼和加工事宜。带着这样目的投资建立殖民地，不用多久便可获利，数十年前去冰岛和纽芬兰的捕鱼船队就是先例。渔业虽貌似不光鲜靓丽，但却是资源丰富、需求稳定的行业。民以食为先，而英国人对鳕鱼干又情有独钟。

投资人对维莫斯的提案期望截然不同：一个是天主教徒避难所，一个是渔民商栈，因此维莫斯从不同投资人手中融资的额度也无从知晓。1605年3月最后一天，他率船从达特茅斯启航出港，但他没再得到阿伦德尔的帮助，后者似乎退出了这项冒险事业。维莫斯带领28位船员乘坐"大天使号"出发，实际上，此次航行为"勘测之旅"，性质与当年戈斯诺尔德探索诺兰伯加十分类似。

航行6周后，"大天使号"抵达蒙希根岛（Monhegan Island）。这座岛屿是缅因地区海岸线边的"瑰宝"之一，岛上怪石嶙峋，灌木丛生，杉树叠翠，这里远离大陆但又在视线范围内。蒙希根岛南端有处锚地，适合船舶停靠，可躲避来自东北向的海上风暴。与戈斯诺尔德不同，维莫斯没有南下前往鳕鱼角和马萨诸塞群岛，而是驻足缅因地区，探索周边海岛及河流入海口。维莫斯沿圣乔治河（St. George）步行探索，这条大河由蒙希根岛北部注入海洋。

探索过程中，维莫斯与他的船员还与当地印第安人接触，他们可能是东阿布纳基（Eastern Abenaki）部落，属于阿尔冈昆人的一支。双方关系的发展依现在来看再熟悉不过了。一开始，印第安人警觉戒备，与船员们保持距离；而后，他们登上离船不远的小岛，通过用手势等肢体语言沟通；最终，他们登上英国人的船只并展开贸易。他们分享烟草和食物，印第安人有时用龙虾爪作烟管。英国人和印第安人载歌载舞，最终双方在部落营地或船上同吃同寝。

双方日渐熟络，感情不断升温。英国人观察印第安人时间越久，就越感觉他们非常了不起，钦佩他们的能力和品格，特别是印第安人制作独木舟的工艺让英国人赞叹不已。曾在剑桥大学学习的年轻人詹姆斯·罗齐尔（James Rosier）受雇记录此次航海之旅。根据罗齐尔的描述，这些独木舟颠覆了英国人的认知。印第安人打造独木舟"没有用铁"，取而代之的是"桦树树皮，树皮中间再用木质勒条和环箍加固，船只造型好看，设计巧妙独特，可乘载七八人，技术远超印度群岛上的部落"。用于建造木舟的桦树盛产于缅因地区，南部并不多见。桦树树围须满足一定要求才能造船，船体则由一整块树干制成。严格来说，罗齐尔记录的是高度专业化、本地化的手工业。

另一件"稀奇之事"，罗齐尔写道，"是捕猎鲸鱼的方法，印第安人称其为'波达'（Powdawe）"。根据他的描述，英国人曾围观印第安人捕鲸，当时一头长约 20 米（如果罗齐尔估算准确的话）的鲸鱼浮出海面喷水。阿布纳基人组成独木舟船队追赶，然后使用鱼叉状武器刺杀鲸鱼。武器头部是一块锋利无比的骨头，被紧紧缠绕在一条用树皮制成的长绳里。当鲸鱼向海中猛冲时他们会放线，而鲸鱼再次浮出水面时，他们便"射箭杀死鲸鱼"。罗齐尔花了不少时间观察印第安人捕鲸，因为他知道投资人会对潜在的捕鲸业感兴趣。当时，作为商业活动之一的捕鲸业对欧洲商人的重要性与日俱增，特别是16世纪90年代末荷兰人登上贸易舞台后，鲸脂备受纺织行业青睐。因为鲸脂能提炼鱼油，织布的整理工序中会用到鱼油。

选定罗齐尔作为史料编纂者是个明智之举。他没有局限在记录重要事件上，而是观察具有商业价值和民族学研究价值的事物，与托马斯·哈里奥特先前的做法如出一辙。罗齐尔特别关注印第安语言，在他同维莫斯和两位阿布基纳人前往海岸线撒网捕鱼时，他开始向印第安人请教各类物品的说法。罗齐尔手指某样东西问当地人如何念，然后记录下来，再像哈里奥特那样采用自己创造的发音体系为印第安词语注音。印第安人发现这非常有趣，便开始四处指着东西说，从鱼类到水果，无所不包，就是为看看罗齐尔记下他们的词语。

维莫斯的人与印第安人间的关系发展良好，至少在英国人眼中如此，这或许能为日后英国殖民地的和谐发展奠定基础。但维莫斯后来的背叛行为不仅让当地人震惊，还令双方关系一落千丈。6月4日晚上，维莫斯的人带着一盘豌豆下船送给几位阿布纳基人。其中一人感觉其中有诈便走开了，此时，船员们"突然伸手"抓住剩下两人的"长头发"将他们扭送上船，还把他们的弓箭、独木舟搬进船舱。

绑架似乎自始至终是此次勘测航行的首要任务之一。最终英国人共掳走5位印第安人。正如罗齐尔日后所言，俘虏印第安人"对圆满完成此次航行任务具有重大意义"。不过他坚信，经过暴力冲突后，阿布纳基人接受了英国人"这种惯用方法"，认识到一旦登船便不会再受到伤害。这5位印第安人似乎从不"对我们感到不满"，罗齐尔写道，反而"温顺听话、富有爱心、积极配合，并且竭尽所能满足我们提出的全部要求"。

被绑架的印第安人的真实感受和表现是否如罗齐尔所言现已不得而知，但有一点可以肯定，逃过一劫以及听闻此事的印第安人可不这么想。消息很快在当地传开，细节内容也随之被夸大。7月份恰好有一队法国冒险家路过缅因地区，碰到一位名叫阿纳苏（Anassou）的印第安人。阿纳苏告诉法国人，有一艘捕鱼船停泊在海岸边，船上的人"打着友谊的幌子"杀害了他5位同胞。从阿纳苏的描述中，法国人可以断定船上是英国人，并且渔船靠岸位置与罗齐尔记录的"大天使号"停靠地点完全一致。这是首次针对印第安人的有预谋的暴力事件，它没有被遗忘，同时对未来北美印第安部落与欧洲人间的关系影响重大。

维莫斯于1605年7月回到英国。同年底，罗齐尔的记录《探索弗吉尼亚：乔治·维莫斯1605年成功航行的真实记录》（*A True Relation of the most prosperous voyage made this present yeere 1605 by Captain George Waymouth, in the Discovery of the land of Virginia*）出版发行。这本薄薄的书里没有标准的献词，通常而言，作者和发起人会在献词中感谢、赞美、恭维投资人和皇室资助人。相反，该书以"致读者"开头，罗齐尔提到已加封沃德男爵一世（first Baron Arundel of Wardour）的阿伦德尔和出资成就此次航海项目的"令人尊敬且有着超凡卓越判断力的商人们"，他们都受到了国王陛下的"恩准"及枢密院大臣们的"激励"。转眼间，维莫斯的远洋冒险成了詹姆斯一世和他的幕僚非正式支持的私人项目。

罗齐尔的书，不论出版时间是否恰到好处，写作风格是否引人入胜，都抓住了英国人对殖民的丰富想象力，激发了他们开拓弗吉尼亚北部潜在殖民地的巨大热情。罗齐尔对这片新大陆的赞美之情溢于言表，称圣乔治河远胜法国的卢瓦尔河、塞纳河、波尔多河等，不过无法与泰晤士河媲美。罗齐尔赞颂泰晤士河为"英国最富饶的宝藏"。

然而，再多的吹捧和称赞都不如活着的印第安人更有说服力。罗齐尔给这5人起了名字，分别是塔哈内多（Tahanedo，队长之意），阿莫雷特（Amoret）、斯基科瓦罗斯（Skicowaros）、曼内多（Maneddo），均是绅士之意，萨萨科莫特（Sassacomoit，管家）。这5位印第安人活着抵达英国，而且受到了贵宾般的礼遇。塔哈内多与阿莫雷特被送往约翰·波帕姆爵士（Sir John Popham）的宅邸。斯基科瓦罗斯、曼内多与萨萨科莫特3人被送往普利茅斯。在那里，他们受到了费迪南多·戈杰斯爵士（Sir Ferdinando Gorges）一家人包括爵士夫人安、12岁的长子约翰以及10岁的次子罗伯特的盛情款待。

对美洲的美好设想深入普通大众

费迪南多·戈杰斯的一些小故事或许能解释他为何对这3个美洲印第安人有着浓厚兴趣。作为普利茅斯要塞的指挥官，戈杰斯人生大部分时间都放在了监控核心港口来来往往的船只和水手上，包括从遥远领地返乡的人们。如今，英格兰与西班牙正式达成和平协议，让戈杰斯除了每天坚守岗位外，还有大把的时间腾出手去做其他事情。戈杰斯人脉甚广，数位家族成员参与了各类远洋冒险：一位堂兄参与了格伦维尔首次前往罗阿诺克的航行；还有一位是与沃尔特·雷利共同寻找传说中的黄金国度的埃尔多拉多。戈杰斯家族还与德文郡的名门望族联姻，包括吉尔伯特、雷利和钱珀瑙恩家族。

生于1568年的戈杰斯是家中次子，在当地属于名望不高、财产不多的贵族，或许他将与印第安人的联系视作扬名的机会。戈杰斯的大哥继承了家族财产，而他只分得了一处相对不错的庄园、一条金项链和一百英镑。1587年，年仅19岁的戈杰斯开始军旅生涯，他参加了志愿军，前往法国及荷兰作战。1591年因参与法国城市鲁昂的战斗而被埃塞克斯伯爵授予骑士称号。尽管戈杰斯作战英勇，但共有24人被授予骑士称号，很显然鼓励的成分居多，而非真正表彰他们的勇敢。1595年，他接替弗朗西斯·德雷克爵士出任普利茅斯军事要塞的统帅。他的首要职责是把守普利茅斯要塞及其驻防地，时刻准备抵御外敌，尤其是西班牙。虽然职位不高，但普利茅斯军事要塞指挥官的岗位非常重要。因此，戈杰斯一直忙于处理烦冗的行政事务，竭力维系国家与百姓的良好关系，同时还要到处筹集资金以支付士兵薪水和修缮堡垒。

在 3 位印第安人接受国王的召见后，在被送回美洲之前由戈杰斯款待几天是不足为奇的。外国访客和政要通常都住在朝臣和富商家中。戈杰斯对这3 位阿布纳基人特别感兴趣，特别是对他们表现出胜过英国"粗鲁"普通民众的"高度礼貌"。托马斯·哈里奥特做了大量工作，希望英国人明白印第安人的社会是有组织有纪律、有复杂的语言体系、有政治和社会关系的，而且他们精通各种工艺、恪守准则。这是一种非常客观进步的观点，但英国人却坚持认为印第安人是原始人，称他们是乡巴佬、野人、原始人、野蛮人、小偷和异教徒。

与阿布纳基人相处期间，戈杰斯问了各种各样的问题，也从他们身上了解到不少事情，包括新世界的人文地貌、贸易和可持续殖民的潜力。他将这些内容悉数记下，与罗齐尔提供的信息融合汇总成一份简要文档，名为《毛森国记录》（*The description of the Countery of Mawooshen*）。最重要的是，印第安人激起了戈杰斯在新世界建立殖民事业的一腔热情。多年后追忆过去的日子时，戈杰斯认为这 5 位印第安人的到来应被"视为"神的旨意，神赐予"我们的殖民地焕发生机"。

斯基科瓦罗斯、曼内多与萨萨科莫特 3 位印第安人住在戈杰斯家时，塔哈内多与阿莫雷特则寄宿在约翰·波帕姆爵士的宅邸。这两位印第安人的真实感受已无从知晓，与充满激情的梦想家戈杰斯不同，波帕姆是保守顽固的实用主义派。一位历史学家曾相当直言不讳地指出，波帕姆身材高大，但却面相"丑陋"，70 岁时，他谋了个地位显赫的工作——议会律师，后来他出任首席大法官，成为英格兰最高法官之一。他曾主持审理沃尔特·雷利的案件，以卖国罪判处他死刑。最终，雷利因詹姆斯一世的宽恕才免遭一场令人毛骨悚然的刑罚，被关进了伦敦塔。

来自缅因地区的这几位阿布纳基人令波帕姆眼界大开，使他看到了在大西洋彼岸建立殖民地的各种机会。他此前曾对殖民活动比较感兴趣，在16世纪80年代中期获得了一块爱尔兰土地。但他对为已有的万贯家财添砖加瓦不感兴趣，而对遏制英国赤贫和失业的糟糕局面更感兴趣。波帕姆知道，随着《伦敦条约》的生效，大批在海外参战的英国士兵将返回家乡。他担心"不计其数"的退役军人会引发全国的失业大潮，闲散、流浪、偷盗等现象大幅增加，还有可能引发叛乱、暴动，整个英国的稳定局面将会受到威胁。

垂暮之年的波帕姆做了一个大胆的决定，他要阻止这场可预见的危机，保护他的遗产安全。他知道任何殖民活动首先都需得到国王的准许，于是1606年初，他主动联系沃尔特·科普爵士（Sir Walter Cope）。作为罗伯特·塞西尔的得力助手，科普对新世界事务的痴迷程度名冠欧洲。科普长期收藏有异国情调的新奇物品，并将其陈列在"珍品阁"中。珍品阁实际上是个大房间，摆满了诸如犀牛角、羽毛头饰、弗吉尼亚萤火虫和北美原住民制作的独木舟等物品。

波帕姆向科普阐释了他的想法与计划，称他的伟大目标是通过在弗吉尼亚以北建立殖民地为英国社会做出贡献。与吉尔伯特不同，波帕姆的经济实力相当雄厚。他承诺连续5年、每年出资500英镑支持北美探索活动，这创下了当时英格兰史上单人出资的最高纪录。科普很快将波帕姆的请愿书呈递给罗伯特·塞西尔。波帕姆只是请求允许召集商人和其他"承办人"讨论美洲殖民事宜，这表明波帕姆希望将其打造成长期稳定的可盈利事业。与商人们会面协商后，波帕姆正式向枢密院递交了更具体的提案。

波帕姆并非当时唯一考虑北美殖民的人士。在弗吉尼亚殖民的想法似乎还悬而未决。罗齐尔的书出版之际，恰逢一大批新冒险提案涌现。事实上，对美洲的各种设想广泛传播，已深入到普通大众之中。莎士比亚的对手本·琼森（Ben Jonson）与他人共同创作了名为《锄头向东！》（*Eastward Hoe！*）的舞台剧，这部流行剧作讽刺了那些企图在弗吉尼亚投机倒把、大发横财的商人们。剧本里有句话说，弗吉尼亚有很多黄金，供人们打造黄金夜壶，也有许多鹿肉，那是富人们追捧的野味之一，吃起来却和羊肉无异。

两大势力争先抵达弗吉尼亚，抢夺先机

国王詹姆斯一世接受了波帕姆的提案并于1606年4月10日签署特许状。这份特许状便是现今广为人知的弗吉尼亚特许状或弗吉尼亚第一宪章，其赋予投资者当年吉尔伯特和雷利享有的同样权利：也就是在"被称为弗吉尼亚的美洲殖民地范围内"和"不属于任何基督教君主和民众"的美洲其他地区定居、开荒以及建立殖民地。特许状划分的土地范围从北纬34°到北纬45°，也就是今天的南加州到缅因州。换而言之，这部分地区就在西班牙和法国的两块殖民地——新西班牙和新法兰西之间。

特许状规定该地区要建立两个拥有各自边界的殖民地。名为第一殖民地（First Colony）的区域南起北纬34°，北至北纬41°，第二殖民地（Second Colony）的范围则在北纬38°～45°。尽管有重叠区域，但特许状明确规定，率先建立殖民地的公司可优先选择地理位置。其他殖民地则要建在第一块的160千米外。殖民地建立后，有权向周围开疆拓土，包括向南向北延伸88千米，向内陆纵深及离海岸线160千米内的全部岛屿。

特许状授权人通过创立两家公司，为伦敦的商人、朝臣和普利茅斯、布里斯托尔、埃克塞特等西部港口城市的商人这两股势力制定了折中方案。一百多年前，自约翰·卡伯特与儿子塞巴斯蒂安从布里斯托尔扬帆起航后，英格兰西部各郡的商人、船员开辟了穿越大西洋的航道。直到16世纪50年代呢绒市场崩盘后，伦敦商人才开始寻找新市场，最终引领他们前往莫斯科、黎凡特和西北航道探险。

如今，在罗伯特·塞西尔的大力撮合下，这两大势力走到了一起，组成一个不稳定联盟，因为双方代表着截然不同的利益。伦敦投资人，即第一殖民地投资人希望在与地中海区域同样纬度的陆地上建立永久性工厂，为纺织行业生产染料，同时就地取材，生产红酒、葡萄干、糖、香料、丝绸及其他奢侈品。第二殖民地商人则希望寻求永久领地，可以全年开展鱼类、皮毛、造船及木材生意，同时从鲸鱼、海豹油脂中提炼纺织行业所用的鱼油。与西班牙签订和平条约后，人们期望通过直布罗陀海峡前往伊比利亚半岛和地中海沿岸的贸易重现昔日繁忙景象。1605年，英格兰为西班牙公司起草了新的特许状，来自伦敦、布里斯托尔、埃克塞特、普利茅斯和其他城镇港口的超过550位商人名列其中。但1606年，形势开始恶化，这极大地打击了已做好准备恢复地中海生意的商人们的希望。而弗吉尼亚殖民地计划则凸显优势。

西班牙公司和其公司特许状上的投资人规模庞大，而弗吉尼亚公司特许状登记的投资人却少得可怜，只有区区8人，而且都不是重量级商人和朝臣。理查德·哈克卢特的名字出现在第一殖民地特许状中，显然这是为他多年来倡议开拓弗吉尼亚的奖赏。其他人员则是武装私掠船船长乔治·萨默斯（George Somers）和他的两位士兵，以及托马斯·盖茨爵士（Sir Thomas Gates）和爱德华·玛丽亚·温菲尔德（Edward Maria Wingfield）。第二个殖民地特许状登记的投资人有汉弗莱爵士之子雷利·吉尔伯特（Raleigh Gilbert），约翰爵士的表亲乔治·波帕姆和外孙托马斯·哈纳姆（Thomas Hanham），私掠船船长、普利茅斯前市长、1605年维莫斯航海之行的投资人威廉·帕克。然而，这些人都不是公司的真正组织者和实际控制人。7个月后，弗吉尼亚公司真正的缔造者终于揭开了面纱。1606年11月，詹姆斯一世就两个殖民地建立"良好的政府及秩序"颁布了相关的"条款"，由此建立皇家委员会，成员由14位"值得信赖、忠心耿耿的"有身份地位的官员组成，并以国王的名义代为管理弗吉尼亚。

该委员会名为"弗吉尼亚国王议会"，它标志着殖民事业的运营方式将发生重大改变。伊丽莎白女王此前也曾小心谨慎地接触海外冒险活动，但她没有明确的战略措施，更倾向支持私人冒险和私人公司，不会主动挑明自己的想法。如今，詹姆斯却表明他将采取不同方式。凭借皇家委员会，弗吉尼亚公司和其经营的殖民地事业将变成国家行为，国王指定的委员会成员则成为殖民地政府的新任领导者。这些人选包括沃尔特·科普爵士，他代表罗伯特·塞西尔爵士；弗朗西斯·波帕姆爵士，他代表父亲约翰·波帕姆，老波帕姆因患肾结石疼痛难耐无法参加日常会议；还有3位皇室官员费迪南多·戈杰斯爵士、德拉沃尔男爵三世托马斯·韦斯特（Sir Thomas West）、伦敦塔指挥官威廉·瓦德爵士（Sir William Waad）。此外，东印度公司的3位重要成员也在名单中，他们是威廉·罗姆尼（William Romney）、约翰·埃尔德雷德（John Eldred）和托马斯·斯迈思爵士。

斯迈思进入弗吉尼亚国王议会，可谓其人生征途中浓墨重彩的一笔。他曾被诬告参与颠覆伊丽莎白女王政权活动而被捕入狱两年，直到1603年3月女王去世后他才重获自由。两个月后，詹姆斯一世授予他骑士爵位，不过具有讽刺意味的是，加封地点正是关押他的伦敦塔。后来，他官复原职，重新出任东印度公司董事一职，此外，他还被任命为驻俄国特使，重启商业和政治生涯。履职俄国期间，他为莫斯科公司争取到了新贸易特权。10个月后，他带着胜利返回家乡，等待他的是提名弗吉尼亚国王议会议员的好消息。

无论斯迈思的能力多么出众，国王议会及组织架构却不被第二殖民地的普利茅斯商人和其他人员接受。他们原本以为会得到"不受约束的、合理的"条款，与沃尔特·雷利这位"特殊绅士"持有的特权相似。然而，他们要接受国王议会的领导，而对"殖民活动"一无所知的伦敦商人和朝臣却主导着议会。不仅如此，所有议会事务都要受伦敦指挥，这无疑给普利茅斯集团带来极大不便。一位曾横渡大西洋的资深冒险家后来挖苦说："相较于从普利茅斯前往新世界，从伦敦航行至普利茅斯反而麻烦多多，危险重重。"换言之，从西南各郡乘船前往伦敦几乎和穿越大西洋一样令人胆寒。

随着双方各自筹备殖民地工作，伦敦和普利茅斯投资者间的敌对情绪也达到顶点。双方非常明白，只有率先抵达弗吉尼亚才能抢得先机。外界普遍认为钱财多根基稳的伦敦投资人会先一步扬帆起航，但事实上，最先把船只驶出港口的，是令人生畏的大法官约翰·波帕姆和他在国王议会的同僚费迪南多·戈杰斯。

第 16 章

寻找新市场，刻不容缓

普利茅斯公司最先出航，却也最早陷入困境。波帕姆和戈杰斯各自出资赞助、组织一艘船，并且单独出海航行，计划在缅因海岸会合，一同寻找适合建立殖民地的落脚点。

英西冲突，抢夺弗吉尼亚

戈杰斯选定亨利·沙隆（Henry Challons）为"理查德号"（Richard）船长，他形容沙隆是"出身高贵、勤劳肯干、身强力壮"之人。这听起来与休·威洛比的性格特点很像，而且威洛比更像位绅士而非船员。戈杰斯给沙隆和"理查德号"指挥官尼古拉斯·欣德（Nicholas Hind）下达了明确详细的指令，命他们先向北前往布雷顿角（新斯科舍），然后沿海岸线一路南下。戈杰斯还派他接待过的两位印第安人萨萨科莫特和曼内多随船出航，以便靠近大陆时为沙隆做向导。戈杰斯深信这些印第安人是"不可或缺的领航员"，他们对那片海域非常熟悉。

不过沙隆没有听从戈杰斯的命令。1606 年 8 月中旬，"理查德号"载着 31 位船员从普利茅斯出发。不久之后他们遭遇飓风，沙隆不得不调转船头向南朝着西班牙领地西印度群岛行驶。11 月初，他们来到佛罗里达海峡，他们打算从此处向北前往最初定好的目的地。

但随后他们又陷入出乎意料的困境。他们碰见一支由 11 艘全副武装的西班牙商船组成的舰队。当时英格兰与西班牙已于去年签署了《伦敦条约》，两国正处于和平时期，因此沙隆保持航道越过西班牙舰队，同时升起英格兰旗帜，确保对方知道自己船只的身份。但出乎所有人的预料，一艘西班牙船只突然向"理查德号"开炮。沙隆以为西班牙船舰误解了他的意图，或者没意识到双方已签署和平条约，所以驾驶"理查德号"靠近指挥舰示意。他表明自己的身份，称此次航海目的是探寻殖民地，并主动提出可接受对方的检查——就像出示驾驶证给怀疑自己的警官检查一样。

根据尼古拉斯·欣德日后的证词，沙隆此举无济于事，并没有改变西班牙人的态度。他们再度开炮，这次彻底击坏了"理查德号"。之后西班牙人手持长剑登船，刺伤了萨萨科莫特，对"每一位船员拳脚相加"。最终所有的船员都被羁押到西班牙舰队上后，这 11 艘船只继续驶向家乡。沙隆、欣德、"理查德号"及船上所有物品都被带到了塞维利亚，船员也被囚禁于此。有几位英国船员还算走运，关押他们的船只因迷路最终停靠在法国后，他们获得自由并返回英国。他们的证词引发英格兰紧急外交活动，营救沙隆和其余船员，同时要回"理查德号"及船上物资。

但事情进展得并不顺利。沙隆不仅偏离了航道，还驶入了法律上的灰色海域。《伦敦条约》中相关条款对这片海域的阐述模糊不清，双方可做出不同解释。条约倡导自由贸易，允许船只进入彼此的港口，甚至准许军舰因恶劣天气或紧急状况停靠避难。该条约对于持有合法私掠许可证、打击海盗和抢劫行为的船只没有法律效力。同时，《伦敦条约》未注明英格兰有权在西印度群岛开展贸易，也没有解决英西两国对弗吉尼亚各自的主权宣示。

沙隆在塞尔维亚接受审讯，不过最终他被释放，由两位英国商人监护。沙隆自此开始陷入漫长的法律纠纷，他要求释放他的船员们。部分船员被迫在负责审理该案件的贸易议院出庭作证。贸易议院议长"没有找到犯罪动机"，因此他改变策略转而盘问起弗吉尼亚的事情，特别是关于那里的商品资源。显然，西班牙人仍不相信英国旨在探索新世界，他们想知道船员对那里到底有怎样的了解。

视线转回伦敦。戈杰斯、波帕姆以及罗伯特·塞西尔发现他们陷入了"理查德号"事件的指控和诉讼漩涡中。就连国王詹姆斯一世也卷入了这场外交风波。面对这种情况，戈杰斯对西班牙冷嘲热讽。他表示，普利茅斯公司探索新世界的努力被"我们的西班牙好朋友"挫败了。戈杰斯认为西班牙人担心英国人在和平条约下享有太多的海上自由权。他恳请塞西尔帮忙解决此事。

罗伯特·塞西尔和律师团研究该案件时，他们发现其中谁对谁错存在很大的争议空间。"理查德号"是否有权穿越西班牙控制的水域？西班牙舰船是否有权扣押"理查德号"及逮捕沙隆的船员？为找到答案，塞西尔委派他的一位秘书，同时也是律师的列维纳斯·芒克（Levinus Munck）研究可行方案。芒克认为，一方面，将被捕入狱的沙隆等人"交由命运处理"可能是最佳办法，即什么都不做，因为继续追查可能会"搅出更多更不利的局面"；另一方面，在英西双方签署的条约之下，沙隆此次目的地——北弗吉尼亚的所属权"存在争议"。如果双方认同这种看法，那么西班牙有权阻止"理查德号"前行，但无权袭击船只及殴打船员。

议员们权衡利弊之际，英国商人特别是与西班牙有生意往来的商人敦促他们就此事表态。1607 年 2 月，担任被捕船员翻译的英国商人内维尔·戴维斯（Nevill Davis）致信约翰·波帕姆爵士，称西班牙人将会"想尽办法阻止我们前往"弗吉尼亚。这种被动局面令戴维斯极为困惑，他希望弗吉尼亚"那片遥远未知的土地"能为英国带来比同西班牙合作"更安全且更赚钱的贸易"。《伦敦协议》的签署旨在促进英西双方的贸易，但戴维斯抱怨称，英国商人频频遇阻，不仅受到人身攻击，还被加征高额税款，他们面临的损失累计高达 8 万英镑。这和 55 年前的情况一模一样，受影响最大的是濒临崩溃的呢绒行业。"我们所有的羊毛制品，"戴维斯写道，"在西班牙根本不值钱，因为西班牙本国的纺织品产量过剩，而且比英国产品更适合气候炎热的地区。"最后，他以一句本应写在半世纪前的话收尾："为我们的呢绒行业寻找新市场刻不容缓。"

在美洲建立殖民地，满载而归

幸运的是，普利茅斯公司的第二艘船没有遇到类似情况。此次航行由波帕姆筹备，他的外孙托马斯·哈纳姆担任船长。哈纳姆也是弗吉尼亚特许状登记在册的 8 位原始投资人之一。他们于 1606 年 9 月出发，比"理查德号"晚 1 个月。波帕姆此前招待的两位印第安人塔哈内多和阿莫雷特随船远洋，他们担任向导与翻译。

当然，哈纳姆出发时对沙隆所遭遇的一切都不知情，他还翘首期盼几周后能在弗吉尼亚海岸北部与沙隆会合。哈纳姆横跨大西洋，比预期提前抵达指定的地点。然而"理查德号"并未现身，因此他们开始独自拓荒，寻找宜居地。留下两位印第安人和船员后，哈纳姆于 1607 年初返回英国，向波帕姆汇报。虽然"理查德号"麻烦不断，但哈纳姆找到了准确地点，令人欢欣鼓舞。戈杰斯日后的证词显示，首席大法官逐渐"对这项事业充满信心"，它能让"有钱没钱的人都……心甘情愿掏钱参与，派遣精兵强将去为前景光明的殖民地打基础"。

为确保此次殖民之行物资充足，波帕姆与戈杰斯四处筹集资金，不过两人意识到他们的时间非常紧迫。竞争对手伦敦公司的船队已经出发，除非他们遇到和沙隆相仿的霉运，否则他们很可能率先在弗吉尼亚建起殖民地。另外，长期活跃在北美地区做皮毛生意的法国人也构成了潜在威胁。戈杰斯在写给塞西尔的信中提到，他担心英国的邻居——法国可能进入美洲并"在那里发展壮大"。他解释说法国人已经"同当地人接触",换而言之,与当地人已经开展贸易了。

在紧张筹备远征冒险时,波帕姆选用领导更加看中血缘关系,而不是才华与经验。他任命侄子乔治·波帕姆(George Popham)担任"上帝之礼号"的船长,同时负责管理殖民地事务。不过戈杰斯对这一选择不以为然,他后来形容乔治"老态龙钟"、身宽体胖、"笨拙不灵",俨然一位"害怕冒犯"而不愿竞争之人。很明显,这些与殖民地总督应有的理想品质不符。不过约翰·波帕姆爵士才是普利茅斯公司幕后的老板,戈杰斯很难真正左右局面。

波帕姆选定汉弗莱爵士次子雷利·吉尔伯特担任第二艘船"玛丽和约翰号"船长。虽然戈杰斯与雷利·吉尔伯特是表亲,但他评价起这位年轻人时毫不留情,称他"倔强任性""追权逐利""不善决断"。不仅如此,小吉尔伯特好勇斗狠,一直认为他有权继承最初授予父亲的特许状,虽然这份特许状早在多年之前就转给了沃尔特·雷利。

尽管外界对波帕姆钦定的首领人选充满质疑,但仍有 100 人签署合约愿意前往殖民地定居。有关这群人的信息留下不多,只知道他们均为男性,有军人、木匠、造船者、牧师、铁匠、制桶工人以及厨师。除波帕姆和吉尔伯特外,船上其他重要人物还有军械专家爱德华·哈洛(Edward Harlow)、军士长罗伯特·戴维斯(Robert Davis)和检察官乔治·卡鲁(George Carew)。留在普利茅斯的印第安人斯基科瓦罗斯也登船随行,戈杰斯希望他能在公司的北美贸易业务上发挥作用。

1607 年 5 月底,"上帝之礼号"与"玛丽和约翰号"驶离普利茅斯。航行中两艘船彼此分离,这种情形在横渡大西洋的漫长过程中经常出现。不过 8 月第一周,两艘船重新集结。几天后,雷利·吉尔伯特和乔治·波帕姆在萨比诺角(Sabino Point)选定了一片土地作为殖民地,这里深入萨加达霍克河（现在的肯纳贝克河，Kennebec）河口，距大西洋不远。这里坐南朝北，前面可以看到河水流向大海，可以有效提防印第安人、法国人和西班牙人的袭击；背后依山，有着天然屏障；东面则是浅海湾和沙滩。

登岸后，波帕姆和吉尔伯特正式宣布建立"波帕姆殖民地"，人们简称其为"萨加达霍克"（Sagadahoc），以殖民地所在河流命名。牧师理查德·西摩（Richard Seymour）布道说："大树枝繁叶茂，为人们抵御盛夏8月的烈日。"依照惯例，殖民地委员会成员名单要大声宣读，乔治·波帕姆被任命为殖民地首领，吉尔伯特、詹姆斯·戴维斯、西摩、罗伯特·戴维斯、爱德华·哈洛担任波帕姆的助手。第二天，工人们破土动工，开始建造堡垒要塞，并以英国守护神圣乔治的名字命名。现存的平面图展示了一个设计精美的封闭式的管理区，四面的石头围墙设有火枪射击点，要塞内部是一排整洁有序的建筑群，包括指挥官和首领的住所、小教堂、储藏室、面包坊、警戒所和几间私人住房。到10月，要塞和其他数座建筑已经完工，与此同时，他们还打造了一艘中型船，这也是英国人在美洲建造的第一艘船只。他们将其命名为"弗吉尼亚号"，以表达对这片土地和伊丽莎白一世的敬意。工人们辛苦劳作之际，吉尔伯特沿河探索，与遇到的当地印第安人做生意。有斯基科瓦罗斯做中间人，吉尔伯特再次与塔哈内多取得了联系。

几个月后，满载货物的"玛丽和约翰号"启程返航，带回殖民地日新月异的消息，同时，确定波帕姆和吉尔伯特安全抵达北美大陆，他们的工作正有序进展。"玛丽和约翰号"上载有各种物品，大部分是皮毛，还有一种含丝质纤维的植物秧苗（很可能是乳草属植物），或可用于织布中。他们没有发现檫树，说明殖民地的位置在檫木自然生长区以北。

12月初，"玛丽和约翰号"达到普利茅斯港，船员们得知在6月份船队出发两周后，殖民运动主要拥护者老波帕姆离开了人世。接下来，费迪南多·戈杰斯担起了殖民地项目的大部分重担。"玛丽和约翰号"刚靠岸，戈杰斯便致信罗伯特·塞西尔，并盖上"深夜急件"的印戳。他在信中表达了喜忧参半的复杂心情，令人欣喜的是"那是一个土地富饶、水资源丰富的国家，那里有宽阔的海口港湾，顺服的人民"，但不尽如人意的是，那里缺乏"满足冒险家期望"的物资或商品。但费迪南多·戈杰斯心中一清二楚，这样的措辞会"有损殖民运动的声誉"，但他仍对此持乐观态度，认为"如果他们能够成功阻挡法国人介入贸易"，殖民者就能带回各类商品，包括打造船只桅杆的木材、各种动物皮毛甚至葡萄酒。这批殖民者似乎已成为葡萄栽培专家，酿出了一种"口味像极了法国波尔多红葡萄酒"的美酒。戈杰斯还向塞西尔许诺以后会汇报更多关于殖民地的细节信息，同时提到了沙隆船员在西班牙入狱的事情。

殖民地领袖后继无人，无奈弃置

两天后，戈杰斯再次致信塞西尔。他在信中责怪乔治·波帕姆和雷利·吉尔伯特没有汇报萨加达霍克殖民地更有价值的商品情况。此外他还透露，吉尔伯特甚至写信给英国的朋友，称自己握有特许状。由于他们不负责任，戈杰斯暗示自己能承担更大责任，而且在不耗费国王大笔资金的情况下"带回无穷无尽的货物"。

此时此刻，萨加达霍克的殖民者开始经受刺骨的严寒。他们怨声载道，在到达东北海岸时，恰逢自1550年起两百年来最寒冷的冬天。气候恶劣至极，后来人们称其为"小冰河时期"。詹姆斯·罗齐尔笔下那片田园牧歌般的土地是夏天而非冬日的样子。他绝对想不到这里的冬季天寒地冻、漫天飞雪。

眼看一天比一天寒冷，吉尔伯特和波帕姆认为现有的物资无法保障所有人平安熬过这个冬天，因此，他们令近乎一半殖民者登船返乡，同时，船上还装满了制作桅杆的木材。返航途中，殖民者在亚速尔群岛停船补充给养，船只管理层指示船员们卖掉木材换取物资。当"上帝之礼号"最终抵达英国时，船上已无商品供投资人变卖来收回当初的投资款。

戈杰斯不得不又一次向塞西尔汇报令人失望的消息。弗朗西斯·波帕姆对变卖物资一事恼羞成怒，因此他联合母亲安妮·波帕姆，一纸诉状将"上帝之礼号"下令出售木材的管理层告到了海军法庭。然而也有鼓舞人心的好消息。"上帝之礼号"还带回一封乔治·波帕姆写给詹姆斯国王的信函，信中描述的殖民地极有商业潜力，这似乎与现实的种种坏消息相悖。"当地居民再三强调这里盛产肉豆蔻、肉桂等植物，"波帕姆写道，"还有柏油、巴西苏木、胭脂虫红色颜料、龙涎香等，还有其他重要珍贵的东西，且产量很高。"更具诱惑力的是，印第安人向他保证"从圣乔治堡向西走不到 7 天的路程，会看到一片'无边无际、深不见底的海洋'，大到连印第安人'也不知道它的边界'。"虽然没有证据，但波帕姆仍断定"这里不是别的地方，正是前往中国的必经之路。中国无疑离这里并不遥远"。

不幸的是，波帕姆有关殖民地商业潜力的言论皆是凭空捏造，说得好听点儿，是一厢情愿的想象。他在信中提及的物品，殖民者只找到了龙涎香一种。虽然殖民地西面的确存在两片巨大的水域——分别是尚普兰湖（Lake Champlain）和圣劳伦斯河（St. Lawrence River），但前往中国的航路却是他胆大虚构出来的。随"上帝之礼号"返回的殖民者也没带来振奋人心的消息。他们诉说遭受的艰难困苦，尤其是"极端天气"对他们的"百般折磨"，他们衣服单薄，食不果腹。吉尔伯特的顽固作风，致使殖民地内部分裂。而印第安人完全不合作，做买卖时"狡猾奸诈"，且不透露商品的来源。这种情况并非意料之外，毕竟维莫斯绑架印第安人的事才过去两年。尽管斯基科瓦罗斯与塔哈内多出面调停，但印第安人仍然无法忘却或者原谅英国人的罪行。

向塞西尔呈报这些消息的同时，戈杰斯也请求他给予更多耐心，同时准许自己组织给养运送任务。得到肯定答复后，他立刻派遣"玛丽和约翰号"载满新鲜的补给物资前往萨加达霍克，同时带去一个重大消息：约翰·吉尔伯特——汉弗莱爵士的大儿子已辞世，丰厚的家族遗产将由弟弟雷利·吉尔伯特继承。

这让年轻的雷利·吉尔伯特陷入两难选择：继续留在殖民地拓荒还是返乡经营家族庞大遗产。很多因素左右着他的抉择。吉尔伯特的搭档，殖民地领袖之一的乔治·波帕姆可能受了风寒而于 2 月去世，享年 58 岁。殖民运动的主要投资人约翰·波帕姆此前也已辞世，尽管戈杰斯在努力筹集新一轮物资补给，但恐怕无法长久维持。殖民拓荒者既未完成房屋建造计划，也没看到当初期望的商业潜力：波帕姆列出的清单上的异国物品一样都没找到，同时没能与印第安人建立可靠的贸易关系，无法保证皮毛和其他商品的稳定供给。

雷利·吉尔伯特确实需要权衡利弊，谨慎选择。尽管戈杰斯质疑吉尔伯特的领导才能，但殖民地在他的管理之下运行良好。除乔治·波帕姆意外死亡，其他所有成员都顺利战胜了严寒与恶劣环境。虽然有争执吵闹和意见分歧，却没有直接的冲突，也没有暴动，更没有汉弗莱·吉尔伯特曾在纽芬兰面临的船员哗变事件。在新世界，雷利·吉尔伯特拥有巨大自由和虽然不确定但无穷无尽的机会，他可以凭借父亲于 1578 年获得的特许状实现自己的想法，占领美洲大部分土地，建立父亲设想的自治政区。也许有一天，他能打开通往中国的航道，这正是父亲朝思暮想的事情。乔治·波帕姆一直坚信此地离中国不远。当然，他也可以选择重归故里，接手康普顿城堡，成为这座位于德文郡的戒备森严的家族庄园的主人。他将拥有大量土地、熟悉的贵族生活圈和锦衣玉食的生活。

最终，英国的魅力战胜了一切，吉尔伯特选择了更稳妥安全、更保守传统的道路。他的抉择也决定了整个殖民地的命运。新领袖后继无人，其他殖民者也没有尝试说服吉尔伯特留下来。所有人都登上"玛丽和约翰号"启程返航。萨加达霍克殖民地最特别的纪念物——英国人在美洲打造的首艘船只"弗吉尼亚号"也随之一同驶向英国。

放弃殖民地、全员返回的行为对戈杰斯而言无疑是沉重一击。"这些人返回英国令所有最初的承办人大失所望，"他写道，"未来很长一段时间内，我们都无法再听到人们谈论开拓殖民地。"

第 17 章

伦敦公司积极的商业冒险

对普利茅斯公司的商人和朝臣来说，雷利·吉尔伯特放弃萨加达霍克殖民地令人心碎，不过费迪南多·戈杰斯夸大了英国在新世界建立殖民地失败的更广泛的意义。毕竟，伦敦公司已在沿着海岸线往南1200 千米处着手打造与之竞争的殖民项目。

不祥的开端

相比普利茅斯公司，伦敦公司资源充足，在托马斯·斯迈思爵士的领导下，项目运转良好，而且人员配备也相当到位。克里斯托弗·纽波特（Christopher Newport）担任船队指挥官，他是英国最资深的航海家之一，对大西洋了如指掌。英西旷日持久的海战期间，身为武装私掠船船长的纽波特表现不凡。在一次与西班牙运宝船的激烈交锋中，即使他的右臂被砍掉，也没能让他减速。1592 年这位独臂船长指挥一艘船将俘虏的"马德里·德·迪奥斯"号驶进港口。身为纽波特副手的巴索洛缪·戈斯诺尔德，在 4 年前仅有的一次独立横跨大西洋航行时，便将自己的印记留在了北美——他命名了鳕鱼角和玛莎葡萄园岛。

理查德·哈克卢特一直期望前往新殖民地担任传教士，詹姆斯一世也准许了他的计划。16世纪80年代这位牧师兼作家差点和汉弗莱·吉尔伯特一起踏上那次前往纽芬兰的灾难之旅。哈克卢特之前没能登上吉尔伯特的船只，这一次也未能如愿。已年过半百的哈克卢特有家室、财力，也有名望，他或许认为参与这类冒险事业，弊远大于利。不过他仍积极投身各项前期准备工作，在为纽波特和其他管理人员起草规章制度上发挥了重要作用。

纽波特的船队由"苏珊·康斯坦号""平安号"及12吨的中型舰"发现号"组成。1606年12月20日，船队载着144位男性船员从布莱克威尔起航。他们一路向南，避开西班牙人以及亨利·沙隆1606年被捕的海域。1607年4月26日，船队抵达一处海湾入口的海角，也就是现今的弗吉尼亚州切萨皮克湾。纽波特和30位殖民者停船登岸，以詹姆斯一世长子——王位继承人之名将这里命名为"亨利角"（Cape Henry）。

伦敦公司领导层为殖民者制定的"某些规章制度"比较特别。自起航至"有幸登陆弗吉尼亚海岸"期间，纽波特对船上的每一个人，包括贵族、绅士，具有"唯一且绝对的管理权"。然而，一旦船队抵达目的地，纽波特的绝对权力将终止，并移交给一个管理机构，即弗吉尼亚议会。托马斯·斯迈思和国王议会其他成员此前已选定管理弗吉尼亚殖民地的议会议员。不过成员名单并未对外公布，而是放在一个密封的盒子中，等殖民者抵达目的地后方能打开。斯迈思与其他莫斯科公司和东印度公司的管理层认为这个方法可以有效防止暴力冲突和叛乱。

所以，当他们抵达亨利角后，纽波特依照命令打开密封盒，朗读议会成员名单。纽波特就在名单之中，其他人员还包括戈斯诺尔德及拥有爱尔兰殖民背景的爱德华·玛利亚·温菲尔德。此外，约翰·马丁（John Martin，其父亲理查德·马丁曾担任伦敦市长、矿业和电池工厂理事）、曾任政府间谍的军人乔治·肯德尔（George Kendall）、极其自信和经验丰富的冒险家兼军人约翰·史密斯（John Smith）也榜上有名。令人意想不到的是，曾与戈斯诺尔德一同前往美洲的加布里埃尔·阿彻（Gabriel Archer）不在其中，而且人脉关系显赫的贵族乔治·珀西（George Percy）也没有入榜。珀西的哥哥诺森伯兰公爵与沃尔特·雷利私交甚好，同时也是托马斯·哈里奥特的赞助人。

议员们推举温菲尔德为殖民地负责人，他德高望重，受到人们的拥戴。时年 50 多岁的温菲尔德与皇室渊源深厚：他的祖父曾担任加来副市长，父亲是亨利八世姐姐玛丽的教子，因此温菲尔德的中间名字叫"玛丽亚"。年轻时，温菲尔德攻读于林肯律师学院，但后来投身军旅，曾在爱尔兰和低地国家作战。

在温菲尔德领导下，议员们将重心转向迫在眉睫的事务上，寻找适合的地方作为殖民地。依照此前制定的指导说明，殖民者应花些时间探索，确保选址"安全、干净、富饶"。理想之地是"距河口 160 千米的位置，远些更好"，以便防止敌人从海陆两个方向攻击。殖民者还在河口处建造了一个瞭望台，遇袭时可为上游的定居点提前发出警报。

殖民者按照指导说明，离开亨利角，到达一个开阔的河湾，他们以国王的名字命名该河为"詹姆斯河"。此后他们继续逆流而上寻找宝地，最终选定一处离海岸不远的小岛作为殖民地，认为这里"非常适合建造一座大城市"，并将这里命名为詹姆斯敦（James Towne）①。

选定落脚点后，众人分为 3 组开始按照指导说明劳作。第一组负责建造一座防御堡垒、一处给养仓库及其他"必备且大家共用"的设施。第二

———————————

① 詹姆斯敦，英国在北美洲建立的第一个永久殖民地。——译者注

组的任务是开垦土地，种植"玉米和甜菜"。第三组则投身搜寻矿产和前往东方的航道工作中，国王议会议员相信，这条航道直线穿过北美大陆最终通向太平洋。在纽波特的率领下，这群冒险家深入名为"森纳克马卡"（Tsenacommacah）的印第安人领地。他们数次遇到印第安人，双方和平共处，此外他们还听到了有关矿山的消息，这使他们内心激动不已。但当这群冒险家返回殖民地定居点时，眼前的一幕令他们十分惊骇：印第安人袭击了詹姆斯敦新建造的堡垒，共有 11 人受伤、两人被杀害，其中之一还是个孩子。

这对殖民者而言，是个不祥的开端。

发现殖民地的商业潜能

1607 年 7 月末，在詹姆斯敦停留了快两个月后，克里斯托弗·纽波特返回英国向国王议会汇报进展情况（在新英格兰殖民地那边的波帕姆还没有发回任何消息）。曾有人提醒纽波特不要"写任何打击其他人信心的内容"。当初，罗阿诺克殖民地拓荒者带着悲惨故事返回英国后，对吸引新投资人极为不利，这给托马斯·斯迈思和其殖民运动领导者带来了极其深刻的经验教训。

纽波特向国王议会呈递了一封来自温菲尔德及其他弗吉尼亚议会议员热情洋溢的信件。殖民者在距河口向内陆 100 千米的上游处建立了一处"有效抵御印第安人的堡垒"。他们"储藏了充足的小麦"，而且这里渔业资源丰富，他们相信如果国王议会再次运送给养，弗吉尼亚一定会发展为"富饶之乡、安乐之地"。不过他们提醒此项任务动作要快，因为"贪得无厌的西班牙人"仍对弗吉尼亚虎视眈眈。

纽波特带来了殖民地具有商业潜能的证据：两吨檫树，这是紧俏抢手的商品；还有封檐板——薄薄的长板条，由橡树、松树、杉树切割而成，用于房屋的墙面和屋顶。他还带回些矿石样本，他相信其中含有少量黄金。不过矿石并未引起极大反响。自从弗罗比舍那次冒险失败后，投资者对黄金的消息都心存疑虑。这一次，沃尔特·科普爵士致信塞西尔，称如果他们相信殖民者所言，那么"我们落在一片充满希望的土地上"。科普写道，虽然没有牛奶，"但我们找到了珍珠"；虽然没有蜂蜜，却淘到了黄金。但他也警告称，殖民者需吸取教训，要在"聪明女教师的经验中学习，不要盲目相信别人"。很快，科普的疑虑得到了证实。第二天，议员们收到矿石的化验结果。正如科普所料，矿石里没有铜，更不要说黄金了。

尽管如此，塞西尔仍备受鼓舞，他很快批准运送给养任务，丝毫不愿浪费时间。他担心西班牙已摩拳擦掌，企图摧毁詹姆斯敦，占据那里的丰富资源。1607 年 9 月，西班牙大使佩德罗·德·祖尼加（Pedro de Zuniga）致信菲利普三世，建议"国王陛下趁着当下容易时清除英格兰这株毒草"，如果假以时日，"斩草除根难度会大增"。

斯迈思负责组织补给任务。雷利曾因管理失误造成罗阿诺克殖民地最终衰败，斯迈思不想重蹈他的覆辙。凭借个人影响力，斯迈思成功游说了 55 位东印度公司商人捐款。到 10 月份，纽波特返回英格兰两个月后，他又率领 120 位船员和两艘满载物资的船只浩浩荡荡出发，前往羽翼渐丰的弗吉尼亚。斯迈思出色的管理能力让议员们赞叹不已，科普建议塞西尔应对斯迈思的"细心和勤勉表示感谢"。

史密斯书写美洲传奇

1608 年 1 月 2 日，纽波特船队抵达弗吉尼亚。此时此刻，沙隆和他的船员仍被关押在西班牙，而波帕姆殖民地正与饥寒交迫做生死抵抗。这里并不像他走时那样充满欢乐、生机勃勃。生活在殖民地的人们正处在崩溃的边缘。去年夏天，当他带着詹姆斯敦的捷报启程返英时，殖民者遭受了痢疾肆虐和袭击。许多人染病死亡，到最后活着的人都"不敢亲手掩埋死去之人"。

巴索洛缪·戈斯诺尔德也在这次疾病暴发时丧生。

痢疾肆虐殖民地后，各议员相互指责，殖民政府分崩离析。"戈斯诺尔德船长去世后"，乔治·珀西写道，"弗吉尼亚议会内部几乎无法达成一致意见"，他们已开始四分五裂。肯德尔、马丁和拉特克利夫3位议员集体控诉温菲尔德私囤燕麦、牛肉、鸡蛋、威士忌供自己享用，将他驱逐出议会，拉特克利夫就任议会会长。为强化自己的统治地位，拉特克利夫指控肯德尔为西班牙间谍并逮捕他，最终枪毙了肯德尔。

争吵之中，普通殖民者陷入水深火热，此时备受争议的27岁的约翰·史密斯被推举为临时负责人，他出身卑微，是弗吉尼亚议会中最年轻的议员。但他却经历不凡，很早便离开英格兰远赴他乡谋生。刚过20岁不久后，他成为基督教军团的雇佣兵，前往东欧同奥斯曼土耳其人作战。在这场战争中，他表现非凡，英勇无比，被授予标志着贵族身份的盾徽，开始走向成熟。

纽波特不喜欢独断的史密斯。在赴詹姆斯敦的第一次航行中，史密斯因狂妄自负惹怒了其他议员，他们指控他参与反叛活动，并将他囚禁在船上。不过史密斯最后有幸免于绞刑。当殖民地陷入危机时，史密斯凭借与生俱来的领导力，勇敢地走出堡垒，沿着詹姆斯河逆流而上，同印第安人交换玉米。弗吉尼亚东部有30多个波瓦坦部落，居住着1.4万印第安人。他们使用阿尔冈昆语中的不同方言，控制着森纳克马卡这片2万平方千米的土地。在大酋长瓦汗森纳科克（Wahunsonacock）的统治下，各部落以结盟的方式繁衍生息。英格兰人称瓦汗森纳科克为波瓦坦。

正是史密斯逆流而上遭遇的袭击书写了一段美洲传奇故事。史密斯带领一队殖民者沿詹姆斯河划行一段距离后，他与两人下船探索附近的树林。没过几分钟，他们便遭遇埋伏，其他同伴全部遇难，其中一位"身中二三十支箭"，而史密斯本人被活捉。印第安人押送史密斯拜见瓦汗森纳科克的兄长，出乎意料，他受到了热情款待，"精致盘子里盛放着上好的面包""满桌野味，可够十余人享用"。之后，史密斯被押解到波瓦坦首都威洛沃科莫科（Werowocomoco），交由瓦汗森纳科克处置。印第安人将他的脑袋夹在"两块巨石间"，史密斯认定他们要"砸碎他的脑袋"。他乞求饶命，当"一切求饶显得苍白无力"时，一位约 10 岁的印第安小女孩冲上前去，"双臂抱住史密斯的脑袋，用身体护住史密斯，请求赦免，饶他一命"。这个小女孩名叫玛托阿卡（Matoaka），而史密斯称她为波卡洪塔丝，他认为这才像个调皮可爱的小孩子的名字。1608 年 1 月，重获自由的史密斯回到詹姆斯敦，几个小时后纽波特的第二批物资船舰缓缓驶入视线。

纽波特带来大批移民和新鲜补给，这使得殖民地幸存者极为振奋。大约有了 140 人的殖民地焕发新的生机。为让殖民地发展壮大，纽波特开始寻找金矿与通往太平洋的快速航道。尽管不喜欢史密斯，但纽波特依然让他参与此次行动，因为没人比他更熟悉这片土地。

他们最终无功而返，但这次冒险却标志着英国人和波瓦坦人间的关系进入新篇章。在此之前，英国人诱骗虏获印第安人，并横跨大西洋将他们带回英国，目的是作为他们的发现佐证呈现给国王，使英国人更好了解印第安人居住地的风俗、语言和文化。如今在史密斯的帮助下，纽波特与瓦汗森纳科克做了一笔交易，这一引人注目的举动似乎意味着信任和善意。13 岁的英国男孩托马斯·萨维奇（Thomas Savage）与瓦汗森纳科克手下的忠实仆人纳蒙塔克（Namontack）互相交换。这位年少的英国男孩，作为"中间人"，是双方交换人员彼此了解的第一人，他将与印第安人首领生活，学习阿尔冈昆语，最终，萨维奇成了一名翻译。

1608 年 4 月，纽波特再次启程回国，此次与他同返的还有纳蒙塔克与被罢免的殖民地首领温菲尔德。过了 5 个月，史密斯正式就任议会议长。他对这些绅士殖民者采取强硬态度。他写道，"这些人宁愿挨饿等死"也不愿意承担分内的工作，还警告说"无所事将无所食"。他不想让"三四十位勤劳忠诚的人的劳动成果"被"150 个游手好闲的无赖"吃光耗尽。

返回伦敦后，克里斯托弗·纽波特向弗吉尼亚集团的投资者们呈递了一份由高产作家史密斯撰写的关于詹姆斯敦殖民地的报告。这片土地"不仅适宜居住"，他写道，"还极具商业潜力"。这片广阔无垠的沃土被一位伟大的印第安"酋长"统治，他"生活富裕，脖子上戴着多串大的珍珠项链"，身着一件精致的浣熊皮披风，当地人称之为"拉豪库姆斯"。蕴藏丰富的土地、价值连城的奇珍异宝、极为珍贵的动物皮毛、乐于助人的印第安商人，一切说辞都振奋人心，因此伦敦集团迫不及待地加急印制史密斯撰写的小册子《真实记录：弗吉尼亚第一殖民地所发生的故事》。

史密斯的报告里附有一幅简单地图，这特别令斯迈思和他的同事们感兴趣，地图让他们首次看到詹姆斯河及其支流、詹姆斯敦周围零散分布的印第安人村庄的景象。地图还标明这里有条通往东方的航道。史密斯推测海水来自"南海"，从詹姆斯敦逆流而上流入了这条河。也许伦敦公司最终做好了随时发现前往中国新航道的准备。

更令人激动的是，史密斯认为罗阿诺克殖民地的人员或许仍然在世。自1587 年约翰·怀特将殖民者留在那里，便一直有传言称他们活了下来，但除此之外没有任何其他消息。史密斯在海岸线标注了名为"帕克拉卡尼克"（Pakerakanick）的村庄，他写道，"这里有 4 位穿着罗阿诺克殖民者衣服的人"。英国人不愿放弃沃尔特·雷利的殖民者仍在某地生息的希望。

建立拥有更多投资者的新公司

1608 年 8 月，纽波特带领 70 位新殖民者前往詹姆斯敦执行第二次物资补给任务。纽波特向西航行之际，波帕姆殖民地的定居者却抛弃萨加达霍克东渡驶回伦敦。纽波特为殖民者带来新指令，要求他们搜寻"南海、金矿"或"沃尔特·雷利爵士"派遣的人——消失的罗阿诺克殖民者。与此同时，他还带着一封来自托马斯·斯迈思的信函（已失传），字里行间满是挫败失望之情。斯迈思向史密斯和殖民者表达了他对他们"含糊其词、没有带来希望和证明"的做法很恼火。斯迈思明确地警告称，如果殖民者没有送回商品来抵销最新一次补给船队共 2 000 英镑的运行成本，将让他们"自生自灭"。

这封信令史密斯船长怒火中烧，他迅速做出连他自己都承认是"粗鲁的回应"。虽然在报告和地图草图中激励投资人积极寻找前往中国的航道，但史密斯对纽波特的新指令嗤之以鼻。他抨击公司运送给养的努力程度，称这批食物"不值 20 英镑"。他提醒斯迈思不要指望快速回报，也不应将詹姆斯敦的商品输出同莫斯科公司相比。"尽管莫斯科的代理人 1 周就能买到装满整艘船的货物，"史密斯写道，"但一定不要期望我们也能这样。"他透露说，詹姆斯敦殖民者的生活都"难以得到保障"。

接到史密斯的回信以及包括一份弗吉尼亚地图在内的其他报告后，斯迈思和国王议会议员们相信，如果想让詹姆斯敦蓬勃发展，弗吉尼亚公司扭亏为盈，就需要做更多不同的事情。他召开一系列"重要会议"讨论接下来的办法，他邀请理查德·哈克卢特和托马斯·哈里奥特参加部分会议。当时已近天命之年的哈里奥特是英国最资深的殖民者，讨论会举办地定在罗伯特·塞西尔兄长、投资人托马斯·塞西尔的伦敦宅邸。他们决定采取三大重要举措：调整领导结构；扩大殖民地领域范围；增加投资人数量。

史密斯的信函清楚表明现有领导者面临诸多难题。詹姆斯敦政府没有被赋予足够大的权力。史密斯掌权期间，其他议会议员各立门户，寻找各种机会动摇他的根基。一位殖民者日后指出："在他们之间每天都会因嫉妒上演纷争和冲突，他们毁掉所有人的劳动果实。"国王议会的成员承认在选择总督并赋予权力上"犯了错"，因此决定重新任命"有能力且有绝对权力的总督大人"。

斯迈思阵营还决定赋予总督更大地域范围的管理权。史密斯船长送给斯迈思的地图和报告为英国在新世界建立大规模殖民地提供了基本信息。这份地图和报告后来以《弗吉尼亚地图：关于地区、商品、民族、政府和宗教的记录》为名出版发行。因此，资深议会议长埃德温·桑迪斯爵士受命起草一份修订版的，或者第二份特许状，以扩展伦敦公司领土的要求。桑迪斯完成了这项工作，1609 年 5 月，詹姆斯一世签署特许状，大幅增加了股东宣示土地所有权的范围——从原有的 2.6 万平方千米扩大到 260 万平方千米。

这一范围是"从大西洋到太平洋"，表明斯迈思和他的同人决心找到通往太平洋到达中国的快速航道。同时，它从北部的詹姆斯敦及周边延伸到南部的罗阿诺克，这标志着他们将致力于寻找雷利殖民地的幸存者。斯迈思和伦敦公司的其他领导日后写道，他们相信"沃尔特·雷利爵士建立的我们国家殖民地的一些定居者仍然在世，就在我们定居点的方圆 80 千米范围内"。如果找到他们，他们会像"打开这片土地的五脏六腑"那样，揭开这里的秘密。

除新领导层和更宏伟的殖民愿景外，斯迈思和同人还寻求进一步改革：建立拥有更多投资者的新公司。殖民是个极耗财力物力的事业，他们认识到需要为整个公司打造坚实的财务基础。为此，他们拿到了皇家资助，并将新成立的公司写入特许状。公司全称为"伦敦弗吉尼亚第一殖民地冒险家及殖民者公司"（Treasurer and Company of Adventurers and Planters of the City of London for the First Colony in Virginia），也就是广为熟知的弗吉尼亚公司。在一连串旨在吸引新投资者的推广活动后，新公司最终浮出水面。

斯迈思第一步便邀请普利茅斯公司商人们以每股 25 英镑的价格加入伦敦公司阵营，同时他们可享受成员拥有的"所有特权和自由"。事实上，这算是企业并购。斯迈思相信，两家的联合会让他们更大更强。"如果我们坦诚地合作，通过共同、坚实的财力稳固我们的基础，"斯迈思说道，"我们会从这片物产富饶的土地获得丰厚回报。"他同费迪南多·戈杰斯爵士讨论此提议，但最终一无所获。戈杰斯和他的投资人仍未摆脱萨加达霍克殖民地失利的阴影，他们似乎对代价高昂的殖民冒险活动提不起兴趣。

为了获得更多投资，斯迈思委托他亲密的商业伙伴、食品行业公会主要商人罗伯特·约翰逊（Robert Johnson）撰写名为《新不列颠》（*Nova Britannia*）的宣传小册子。新不列颠与德雷克的新阿尔比恩遥相呼应，两个地方分别在美洲大陆同一纬度的东西两侧。这是加入新元素的盛大宣传活动的第一步。

约翰逊力劝读者不要与他们的英国"先辈"犯同样错误，当他们拒绝了克里斯托弗·哥伦布发现通往中国的新航路时，他们错失了"世上最宝贵、最美好的财富"。"不要当事后明白人，就像蠢人手中握有珍宝，却不知如何使用它。"约翰逊凭借慷慨激昂的言辞，力求唤起民族感情的同时还激发宗教信念。从商人冒险家协会起，商人们口口声声要去说服非基督徒皈依，以此作为海外冒险的动力，但他们很少采取切实行动去传教布道和争取皈依者。如今，约翰逊强调英国殖民努力的最高目标是把殖民地建成"发展和传播信仰上帝的国度"。新不列颠的宗旨清晰而明确地展现在世人面前。尽你所能投资，一分钱不少、一万块不多。你是在为国家、为上帝而支持弗吉尼亚。

小册子的宗教寓意得到了英格兰神职人员的支持和强化。1609 年 3 月，牛津大学神学家理查德·克拉坎索普（Richard Crakanthorpe）赞扬所有投身弗吉尼亚建设的人，他们的投资可以推动"在另一个世界打造新不列颠"，还能确保"异教未开化之人和野蛮人"学习圣言。4 月，另一位牛津大学学者威廉·西蒙斯（William Symonds）向弗吉尼亚事业主要支持者布道。他引用圣经典故，将殖民者的任务比作亚伯拉罕的事迹。亚伯拉罕受到神的指令，离开父亲的土地，建立了"一个伟大国家"。

西班牙大使佩德罗·德·祖尼加几乎无法掩饰对这一宣传的鄙视之情。他致信菲利普三世，称英国人"实际上让牧师沉迷于使他们的宗教遍布世界，要求所有人竭尽所能推动此事业"。开发弗吉尼亚也不再单纯是商业冒险行为，它正成为新教主义、领土扩张和增加公共财富的改革运动。不过宗教信仰远比见利忘义的商业运作更具吸引力：斯迈思和其他领导皆是虔诚的新教徒。斯迈思本人自幼在虔诚的家庭中长大，第一任妻子是理查德·卡尔弗韦尔（Richard Culverwell）之女。卡尔弗韦尔曾为伊曼纽尔学院的建立出力。约翰·哈佛（John Harvard）资助了这所清教徒学院，并捐出自己的藏书，后来学院改名为哈佛大学。

　　牧师在伦敦讲坛布道之际，国王议会议员则向他们的朋友和同人施压，敦促其进行宣传运动。他们致信伦敦市长、市参议员、同业公会，招揽殖民地的认购者——"取悦上帝并为共同财富而高兴的行为"。反过来，市长恳请伦敦同业公会巨头们"认真、有效地安排"旗下成员"参与这一宏伟且崇高的殖民活动"。

　　这种极有活力的营销活动非常吸引人，但投资人或许还一直被另一个新特点深深迷住：低价格。16世纪50年代初，商人冒险家协会将入股价格定为25英镑，这在当时是笔巨款。半个世纪后，东印度公司的每股价格已涨至200英镑。后来在弗吉尼亚公司，斯迈思大幅下调了定价：每股为12英镑10先令。回报则是7年后可获得一块土地及殖民地的收益分配。在《新不列颠》中，约翰逊满怀信心地预计，投资人每股"至少"可获得200多万平方米土地的回报。

　　融合了民族自豪感、宗教信仰、魅力营销和低廉价格的方案收效甚佳。第一份弗吉尼亚特许状上只有8位认股人，而第二份特许状的登记人数增加了近100倍：659位个人、56家同业公会和其他企业机构。包括呢绒商人公会、制衣公会、黄金匠人公会、男衣公会等同业公会巨头，连同家禽、水果、石膏、制篮以及刺绣等小本商家都纷纷出资认购。个体投资人来自社会各个层级，更能反映资金来源的多样性：不仅有名门望族，还有医生、船长、酿酒师，甚至鞋匠。推广活动大获成功，祖尼加十分慌张，他告诉西班

牙国王："20 天就筹到此次航行所用的资金总额，令人惊愕。"他表示，有
14 位"伯爵和男爵"承诺拿出"4 万达克特"①，而商人们"出资更巨"，"就
连穷苦百姓及妇女都愿意认购"。

自首批殖民者抵达亨利角已过了 3 年时间，但迄今为止的收获令人失
望，甚至可以说不值一提。正如一位同时代观察家所言："这种殖民是倒退
而不是前进。"此前，这类挫败注定了殖民项目在劫难逃。但托马斯·斯迈
思和领导层没有抛弃殖民事业，相反，过去许多人纷纷放弃了他们的冒险活
动。最终，他们似乎接受了殖民过程充满坎坷，需要不断调整适应，以及打
造蓬勃事业需要花费时间的现实。"建设殖民地如同造林，"参与第二份特许
状起草工作的英格兰首席检察官弗朗西斯·培根爵士表示，"必须先做好亏
本 20 年的准备，到最后才能指望获利。"

到目前为止，詹姆斯敦必定被算作一个失败的地方——人和梦想的坟
墓。如今，是时候清零再次上路了。领导者以新态度倾听约翰·史密斯、理
查德·哈克卢特及托马斯·哈里奥特等知识渊博、经验丰富之人的建议，他
们重新思考殖民事业，放弃不奏效的方法，仔细考量对未来更有利的方法。
他们接受了试错和渐进式改善过程。他们为自己的努力感到欣欣鼓舞，因为
他们相信自己能受到国王的重视，有伦敦的支持，还有人们的热情参与，他
们由衷地相信，上帝会保佑他们。

---

① 欧洲古代贸易货币，于 1284—1840 年发行，近似足金，重约 3.56 克，价值较高，所以广
受欢迎。——编者注

第 18 章

美洲殖民地开发终于大获成功

拿到特别授权后，斯迈思和同人们开始筹备规模宏大、装备齐全的冒险行动。他们组建了一支 9 艘船组成的船队，指挥船是"远洋冒险号"。这艘重达 250 吨的大船专为运送大批殖民者前往新世界而打造。包括 100 位妇女在内的 600 位殖民者将去大洋对岸繁衍生息，这一规模是史无前例的。船队由两位特许状所有人托马斯·盖茨爵士和乔治·萨默斯爵士负责指挥。

盖茨是军人和外交官出身，曾在荷兰与西班牙人作战，就连西班牙对手都说他"很特别"。盖茨将出任詹姆斯敦新的总督一职，同时负责监管殖民地扩张事务。此外，他还肩负寻找"蕴藏丰富的铜矿"及"4 位尚在人世的英国人"的工作，即仍然活着的罗阿诺克殖民者，他们可能生活在不远处，因新殖民地的创建而未被人们察觉发现。

1609 年 6 月初，船队从法尔茅斯出发。但离开英国仅 1 周后,殖民者在萨加达霍克建造的小船"弗吉尼亚号"被迫载着包括 20 位妇女儿童在内的乘客返回港口。剩余 8 艘船继续向北美驶去,到 7 月末,船队因飓风袭击而在海上失散。到 8 月中旬,有 7 艘船相继抵达詹姆斯敦,随船而来的还有大约 400 位殖民者。而指挥船"远洋冒险号"一直迟迟未现踪影。随着日子一天天过去,殖民者们认定"远洋冒险号"上所有人和货物都已葬身海底:盖茨、纽波特、萨默斯、150 位殖民者、特许状和指导说明以及大批物资给养。这是毁灭性的打击。

1609 年 10 月,当一艘船从詹姆斯敦返回英国时,斯迈思和其他公司管理者获悉了这一噩耗。随船带来的还有一封来自早期殖民者加布里埃尔·阿彻的信。他汇报了托马斯·盖茨爵士的"失踪",并说明由于损失了指挥船的物资,殖民地无法从事商业活动。"如果您没看到期望中的丰富货物运回英格兰,"他写道,"您一定要宽恕我们。"阿彻透露,殖民者不得不"先保证生存",而后"才能实现您的愿景"。

不久之后,另一艘船载着一位不速之客——约翰·史密斯从詹姆斯敦抵达伦敦。身为殖民地议会议长,史密斯不断遭遇反对声音。特别是贵族竞争对手之一的乔治·珀西,他指控史密斯像一个专制的君主那样行使"国家的权力"。气氛日趋紧张之际,史密斯险些在一次爆炸中丧生:火星儿引爆了他腰带上挂着的火药袋。他日后回忆道,爆炸"撕开了身体和大腿上的肉,面积有 90 平方英寸(58 ~ 60 平方厘米),极为惨烈血腥"。不过史密斯幸运地活了下来。时至今日,此次事件仍笼罩在恐怖之中。这是一起意外事件还是蓄意谋杀?没人知道确切情况。但不管真相如何,史密斯不得不返回英国休养,这标志着他在詹姆斯敦担任议长的时光结束了。史密斯的劲敌乔治·珀西很快就坐上他的位置。

这一插曲使弗吉尼亚公司管理层一致认为,殖民地首领之间的敌对情绪束缚了詹姆斯敦的发展。不过斯迈思和同人们却更在意"远洋冒险号"的消息。如果它沉没或被摧毁,对殖民计划将是一个灾难性的损失。由于殖民地前途未卜，公司管理层再次将精力放在宣传推广上，出版了《殖民地目的和意义的真实声明》（*A True declaration of the purpose and ends of the Plantation*）。在这则大胆的声明中，他们呼吁投资者不要撤资，称"远洋冒险号"遭遇飓风袭击是不可抗力。他们力劝投资者仔细考量再做决定：因一场风暴而动摇和瓦解勇气的人适合再次上路吗？

盖茨已经不在了，弗吉尼亚公司宣布任命德拉沃尔男爵三世托马斯·韦斯特为新首领。韦斯特将前往詹姆斯敦担任总督和总司令。32岁的韦斯特是弗吉尼亚议会初创成员之一，同时也是最大的个人投资者，他向殖民项目投入了500英镑。公司授予韦斯特"自由裁量权"，如有必要，他可以实施军事管制，确保殖民者"接受军事训练和遵守战时纪律"。如果托马斯·盖茨仍然在世并且能够抵达詹姆斯敦，那么韦斯特将任命他为副总督。

考虑到成百上千投资者的期望，斯迈思指示新任总督重点关注殖民地的商业活动。公司草拟了一份重要的商品清单，包括海狸皮、水獭皮、檫树（每吨价值55英镑）、松树（每吨价值18英镑）以及因木质坚硬适合制作隔板而备受青睐的橡树。此外，韦斯特将以"合适进度"安排殖民者着手最安全可靠的商业活动：捕鱼。任何捕鱼所获都能弥补事先曾安排的探索所造成的巨大支出。据殖民者报告称，这里的河流"鲟鱼资源丰富"，鲟鱼卵可制作鱼子酱，每百磅鱼子酱可带来差不多40英镑收入。

为追求利润，宗教教义在殖民地新领袖心中的位置已排到末位。几乎是事后才想起来，公司管理层敦促韦斯特要花时间"改变当地人的信仰"，以便推动"对上帝的认知和礼拜"。

北美成为英国人心中的目的地，而非中转站

1610年4月，托马斯·韦斯特爵士带领150位殖民者乘3艘船离开伦敦前往弗吉尼亚。经过两个月的顺利航行，他们抵达美洲，停靠在波因特康

福特（Point Comfort）。在这里，新任总督韦斯特得到消息，殖民者正准备放弃詹姆斯敦。

殖民者有充足理由放弃希望。韦斯特日后了解到，殖民地早已陷入悲惨的境地。寒冬期间，波瓦坦人围困封锁了整个定居点，禁止任何人外出寻找食物。因此，给养匮乏程度已到危险级别，殖民者开始"感到饥饿带来的刺痛"。最终，他们依靠一切能逮到的东西生存：猫、狗、马、老鼠、蛇，到最后，他们开始吃人。"殖民地已没有任何维持生计的东西"，珀西回忆道，他们"做了看似不可思议的事情"，甚至"从坟墓中挖出尸体"然后"分食它们"。一位殖民者饿到极点，他杀死了自己的孕妻。珀西将其称为"大饥荒时期"，这段历史也被永远铭记。共计超过 400 位殖民者死亡，只剩下约 60 位幸存者。

当韦斯特得知殖民者计划离开的消息后，派遣一艘小船通知他们，自己带着给养马上抵达美洲，并力劝他们留下来。当这艘小船逆流而上时，遇到了他们认为遇难的托马斯·盖茨爵士正指挥 4 艘船从詹姆斯敦的方向顺流而下。

盖茨向韦斯特讲述了他和"远洋冒险号"夏天的非凡遭遇。1609 年 6 月 23 日，当盖茨、萨默斯的舰队距詹姆斯敦还有几天的路程时，"一场恐怖风暴"将船队吹散。威廉·斯特雷奇（William Strachey）对此有着确切的记录。斯特雷奇出身外交官，游历甚广，对文学有很大兴趣。斯特雷奇称尽管他此前遇到过很多风暴，但这次飓风却将海洋和天空"搅得如漆黑炼狱"。风暴之猛烈让"我此前经历的所有苦难加在一起，也无法与之相比"。狂风撕开了船板间的密封压条，海水从裂口处涌入船内。黑暗中，船员们"手拿着蜡烛"寻找漏洞。但当他们找到后却发现裂口太大无法堵住。众人急忙向外排水，但无济于事，他们便开始将大炮和堆积如山的箱子扔进海里以便减轻负重。

暴风肆虐了三天四夜。正当乘客们准备乞求"海洋大发慈悲"饶他们一命时，将自己绑在船上的船队司令乔治·萨默斯大喊一声："陆地！"他们奇迹般地进入百慕大群岛，抵达500多座海岛中的一座。长久以来，百慕大因险滩而被人们称为"恶魔群岛"，"与世界其他任何地方相比，每个活着的航海家都惧怕且避开这里"。飓风最终减弱消退，"远洋冒险号"和船上150位船员挺了过来，惊吓之余，他们以托马斯·史密斯爵士之名将登陆的小岛命名为"史密斯岛"。

汉弗莱·吉尔伯特爵士早在30年前就已认定此处可作为殖民地定居点，这里如同天堂一般：野生动物资源丰富，满是海鸟、海龟、鱼、牡蛎、龙虾、螃蟹和鲸鱼。岛上肥猪乱窜，此前航海家将猪仔留在此处，目的是为了给因沉船而流落到岛上的人们提供食物。这群英国人开始捕杀肥猪，并夸耀他们一周能"捉到三五十只肥猪"。

这座岛屿极有诱惑力，部分殖民者认定这里是定居的最佳场所，他们不愿继续前往弗吉尼亚。其中就包括新教徒激进派斯蒂芬·霍普金斯（Stephen Hopkins），他引用圣经典故对托马斯·盖茨在异地他乡的权威提出了质疑。他差点因叛变而被绞杀，但最终得到赦免。与此同时，盖茨命令理查德·弗罗比舍（Richard Frobisher）利用"远洋冒险号"上的材料打造两艘中型舰船。理查德·弗罗比舍是位经验丰富的造船师，可能与马丁·弗罗比舍爵士有亲属关系。

1610年5月，这群遭受飓风袭击而流落海岛的英国人在百慕大待了10个月后，他们乘坐弗罗比舍建造的"拯救号"和"毅力号"向着1 100千米外的詹姆斯敦进发。经过两周的航行，他们抵达目的地。但当盖茨看到詹姆斯敦的殖民者悲惨的生存状态后，他后悔离开百慕大。他很快就得出结论，这里毫无希望，詹姆斯敦应被抛弃。盖茨和詹姆斯敦殖民者分乘4艘船启程返回英国。就在他们顺詹姆斯河而下时遇到了韦斯特的小船，见到一群新殖民者和给养后他们又决定留在此地。

韦斯特和他的队伍继续上路，一行人于 6 月抵达詹姆斯敦。作为首位执政英国美洲殖民地的贵族，韦斯特就职场面盛大威风。他安排了 50 位身穿红色大衣、手持长戟的士兵保卫自己，而后他直接投身振兴殖民地的工作中。他派遣萨默斯返回百慕大群岛捕杀肥猪和搜集其他物资给养。为讨好斯迈思和其他投资人，韦斯特下令砍伐檫树、收购其他各种商品，以便能在伦敦出售获利。

韦斯特并未花时间搜寻失踪的罗阿诺克殖民者，他也没耗精力寻找金矿或通往东方的航道。这些目标曾是主导英国前往美洲冒险的精英朝思暮想要实现的，如今却被束之高阁。北美第一次凭借自身优势成为人们心中的目的地，而不再是类似西班牙矿业财富的源泉或前往亚洲的中转站。可伦敦商人依然没有放弃寻找通往中国的快速线路。斯迈思派遣韦斯特前去詹姆斯敦之际，他着手组建了另一家公司：西北航道公司（Northwest Passage Company）。

殖民地蕴含丰富商机

韦斯特派盖茨返回英国征召更多人员、准备所需物资，当然还要证明自己仍在世，而且上帝保佑着殖民者。1610 年 9 月，时隔一年多盖茨重返伦敦。大部分伦敦人都认为他已经葬身百慕大群岛的珊瑚礁中。盖茨随身带着斯特雷奇写的"远洋冒险号"日志，内容则在致托马斯·斯迈思夫人萨拉的信中提及。日志 1612 年才出版，此前以手稿形式私下传看，所有读到此书的人都被内容深深迷住。甚至莎士比亚的封笔之作《暴风雨》（The Tempest）也是受到了这本日志的启发。

盖茨的生还和斯特雷奇的日志，特别是令人意想不到的百慕大蕴藏的商机和詹姆斯敦的巨大需求，再次点燃了投资者的热情。弗吉尼亚公司领导层谋求募资 3 万英镑，他们预计这笔钱足以组织 3 次补给运输工作，目的与此前无异："为大英帝国打造另一个稳定且强大的附属王国。"

1611 年 3 月，第一批运输船队离开英国，随船远洋的还有 300 名自愿定居者，船队首领是新上任的托马斯·戴尔爵士（Sir Thomas Dale）。戴尔是位性格坚毅的军人，曾与韦斯特一起在荷兰服役。亨利王子力荐他出任詹姆斯敦司令一职，以通过实施军事管制协助总督工作。不过当戴尔于 1611 年 5 月抵达詹姆斯敦后，他发现这里已再次陷入混乱，而韦斯特却不知所踪。后来才得知，这位总督大人在遇到几次健康问题后，悄悄从詹姆斯敦溜走了。事实上，韦斯特为"保命"仅在这里待了 10 个月，而且大部分时间都在他的船上度过，显然他极不愿与普通民众待在一起。

与许多人一样，戴尔被弗吉尼亚公司的营销推广活动深深吸引。他通读宣传手册，聆听演讲，倾听船长们的逸事。如今，他亲眼看到了他们所宣传的生机盎然、繁荣兴旺的殖民地，完全是一派胡言。沮丧失望过后，戴尔找到克里斯托弗·纽波特，揪住他的胡子并威胁吊死他，因为纽波特欺骗了自己和其他冒险家。

由于没有再指定总督，戴尔独揽殖民地大权，他很快开始执行弗吉尼亚公司的命令。公司先是授权盖茨实施这些命令，而后又做出调整将任务交给了韦斯特。军事管制期间，戴尔在出身格雷律师学院的斯特雷奇的帮助下制定了一系列规章制度。后来，这些制度以《殖民地教会、道德和军事法》（Lawes Divine, Morall and Martiall）的名称展现在世人面前，这是美洲首部法典，而且内容非常残酷。包括盗窃在内的恶性犯罪将被处以极刑，诽谤等轻度犯罪将被判坐牢、鞭刑、苦役或者"穿长矛阵"，即犯人走过一排手持武器士兵组成的方阵，如果他足够幸运，能活着走到终点。

戴尔对波瓦坦人采取严厉的惩罚，原因是他们在"大饥荒时期"围困詹姆斯敦，此举引发了第一次盎格鲁—波瓦坦大战。尽管戴尔从未得到期望的攻打波瓦坦人的两千士兵，但他发誓要"征服狡诈险恶的大酋长"，迫使他求和或者"将他的领土奉献给我们"。

此外，戴尔着手在詹姆斯河上游 80 千米处的瀑布前打造"新的主要居所"。如今，众人认为詹姆斯敦沼泽遍布，不利于人们的身体健康，只能用作港口，留下"少部分人"即可。新定居点"拥有漂亮木屋的三条街，一座宏伟的教堂，其地基用砖建成，坚硬牢固，教堂长约 30 米、宽约 15 米，旁边则是仓库、哨所等"。戴尔将这里命名为亨利科（Henrico），以向 14 岁的亨利王子致敬。彼时人们开始将亨利王子视作"弗吉尼亚守护人"。

亨利科落成不久后，戴尔率领殖民者顺詹姆斯河而下，在一片肥沃土地上建起名为百慕大的定居点，名字取自物产丰富的百慕大群岛。戴尔埋头苦干之际，斯迈思和弗吉尼亚公司正考虑如何为殖民地提供资金支持，他们选定了一个复杂且相对新颖的金融工具：彩票。这是英国历史上第三次发行公共彩票。16 世纪 60 年代，伊丽莎白一世为筹资建造皇家舰船和港口首次发行彩票，任何人均可购买彩票，并有机会赢取大奖。这次所有募集的资金将用于支持弗吉尼亚殖民地建设。

弗吉尼亚公司设立了"彩票馆"，负责绘制彩票，地点位于圣保罗大教堂西区。托马斯·斯迈思发起营销活动，接洽各个公司申请认购，同时他还聘请罗伯特·约翰逊撰写名为《彩票大奖：弗吉尼亚殖民地昔日成功和现今情况的说明》的新宣传手册。1612 年 5 月，这本手册以《弗吉尼亚的新生》（*The New Life of Virginea*）之名出版发行，书中坦言，与所有伟大事业一样，"弗吉尼亚殖民地工作一直伴随着各种困境、险阻和灾难"。但现在正是英格兰全体人民为国参与"至关重要的"事业之际，即便没有赢得彩票大奖，人们也可以放心，这些资金都"用在了公共事业上"。

彩票制作完毕后，裁缝托马斯·夏普利斯（Thomas Sharplisse）成为首位幸运儿，他赢得头奖——用漂亮盘子装着"货真价实"的 4 000 克朗，这笔钱"会以隆重的方式送到他家"。当然，弗吉尼亚公司是最大赢家。据西班牙大使透露，彩票共募集 6 万达克特。实际上，彩票火爆伦敦，以致弗吉尼亚公司计划将其推广至全国。

但纵使有了新资金来源，弗吉尼亚殖民地持续发展的前景仍不明朗。戴尔提醒斯迈思称，失去弗吉尼亚就是严重的错误，如当年"失去法兰西王国"一样痛楚，即就像 1558 年失去加来一样。戴尔的话戳中了斯迈思记忆中的痛点：他的外祖父安德鲁·贾德爵士担任加来市长之际，法国人占领了这座城市。

与此同时，戴尔还提供了可能解决这一问题的方案：一把散发着香气的叶子，它估计能缓解斯迈思紧张的神经：烟草。戴尔送回英格兰的叶子样本正是烟草。1612 年的种植季节，"远洋冒险号"幸存者之一的约翰·罗尔夫（John Rolfe）种下红花烟种子，这种烟草叶子同西班牙的类似，比波瓦坦人钟爱的当地苦涩的黄花烟更柔和。哈默（Hamor）记录道，罗尔夫种植烟草，"部分原因是他长久以来对烟草的热爱"，另外则是为伦敦投资人寻找赚钱商品。当时，英国人每年花在烟草上的开支达 20 万英镑，而大部分烟草却来自西班牙殖民地。罗尔夫的烟草收成喜人，到 1615 年，詹姆斯敦的 50 位定居者中有 32 位开始种植烟草。

戴尔与上了年纪的印第安人酋长瓦汗森纳科克达成和平协议后，弗吉尼亚的前景得到进一步提升。酋长心爱的女儿波卡洪塔丝与殖民者约翰·罗尔夫喜结连理，为双方的协议加了保险。盎格鲁－波瓦坦大战期间，英国人俘虏了一些波瓦坦人作为人质，波卡洪塔丝便是其中一员。英国人将她带到詹姆斯敦，随后又把她转移到亨利科。波卡洪塔丝在那里接受基督教和英文教育，并与罗尔夫互生情愫。待在百慕大群岛期间，罗尔夫痛失妻女。罗尔夫坦言，对他来说，与波卡洪塔丝成婚不是因为"对肉欲无限制的渴望，而是为了殖民地的利益、为了国家的荣誉、为了上帝的荣耀、为了自己的救赎"。

在英国，两人的婚姻可以说是千古奇闻，波卡洪塔丝是首位皈依基督教的印第安人，这是英国人和印第安人首次通婚，一年后，首位英印混血孩子托马斯出世。善于把握宣传机会的托马斯·斯迈思和弗吉尼亚公司管理层邀请波卡洪塔丝，也就是瑞贝卡·罗尔夫夫人（Lady Rebecca Rolfe）游览伦敦。她率领十几位波瓦坦人来到英格兰，一行人于 1616 年 6 月抵达伦敦，他们受到了盛大且热情的欢迎。其中名叫乌塔玛托玛金（Uttamatomakkin）的印第安人是波瓦坦高级顾问，他负责撰写有关英国优势方面的报告，特别是人口规模。他为此带了一根长手杖，每见到一个人就刻下一道凹痕。按照史学家塞缪尔·珀切斯（Samuel Purchas）的记录，乌塔玛托玛金很快就无法数清他看到的所有人，"他的算数体系很快就崩溃了"。

波瓦坦人的造访是引人瞩目的文化碰撞，与之前美洲或新世界原住民来到英国有着截然不同的意义。待在英国期间，斯迈思安排人为波卡洪塔丝绘制了画像（也为他自己绘制了一幅）。画像上，波卡洪塔丝头戴海狸皮高帽、花边褶、珍珠耳环，手里拿着鸵鸟羽毛扇，这是标准的英国时尚妇人的装束。

如果说她的造访以希望开始，最终却以悲剧收场。1617 年 3 月，就在准备穿越大西洋返回家乡时，波卡洪塔丝突然病倒，很快便死于一种无法诊断和治疗的呼吸系统疾病。她被安葬于泰晤士河口南岸的格雷夫森德（Gravesend）。对斯迈思和弗吉尼亚公司而言，波卡洪塔丝的到访带来了长久效益。在伦敦，罗尔夫同烟草商人会面，希望将弗吉尼亚"香烟"推销到英国、欧洲大陆以及东印度群岛等市场。身为东印度公司董事的斯迈思抓住了此次机遇，最终，他派遣商船前往远东市场从事烟草贸易。英国船员将烟草运到好望角，这里的人们很快就认识了"托马斯·斯迈思的英国船只"。

弗吉尼亚成为宝地，繁荣兴旺

1616 年，波卡洪塔丝抵英那年，共有 2 500 磅（约合 1 130 千克）的烟草从弗吉尼亚（以及百慕大）进口到英国。第二年，进口量猛增至 8 540 千克，第三年，这一数字又升至 2.2 万千克。虽然烟草生意取得了巨大成功，但弗吉尼亚公司的业务仍无法企及东印度公司的海外贸易。1601—

1612 年间东印度公司组织的首批 12 次远洋航行，利润从 95% 增至 234%。相比之下，弗吉尼亚公司没能兑现向投资人分红的承诺。但即便殖民地作为贵重商品产地的潜在希望未被认可，弗吉尼亚公司仍掌握大量美洲土地。在戴尔的领导下，殖民者沿詹姆斯河占领并开发了面积可观的领地。

罗尔夫针对詹姆斯敦附近的 6 个定居点的调查显示，捕鱼点戴尔之礼（Dale's Gift）位于海岸边，有 17 人定居；内陆点库尔坦（Kecoughtan）有 20 人，大部分为农民；詹姆斯敦驻扎 50 人；以德拉沃尔男爵和他岳父托马斯·谢利爵士（Sir Thomas Sherley）之名命名的韦斯特和谢利百户区（West and Sherley Hundred）25 人，专门种植烟草；瀑布边的亨利科有 38 人；最后一处定居点百慕大海域百户区（Bermuda Nether Hundred）规模最大，住着 119 人。

随着领地扩张，殖民地似乎迎来了"柳暗花明"。弗吉尼亚公司领导层认为"殖民地遭受的主要打击和质疑已是过去式"。当然，这里仍有大量工作需要完成。家畜数量已超过殖民者。根据罗尔夫的统计，殖民地共有 216 头羊、144 头牛、6 匹马、"大量"家禽以及百慕大和伦敦供应的"不计其数""野生和驯化"的肥猪。但这里一共只有 351 位殖民者，其中包括 65 位妇女和儿童。罗尔夫称这是"一小部分人成就了伟大的事业"，弗吉尼亚是"广阔无边的地方，可以容纳几十万居民"。只要有"足够品行优异的人"，弗吉尼亚就能变为"牢固且完美的公共财富"。

为抓住这次机遇，斯迈思着手实施一项新计划，通过名为《关于弗吉尼亚现状的简短说明》（*A Briefe Declaration of the Presecent state of things in Virginia*）的宣传手册进行推广。他在手册中详述弗吉尼亚公司如何向个人或集体分配"我们真实占有"的土地。斯迈思的想法要建立在成功私有化殖民地土地的基础上。1614 年，数位于 1607 年抵达弗吉尼亚的殖民者终于获得自由，他们此前曾签署了长达 7 年的用工协议。一部分人返回英国，另一部分决定留在殖民地并获得了一小块土地——事实上，他们成了佃农。在此之前，殖民者为共同利益而一起劳作。但有些懒散之人不可避免会磨洋工，设法躲避本应属于他们的那份工作。"常因他们可以翘班溜号而沾沾自喜。"一位心有不满的观察者讽刺说。如今，这些佃农只有踏实苦干才可以享受自己的劳动果实。

根据他们与托马斯·戴尔签订的合约条款，他们只需每年为殖民地做工一个月，为公共粮库上交两桶半玉米即可。剩余时间他们可以去私人土地上工作，所产生收益都归自己。正如一位资深殖民者指出，这令殖民地"繁荣兴盛"，因为这里"食物充足，都是每个人通过自己努力获得的"。

到 1614 年底，詹姆斯敦的佃农已升至 80 人。两年来，斯迈思和他的同人想方设法推动这一实验性计划，将弗吉尼亚变为充满机会的地方。他们制定了新方案，无论本土投资人还是前往海外的殖民者，每股可获得 20 万平方米土地。冒险家们需要前往托马斯·斯迈思位于伦敦菲尔伯特街的家中，将名字登记到花名册上，同时他们还要每股支付 12 英镑 10 先令。

几位投资人合伙经营土地，可以打造大量的私人种植园"百户区"（Hundred）。这一名字历史悠久，来自英国的土地划分，即每一块土地可以供养 100 名士兵。在此方案下，斯迈思和众多同事建起"斯迈思百户区"，这一合股组织控制了詹姆斯河北岸超过 320 平方千米土地。

随着这种私人种植园日益流行，弗吉尼亚公司大刀阔斧地授权私有化改革。1618 年 11 月，新任詹姆斯敦总督乔治·耶尔德利（George Yeardley）实施几项特别措施。1616 年前定居弗吉尼亚或者支持殖民地建设的投资者被称为"老一辈冒险家和殖民者"，他们每股可得到 40 万平方米土地；1616 年后抵达弗吉尼亚或开始支持殖民地的人员，则每股分得 20 万平方米土地。弗吉尼亚公司推出了著名的"人头权"体系，此举意义重大，自费前往或资助他人前往弗吉尼亚殖民地的人，每人或"每人头"可获 20 万平方米土地。

这类私人种植园的成功需要雇来更多的契约佣工耕种土地，生产能销往英国的商品。一部分佣工来自贫困家庭，他们渴望给孩子们带来美好的未来。另一部分则是刑满释放人员，他们的赞助人能得到弗吉尼亚公司的奖赏。1617 年，一位名叫斯蒂芬·罗杰斯（Stephen Rogers）的死刑犯在托马斯·斯迈思个人请求下免于绞刑，因为他是"身怀绝技的木匠"。

但是耶尔德利得到的建议远比"人头权"体系更具开创性，他们引入了新自治政区的基本法则。"我们认为最好要遵从当前大家关心和协商的议题，"斯迈思和他的同人写道，"以建立受人拥护的地方行政长官负责的体制形式，制定为人们接受的规则和管理的法律法规。"通过独立委员会，耶尔德利被授权成立"下议院"（House of Burgesses），一个负责处理本地事务的代表大会机构。下议院成员包括伦敦高层选定的新议员，以及詹姆斯敦和其他各个殖民地"自由"移民选举出的议员。

这份意义非凡的文件被称为"大宪章"，其参考了中世纪的《大宪章》（Magna Carta）。作为已有 400 年历史的文件，《大宪章》奠定了英国个人权利的基础。正如一位史学家所言，自由民的下议院是"西方世界首个自治人民自由选举产生的议会"。在斯迈思和商人们的推动下，殖民地的个人土地财产的私有化运动朝着合理的方向发展。12 年间，弗吉尼亚公司管理层将这片最初由国王议会管理的皇家殖民地，变成了繁荣兴旺的私人事业。

不过斯迈思没有负责实施大宪章的政策。1619 年 4 月，斯迈思的大权被埃德温·桑迪斯爵士（Sir Edwin Sandys）夺去。桑迪斯发动了政变，控制了弗吉尼亚公司并出任财务主管。曾一直担任斯迈思助手的桑迪斯指控斯迈思管理不善。事实上，弗吉尼亚已成为宝地，烟草和土地已经成为珍贵的商品。

最终，英国商人打造了一片他们认为值得奋斗的殖民地。

第 19 章

通往"美国梦"的路

弗吉尼亚公司为私人种植园寻找殖民者的消息一传十、十传百。最终，无论是致力勾勒美洲梦近 70 年的商人、朝臣、冒险家，还是神话作家等几乎毫无关系的人群，都对弗吉尼亚公司的消息了如指掌。

1617 年，两位英国人罗伯特·库什曼（Robert Cushman）和约翰·卡弗（John Carver）从荷兰的高校及纺织业中心莱顿（Leiden）出发横渡英吉利海峡前往伦敦。时年 40 岁的库什曼是位梳毛工，30 岁的卡弗是位商人，两人代表英国新教徒的激进派。激进派被称为"清教徒分离派"，以教会的形式在荷兰生活、工作及礼拜近 10 年之久。后来，外界将他们称为"朝圣客"①，著名教友威廉·布雷德福（William Bradford）在他的著作《普利茅斯开拓史》（*Of Plymouth Plantation*）中首次称教众为朝圣客。

按照分离派的称谓，库什曼和卡弗是莱顿大教堂的执事，两人带着重要任务来到伦敦，接洽弗吉尼亚公司，希望得到能让教众们在其公司的美洲管辖区建立殖民地的特许状，这对清教徒分离派来说是重要一步。两人带着名为《莱顿教会致英格兰议会的由于他们的判决原因决定于1618年前往弗吉尼亚的七项条款》（简称《七项条款》）的文件以支撑他们的观点。文件内容主张莱顿教派与英国国教所有教众有同样的"神领圣体"，承认詹姆斯国王为教会"最高领袖"。这份文件是由两位曾就读剑桥大学的教众领袖签署的。这两人是约翰·罗宾逊（John Robiinson）和威廉·布鲁斯特（William Brewster），他们深受国王议会成员的尊重。罗宾逊是新教中受人敬仰的牧师，在诺维奇附近的圣安德鲁大教堂担任副牧师，开启了自己的教会生涯；布鲁斯特是位年纪较长的分离派，16世纪80年代曾在伊丽莎白统治下的宫廷任职，是国务大臣威廉·戴维森爵士（Sir William Davison）麾下一员。

　　库什曼和卡弗认为带着《七项条款》很有必要，因为莱顿分离派对皇室的忠诚度似有若无。1606年，当英国国内宗教紧张局势达到顶点时，分离派主要成员第一次在诺丁汉郡的斯克鲁比村（Scrooby）举行集会②。与另一支新教激进派系清教徒一样，分离派希望净化英国国教天主教会的成分，特别针对权力巨大的主教，他们认为主教沉迷于性滥交，洗劫教会财富供自己享乐。不过另一支清教徒派别谋求现有教会内部改革，而分离派认为他们别无选择，只能从堕落的教会中彻底分离出去。

---

① 国内一直将搭乘"五月花"号前往北美大陆的宗教信徒称为"清教徒"，实际上，他们的英文称谓是"Pilgrim"，是新教中的分离派。严格意义说，Pilgrim与实际上的"清教徒"（Puritan）是有些不同的。两者同属新教，均信奉加尔文主义，但分离派是清教徒中摒弃地方教会而建立自己圣会的信徒，他们认为英国国教的圣洁程度无法满足自己的标准。布雷德福在《普利茅斯开拓史》中这样写道："清教徒移民在离开荷兰前，将自己称为'朝圣客'（Pilgrim）。"艾伦·布林克利（Alan Brinkley）在著作《美国史》中将五月花上的25位圣徒称为"清教徒分离派"（Puritan Separatists）。因此本书译者将"Pilgrim"译作"朝圣客"，而将他们抵达美洲前的称呼译为"清教徒分离派"或"分离派"。——译者注

② 威廉·布拉德福德在《普利茅斯开拓史》中写道，他们在1607年首次尝试离开英格兰前，已聚在一起约一年之久。

斯克鲁比教众宣布与教会统治集团划清界限，开始私下秘密进行礼拜仪式。这种秘密会面或者说秘密宗教集会是违法行为。坎特伯雷大主教对分离派发起迫害运动，对任何 16 岁以上公然拒绝加入授权的教会的人员施以重罚：首先判处 3 个月监禁；不知悔改者将被驱逐出境；未得到皇室准许私自出入境者将被处死。

威廉·布雷德福加入斯克鲁比集会时刚年满 16 岁，当时，他由衷且坚定地反对英国国教。布雷德福出身当地佃户家庭，一岁时便成了孤儿，后来饱受疾病折磨，卧床不起。根据著名传记作家、清教徒牧师科顿·马瑟（Cotton Mather）的说法，正是这段经历让布雷德福很早就投身宗教信仰，心甘情愿地将自己的命运与分离派绑在一起。马瑟写道，布雷德福因为患病没有成为"自负虚荣的青年"，这让"他能承受住日后的遭遇"。十几岁时，布雷德福开始阅读《圣经》，这给"他留下了深刻印象"。

很多年后，布雷德福自己透露称，斯克鲁比教众遭到了严厉打击，"到处遭受围捕和迫害"。一部分人"被投入监牢，另一些人则被困在家中，日夜受到监视"。因此，大量教众"一致赞成"离开斯克鲁比，逃离英国前往低地国家。

在此之前已有先例。16 世纪 50 年代，玛丽女王统治时期许多知名新教成员被迫流亡海外，其中就包括弗朗西斯·沃尔辛厄姆爵士。不过这群新教成员并非分离派。早期的分离主义支持者是罗伯特·布朗（Robert Browne），他出身于富裕家庭，毕业于剑桥大学。1582 年，他带领一群追随者出走英国，穿过英吉利海峡，在位于荷兰莱顿以南的米德尔堡（Middelburg）市定居生活。他的信徒常被称为"布朗派"，久而久之，外界便用这一绰号称呼其他激进新教徒。

1608 年，斯克鲁比分离派遵循布朗的先例，他们抛家舍业，冒着生命危险三更半夜从英格兰乘船前往阿姆斯特丹，最终他们定居莱顿。在这里，分离派能够按自己的意愿工作和建立社区，并且能安全地举行宗教集会，不用担心被骚扰。1617 年，也就是 9 年后，莱顿分离派考虑另一个一步到位的举动：征求弗吉尼亚公司的准许前往北美建立殖民地。

荷兰对宗教宽容度之高举世闻名，分离派没有在那里遇到宗教迫害。一位到访阿姆斯特丹的游客表示，他所住的街上，有多少房子就有多少种宗教，"邻居不知道也不关心隔壁人家是哪种信仰"。对于分离派而言，眼下亟须解决的难题来自经济。他们无法过上体面生活。在英国，他们祖祖辈辈过着农耕生活，莱顿是一座纺织业城市，因此他们不得不进入纺织行业工作。英国分离派社区共住着 86 人，他们却从事着 57 种或多或少都与织布相关的不同职业。布雷德福曾给一位法国丝绸制作人当学徒，后来自己做起粗棉布生意。

经济困难也带来了其他问题。由于没有土地、房产、办公室或者遗产留给下一代，分离派中许多人眼睁睁地看着他们年长的孩子抛弃宗教的生活方式，堕落成放荡风流之辈。与此同时，那些出生在荷兰的孩子，生活已经荷兰化，在对英国一无所知的背景下长大。

此外战争的前景也令人担忧。1609 年，西班牙与低地国家签署一份停战 12 年的协定，这为欧洲的这个角落带来了和平。但停战期截至 1621 年末，莱顿分离派成员们迫切希望另寻家园———一个能平安礼拜上帝的地方。

当所有担忧交织在一起时，莱顿教众开始考虑在新世界建立殖民地。当然他们比大多数人更清楚这件事的不容易。正如布雷德福写道，他们很难适应荷兰，何况这个英国"邻国"是"闻名且富有的联邦"。要在新世界扎根发芽就会面临更无法想象的困难。他们了解那些人尽皆知的失败，包括"不成功的先例和悲惨遭遇"。尽管如此，莱顿教众仍将注意力放在"广阔且无人居住的美洲领土上"。即便存在风险，但他们似乎也别无选择。

扫清通往美洲之路的障碍

库什曼和卡弗呈递给弗吉尼亚公司的《七项条款》发挥了一些积极作用。不过最终，他们凭借私人关系才敲开了弗吉尼亚公司的大门。虽然从英国流亡海外，但莱顿教众仍与英国本土有着千丝万缕的联系。威廉·布鲁斯特与身居弗吉尼亚公司领导层的埃德温·桑迪斯爵士一直保持联络。埃德温的弟弟塞缪尔·桑迪斯（Samuel Sandys）在斯克鲁比拥有大庄园，而布鲁斯特的父亲曾担任这里的执行官（收租员），分离派早期的秘密集会也在此地举办。因此，库什曼和卡弗能与弗吉尼亚公司接洽，并通过桑迪斯将他们的情况通报给枢密院。

谈判协商期间，弗吉尼亚公司管理层表示，他们"非常希望"莱顿的教众"前往"美洲。事实上，他们"愿意向教众发放特许状"，给予"教众最大的帮助"。这是对莱顿教众的巨大支持和信任。

库什曼和卡弗带着振奋人心的消息返回莱顿。之后，枢密院的一封信更令他们欢欣鼓舞。弗吉尼亚公司领导之一的约翰·沃斯滕霍姆爵士（Sir John Wolstenholme）将信函转交给分离派。沃斯滕霍姆还是詹姆斯敦私有殖民地马丁百户区（Martin's Hundred）和其中心城市沃斯滕霍姆城的主要投资人。

信函重申弗吉尼亚公司将竭尽全力推动分离派的事业，但需要分离派提供更多具体信息和计划。罗宾逊和布鲁斯特迅速做出回应，为他们的承诺和能力找证据说理由。"我们完全断了祖国母亲如乳汁喂养孩子般的供养，"他们写道，"习惯了陌生且艰难的土地上出现的困境。""莱顿教众"表示，他们能"团结起来、万众一心"，与那些"因小事就气馁，因不满就要返乡"的人不同。简而言之，他们不可能重蹈罗阿诺克、萨加达霍克和詹姆斯敦殖民者的覆辙，他们不会内部争吵、分裂或在艰难时刻抛弃殖民地。

但只有弗吉尼亚公司的同意远远不够，莱顿教众还需要国王的准许，能让他们在美洲以适合的方式进行宗教活动。试探詹姆斯国王对此事微妙态度的任务落在了罗伯特·农顿爵士（Sir Robert Naunton）头上。时年 50 岁的农顿有望出任国务大臣，他有着丰富的海外经历，曾在苏格兰、法国和丹麦担任各种官职。农顿以反天主教、支持新教的主张而出名，而且他对西班牙和法国没有多少好感。他的人生经历了许多起起落落，包括痛失家族遗产。由于这些特征以及他与国王的亲密关系，似乎农顿对分离派的遭遇多少能感同身受。在向国王陈述时，农顿重点突出了此次冒险旅程背后的商业动机，因为詹姆斯一世曾询问分离派的收益实现计划。农顿表示，他们会通过"捕鱼"创收，詹姆斯一世赞许这是"诚实可靠的生意，是这群信徒的使命"。最终，詹姆斯一世同意授予特许状，但拒绝颁布正式法令准予他们在美洲享受宗教自由。即便如此，他向农顿承诺，只要分离派"和平共处"，便不会干涉他们的自由。

正当通往美洲之路的障碍已清扫干净之际，莱顿教众的计划却被一拖再拖。据罗伯特·库什曼透露，弗吉尼亚公司内部"派系冲突"造成了事情延误。当时正值埃德温·桑迪斯抢班夺权迫使托马斯·斯迈思交出公司大权之时。弗吉尼亚公司花了数周时间理顺管理方面的事情。"但最后，"布拉德福德写道，"经过这些磨难和他们长时间的陪伴"，莱顿教众终于拿到了期盼已久、"盖有公司大印"的特许状。

特许状原件及副本都没能保存到现在，因此我们无法得知全部内容。虽然授权的具体地点没有详细说明，但很可能是在特拉华州和哈得孙河之间的某片土地。莱顿教众希望前往詹姆斯敦，抵达后商议可能的定居点。

1619 年 7 月 19 日，特许状正式盖章生效，此时距莱顿教众首次接洽弗吉尼亚公司已过了近两年时间。由于程序烦冗且耗时漫长，许多教众因一次又一次的拖延而心灰意冷，纷纷放弃并退出了殖民计划。

英国商业圈狂热投资殖民活动

即便莱顿教众最终拿到了特许状，他们仍需解决另一个问题：资金。他们很快了解到，弗吉尼亚公司承诺的"帮助"不包括资金支持。公司能给他们划分土地，但这不是现成资源。因此，分离派不得不另寻他处，不过愿意投资殖民地的人并不少。

通常，报名签字参加殖民事业的人不能适应他们以后必须面临的生活：贵族寻求刺激和冒险；士兵无意种地或盖房子；商人希望立刻盈利；当然，男人发现缺了女人的生活极为困难。殖民地需要性格坚毅、吃苦耐劳、多才多艺的首领，他们需要愿意承担责任，保证殖民地长期运转的承诺。莱顿分离派拥有上述全部品质，他们已展现出作为独立社区共同工作和生活的能力。

最终，莱顿教众与一位名叫托马斯·韦斯顿（Thomas Weston）的英国年轻商人磋商谈判。虽然他是 12 大同业公会之一的五金商业公会成员，但韦斯顿却算不上一流商人。他的财富值无法达到加入商人冒险家公司的标准，因此无法享受同荷兰开展呢绒贸易的专营权。从事呢绒贸易的唯一出路便是向商人冒险家公司支付特许权使用费。然而这无法带来稳定可靠的收入，意味着他要看商人冒险家公司脸色行事，还受制于变化无常的市场。由于事业并不如意，韦斯顿将目光聚焦在美洲的商业前景上。与其他许多商人一样，韦斯顿听闻了有关弗吉尼亚土地和烟草生意的消息。

韦斯顿很会说服人。布雷德福透露，韦斯顿与莱顿的首领进行了"很多次会议"，承诺他能帮助他们，同时保证会联系商人朋友们，然后募资、筹备各项事宜等。当然，分离派必须赞成韦斯顿提出的商业条款。

莱顿教众的首领们同意与韦斯顿合作，他们起草协议之际，韦斯顿返回英国开始募集资金。他共吸引来 70 位投资人，包括贵族、商人及"手艺人"，一部分人投资巨大，另一部分人的投资金额中规中矩。根据约翰·史密斯提供的数据，韦斯顿共筹集到 7 000 英镑，不过此次募资没有确切记录，另有人推算金额不少于 2 000 英镑。如果史密斯的数据准确无误，那么这是一笔规模庞大的融资。大部分投资人来自伦敦，少部分则来自分离派内部，而且他们似乎没有在其他新世界冒险项目上投资。显然，英国商业圈沉浸在投机氛围中，愿意冒风险投资商业前景充满变数的殖民活动。

韦斯顿似乎对公司的组织方式并不十分在意。他与投资者组建了小型私人财团而非股份制公司。除此次航海行动外，他们没有长期目标，同时也未制定惯有的指导说明或规则，此外他们也没留出资金筹备补给输送任务。他们似乎认为殖民地功能完备，准备首航时就装船带畅销商品返回英国，这完全是不切实际的想法。

大约这个时候，代理商从韦斯顿那里打探到消息，获悉弗吉尼亚公司已向韦斯顿的同事约翰·皮尔斯（John Peirce）颁发了第二份修订版特许状。特许状签署日期为 1620 年 2 月 2 号，同一天弗吉尼亚公司通过了一项决议，明确解释了"特定的"或私人种植园的意思，同时赋予特许状持有人更大的自治权。

弗吉尼亚公司的决议放宽了特许状条款，因为殖民成本高昂是不争的事实。海外事业已走过 70 个春秋，有一点越发清晰：贸易航行的船员人均成本远低于殖民地活动的殖民者人均成本。此外，投资人认识到贸易航行能带来更快更稳定的回报，甚至 2 ～ 3 年的出海时间带来的利润就超过殖民地贸易。弗吉尼亚公司计划通过批准或授予土地专营权规避商业发展成本过高的风险，从而赚取丰厚利润。

对于莱顿的教众来说，新特许状更加称心如意，他们可以在殖民地自由地"发布命令、制定法令和章程"，从产业和与印第安人贸易中获得商业利益。他们接受了韦斯顿的建议，接受新特许状条款。

为"新英格兰"打造非凡地图

1620 年 3 月，莱顿教众为前往弗吉尼亚做最后准备之际，弗吉尼亚公司内部重组成立了新实体。正如布雷德福所写，众多"尊贵荣耀的贵族"离开公司，并从国王手中获得大量美洲"更靠北"的土地。其中一位是费迪南多·戈杰斯爵士，新实体本质上是普利茅斯公司的重新配置，自波帕姆殖民地失败后，普利茅斯公司就一直处于蛰伏状态。普利茅斯公司将获得北纬40°～48°之间地区的管辖权，这片区域东起大西洋西至太平洋，且在弗吉尼亚公司的领地以北。约翰·史密斯船长曾率先将这里称为"希望之地"。

1609 年离开詹姆斯敦后，史密斯确立了自己作为弗吉尼亚殖民地主要拥护者之一的地位。但如果史密斯希望借此重新赢得弗吉尼亚公司管理层的垂青，那他就大错特错了。到 1614 年，史密斯清楚地意识到他们不会派他重返詹姆斯敦，因此他将目光锁定在北弗吉尼亚。自殖民者雷利·吉尔伯特和波帕姆扬帆离开萨加达霍克，抛弃圣乔治堡垒而迁徙到内陆后，这片区域便一直被冷落。史密斯设法从伦敦投资人手中筹集了足够的资金，组织两艘船前往如今的缅因州地界。1614 年 4 月末抵达目的地后，史密斯和 18 位船员开始着手捕鱼和开展皮毛生意。他们捕获了近 6 万条鱼。在船员忙着捕鱼时，史密斯与另外 8 人上岸同印第安人做买卖，他们共收集了 1.1 万张皮毛，主要为海狸皮。在此期间，史密斯对这片区域勘测、记录并绘制地图，与他在弗吉尼亚时的做法无异。完成捕鱼和皮毛买卖后，他率领一艘船载着货物返回英国，据他估算这船货物价值 1 500 英镑。

返回英国后，史密斯抓住机会拜见对美洲冒险事业兴趣丝毫未减的费迪南多·戈杰斯爵士。在史密斯几位朋友和早期支持者的帮助下，两人制定了一份殖民计划，根据设想，这里将依靠捕鱼和加工鱼肉维持生计。1615 年3 月，史密斯怀揣着巨大希望再次出海，然而他的梦想很快便破灭，法国海员将他生擒并关押在一艘战舰上长达 3 个月。后来史密斯勇敢地越狱才恢复自由。但即使没有建立殖民地，他仍设法在美洲留下自己的印记。在被囚禁期间完成的《新英格兰概述》(*A Description of New England*)一书中,史密斯赋予了这片被广泛称为北弗吉尼亚和诺兰伯加的土地永恒之名。正如书的标题那样,他将这里命名为新英格兰。

德雷克曾将远在大陆西端的地区命名为新阿尔比恩,史密斯便是受了他的启发。史密斯解释说:"新英格兰是美洲临海的一部分,与新阿尔比恩遥相呼应。受人敬仰的弗朗西斯·德雷克爵士环球航行期间发现了那片土地。新英格兰与新阿尔比恩处在同一纬度上。"

史密斯在书中对关于新英格兰的陈词滥调提出异议。波帕姆殖民地失败后,有关新英格兰不适合英国人居住的论调扎根于人们心中。相反,史密斯认为这里在诸多方面与家乡相似,甚至更美好。他特别针对此处的商业前景做了慷慨激昂的论证。

除能引起共鸣的作品之外,史密斯还针对新英格兰绘制了一幅非凡的地图,这超越了他在弗吉尼亚的成就。地图由西蒙·凡·德·帕斯(Simon van de Passe)出版,他曾负责为波卡洪塔丝和托马斯·斯迈思爵士绘制画像,这幅地图也包含了史密斯本人的肖像,并配有自吹自擂的图注:新英格兰海军上将。图像上史密斯打扮精致,神态充满自信,他凝视着那里的田园风光,树林、山峰及点缀其间的整洁的房舍。画面上没有印第安人,唯一的野兽看上去更像是家猫而非美洲豹。地图上满是纵横交错的斜航线,这些线网似乎缩小了海洋的广阔,并将美洲与英国连接起来。这是个被驯服的、等待殖民的地方。

史密斯希望利用这本奇妙的书推销他的冒险事业,但最终以失败告终。他找到莱顿教众,提出愿意作为顾问和向导为他们服务。这是史密斯重返新世界的最后希望,但尽管他知识渊博、专业知识扎实,但分离派仍表示"谢谢,心领了"。

他们解释说，买他的书比雇他更省钱。史密斯日后嘲笑他们"幽默的无知"会给他们带来"悲惨遭遇"，如果他们当初向他请教，而非"认为我的书籍和地图比我亲自教导他们更便宜"，便可以避免苦难。

"五月花号"驶向美洲

莱顿教众拒绝了史密斯，却对托马斯·韦斯顿的新提议敞开怀抱。新英格兰议会成立后，他们准备在弗吉尼亚建立私人殖民地。韦斯顿嗅到了这个新命名地区蕴藏的商业机会。一开始，这里正如史密斯详述的那样对他很有吸引力，很大程度因为"此地渔业能带来现成的收益"。此外，似乎韦斯顿相信新议会对他的经营活动审查不多，所以他力劝莱顿教众前往新英格兰是"最佳选择"而非最初计划的詹姆斯敦。

莱顿教众从正反两面仔细考量新机遇。消极的一面，他们很难进入英国人建立的社区，无法知晓到达殖民地的路线；然而积极的一面是，他们不会受到詹姆斯敦总督可能施加的宗教限制。

分离派最终达成一致。"大家普遍倾向"前往新英格兰，布雷德福写道，尽管他们尚未得到新英格兰议会的准许。韦斯顿向他们保证，他会负责处理解决技术层面问题，确保拿到特许状 ①。

随着 1620 年的夏日一天天过去，库什曼和卡弗与韦斯顿协商最终协议。合约提议双方共享殖民地所有权 7 年，所有收益存入共同基金中，用于支付殖民者的开销。7 年合约到期后，收益将按持股比例分配，每股价值 10 英镑，且可用现金或供应品购买股份。每位 16 岁以上的殖民者可获得 1 股作为派发。

---

① 直到"五月花"号起航后的 1620 年 11 月 3 日，韦斯顿才弄到特许状，也就是广为人知的皮尔斯特许状。

最后一刻，韦斯顿厚颜无耻地采取了边缘政策，修改了合同中的两项条款，改变了殖民者应承担的义务。第一，土地和房屋属于收益计算范围。此举严重打击了殖民者的积极性，他们一直期望对自己建造房屋和开垦的土地掌握全部所有权。第二，殖民者需要为公司一周工作7天，而非最初同意的5天，直到最终付清债务为止。

这引起一片哗然，部分分离派教众威胁：如果这些条款被通过，便退出殖民项目。而一位韦斯顿的主要投资人也表示，如果新条款被接受，那么他会撤资。库什曼和卡弗接受了修订的条款，认为这是他们得到的最好交易，最终分离派在合约上签字。数位分离派人员因此退出了殖民项目，最终决定前往美洲的人数为46人，布雷德福称其为"圣徒"。为打造合理的殖民地，分离派不得不招募众多他们眼中的"陌生人"，因为这群人与他们没有任何关系。一部分人是虔诚的新教徒，拖家带口前往美洲，其中包括斯蒂芬·霍普金斯，他是那场百慕大风暴的幸存者，在詹姆斯敦生活了一阵子。不过很多其他人未必赞同莱顿教众的宗教思想。

1620年9月6日，距原定起航时间7周后，"五月花"号最终离港驶向美洲。这艘"甜美"的商船此前用于运输红酒，威廉·布雷德福称这是次"重要航行"。两个月后，即1620年11月11日，"五月花"号抵达现在的普罗温斯敦港。

在韦斯顿及其同伴制定的极有挑战性的条款下，清教徒分离派在普利茅斯定居。仅过了一年，韦斯顿便把他美洲事业的股份卖掉，后来他成了自由民议会中的议员，并着手从事一系列其他经营活动，取得了不同程度的成功。5年后，清教徒前辈移民们与一小部分原始投资人重新协商债务问题，然而这是一件烦琐复杂的事情，他们直到1648年才彻底还清债务[①]。到那时，

① 双方于1628年进一步举行债务谈判，仍有一小部分投资人同意继续支持清教徒分离派。此外，包括威廉·布雷德福在内的部分分离派增持了股权。

马萨诸塞湾殖民地和首府城市波士顿，完全超越了普利茅斯作为新英格兰运动中心的地位。最终到 1691 年，这两大殖民地连同缅因地区、玛莎葡萄园和南塔基特岛、(今加拿大的) 新斯科舍 (Nova Scotia) 及新布朗斯维克 (New Brunswick) 合并为马萨诸塞湾省。

尽管清教徒分离派幸存了下来，但殖民地从未呈现繁荣昌盛或赚钱的景象。此外，布雷德福认为社区并没有实现最初目的。他们原计划筹建社会主义事业，土地为集体所有，每个人按劳分配。布雷德福称其为"共同事业"，希望证明这一幻想可以成为现实。柏拉图和"其他古代先贤"提出这种理念，他们认为"把财产归入社区，能让大家共同富裕，'让大家幸福繁荣'"。

然而事与愿违，计划带来了"混乱和不满"：年轻和未婚人士不想无偿为其他人和其他家庭劳作；年富力强之人觉得他们应分到更多好处；"上了年纪"的人则认为没享受到其他人应有的"平等"尊重；一直被迫为整个社区做烦琐家务的女人表示她们过着"奴隶一般"的生活。

到 1623 年，这一尝试难以为继。玉米收成惨淡，他们不愿再"受煎熬"。布雷德福和其他首领争论如何提高土地收成。他们选定了土地私有化方案，每个家庭都分到了一块土地。此方案"成效显著，令所有人都变得勤劳肯干"。

布雷德福称定居者"堕落"了，但他没有为此感到悲哀，相反他的意思是人们愿意为自己的利益卖力气，因为"在这方面，所有人都是腐化的"。他认为"上帝以他的智慧为人们找到了另一条适合之路"。

这条路也被称为美国梦。

被遗忘的英格兰商业冒险家

现在，如果你仔细端详世界地图，你能找到我们讲述的清教徒分离派抵达北美前众多被遗忘故事的蛛丝马迹。

如果你放大加拿大北部的地图，你会看到弗罗比舍湾、沃里克伯爵夫人海峡、洛克岛。这些地方①让我们想起刚愎自用的马丁·弗罗比舍和他的贵族赞助人之妻安妮·达德利，以及为弗罗比舍提供资金支持却最终破产的迈克尔·洛克。

向南 1 600 千米，你会找到波帕姆海滩。这里以约翰·波帕姆爵士的名字命名。他在美洲建立了英格兰首个永久殖民地，而且没有依靠家族财富。不过这里气候恶劣。

再向南，距卡罗来纳州海岸约 960 千米处，你可找到斯迈思岛。这座小岛处于百慕大岛链中，以当时英格兰最负盛名的商人托马斯·斯迈思爵士之名命名。

---

① 另有一座岛屿以沃里克伯爵夫人之名命名，后来改为当地因纽特人的叫法 Kodlunarn 岛并沿用至今。"Kodlunarn"意思是"白人之岛"。

向内陆走 160 千米，便来到北卡罗来纳州首府罗利市。城市名源自著名朝臣沃尔特·雷利爵士，同时他还是位企业家，深受英国女王伊丽莎白一世宠爱。

除去罗利市外，这些地名虽仍用小号字体标注在地图上，但美国开国历史中却不见它们的踪迹。更广为人知的名字则是在新英格兰建立著名定居点的朝圣客及他们在马萨诸塞打造的城镇普利茅斯。

但事情并非总是如此。实际上，直到首个感恩节后的 200 年，朝圣客才在美国建立历史中扮演重要角色。当时，度过在殖民地的第一个年头的他们选择"欢聚一堂"，拿出"野火鸡"和印第安人带来的 5 只鹿，同印第安人共享盛大筵席。直到 19 世纪早期，他们的故事才被提起，拭去陈年灰尘，作为美国建立的经典神话，一个道德高尚、民族美善的故事被重新讲述。商业因素被淡化或压制，结果美国民族性格中最重要的一面在很大程度上被抹去了，正如当年伊丽莎白一世从英格兰地图上撕下西班牙标志一样。

丹尼尔·韦伯斯特（Daniel Webster）最先称呼他们为"完美的美国人"。韦伯斯特曾是深受尊敬的美国政治家，不过现在已基本被人遗忘。1820 年12 月 22 日，他在马萨诸塞州普利茅斯举行的先祖登陆纪念日上发表演说。该节日创立于 1769 年，意在纪念"五月花"号在此地登陆（普利茅斯至今仍庆祝这一节日）。作为著名演说家，韦伯斯特赞扬了朝圣客的重要成就。"我们站在我们的历史第一幕开场的地方，"他说，"朝圣客在这里承受'苦难'，从事艰辛'劳动'。在'公民法则和宗教自由'影响下，他们克服困难，在'相对平等的环境下'繁衍生息。"

韦伯斯特援引这段历史并非出于学术兴趣，而是为了更伟大的事业、更紧迫的目标。现在，韦伯斯特警告称，奴隶制这一争议巨大的社会制度破坏了朝圣客英雄般的成就，奴隶制带来根深蒂固的不平等，威胁着、撕裂着整个美国。他抨击"南方信奉基督教的各州，包括詹姆斯敦殖民地之乡弗吉尼亚，实施的奴隶制表明他们'没有人性之情和正义之感'。"韦伯斯特劝告继承了朝圣客价值观的新英格兰人要"根除并摧毁"奴隶贸易。"这是不对的，"他说，"让朝圣客的土地承受奴隶制的耻辱。"

韦伯斯特的演讲标志着"朝圣客世纪"的开始，期间，朝圣客们的经历作为美国建国故事的地位开始确立。几年后，也就是1831年，美国人选定《美国》，也被学童称为《这是我的祖国》的歌曲作为非官方国歌。

我的祖国，
可爱的自由之邦，
我为您歌唱；
您是我祖先终老的地方，
这是前辈移民自豪的地方，
让自由之声响彻每个山岗。

许多美国人没有意识到这首歌唱自豪独立国家的歌曲，曲调源自英国国歌《天佑国王》，而英格兰早已废除奴隶贸易①。许多美国人也未注意到，歌词中对前辈移民的称谓使用的是"朝圣客"而非"清教徒"。清教徒于1628年建立了更强大、更成功的马萨诸塞湾殖民地。称谓用法上的倾向反映了19世纪北方人的观点，新罕布什尔州出生的韦伯斯特是其中一员。1861—1865年间爆发的撕裂国家的"美国内战"中，北方人对南方人取得了压倒性胜利。北方人视自己为朝圣客的传统继承人，他们摈弃清教徒领导的堕落和过度宽容。朝圣客主张彻底从英国国教中分离出去，这点对清教徒而言太过极端，但朝圣客却被视为社会的温和且主流群体。他们是谦逊的公民，崇尚辛勤工作、包容多样性、建立民主制度、为家庭和社区奉献自己。

---

① 1807年的《废除奴隶贩卖法案》（Slave Trade Act）废除了大英帝国的奴隶贸易，但奴隶制度本身到1833年才得以废除。

朝圣客的观点获得了著名海外观察家亚历西斯·德·托克维尔（Alexis de Tocqueville）的大力拥护和支持。托克维尔是法国贵族，1831年前往美国游历。他热情激昂地赞美这段立国起家故事，不过许多方面完全扭曲了事实。"新英格兰的建立展现了一幕新奇的景象，"他在1835年出版的《论美国民主》（*Democracy in America*）一书中表示，"它的一切是非凡的、前所未闻的。"他笔下的詹姆斯敦是"金矿银矿能为国家带来财富这一灾难性观念"的产物，对詹姆斯敦创立者不屑一顾，认为他们是"没有高尚思想的淘金客"。

朝圣客，他继续说，因他们的非凡理想受到赞誉。"他们的移民目的让自己从其他所有殖民者中脱颖而出，"托克维尔写道，"他们绝非被迫离开故土。他们抛下令人羡慕的社会地位和稳定收入。他们并非抱着改善生活、发家致富的想法来到新世界。他们遵从纯粹的精神需求而依依不舍地离开幸福的家乡。他们勇敢面对流放生活不可避免的苦难，因为他们希望确保思想的胜利。"

托克维尔对朝圣客动机的错误描述是有情可原的。他没读过威廉·布雷德福影响深远的作品《普利茅斯开拓史》。布雷德福在书中解释说，人们的目的十分简单。工作因素排在朝圣客前往美洲的四个动机中的第一位。布雷德福没有提到追求宗教自由，他们在荷兰已经实现这点，使当地人皈依传播福音的动机排在末位。实际上，布雷德福甚至没谈及他们理想的推动力。"分离派离开旧世界，"他写道，"并非出于'新奇或轻浮'，而是'有着重要且实在的原因'。"

布雷德福的著作大概于1650年完成，但直到托克维尔赞扬这段美国故事后的20年才与公众见面。18世纪60年代，作者手稿遗失在波士顿的民间藏家中，朝圣客本身也被大多数人遗忘。布雷德福在上好羊皮制成的羊皮纸上书写了这个故事，这本书此前一直保存在兰贝斯宫图书馆。这里是伦敦主教的官方宅邸，奇怪的是，主教区范围曾涵盖美洲殖民地。1855年2月，马萨诸塞州历史学会的出版物编辑查尔斯·迪恩（Charles Deane）了解到《普利茅斯开拓史》初稿可能在兰贝斯宫。兴奋之余，他通过首艘实用轮船寄给伦敦古文物学会副会长约瑟夫·亨特牧师（Reverend Joseph Hunter）一封信函，请求他寻找线索。到 3 月中旬，亨特通知迪恩"毫无疑问，那是布雷德福总督亲笔所写的书稿"。亨特手抄了一份副本，并于 8 月初送到迪恩手中。到来年 4 月，迪恩完成编辑工作，1856 年马萨诸塞州历史学会非公开发行了此书的精装版①。同年，利特尔和布朗出版社出版了首部商业版，引起轰动。

自此，《普利茅斯开拓史》便被誉为美国早期的伟大作品。1952 年，《纽约时报》评论员称赞布雷德福的书是"公认的头等重要历史文献，同时也是我们文学史上一流的'经典'作品"，"是英国或美国最杰出的著作"。

布雷德福的著作为许多新的、受欢迎的传奇故事带来了灵感。1858 年，当时美国最受追捧的诗人亨利·沃兹沃思·朗费罗（Henry Wadsworth Longfellow）完成了长篇浪漫诗作《迈尔斯·斯坦迪什求婚记》（The Courtship of Miles Standish）。作品赞扬了朝圣客的拓殖首领，用普遍虔诚的笔触描绘了他们。他赞扬"移民石"②的传说，称这是朝圣客"迈入陌生世界的台阶"，此外，它是"国家的基石"。朗费罗夸赞朝圣客之间的友谊，赞美他们在蛮荒恶劣环境中追求田园般、理想生活的不懈努力。

不过与韦伯斯特一样，朗费罗更多是依靠想象写出求婚记和传说。虽然他避免在诗作中直接流露政治信仰，但却通过追忆韦伯斯特的喃喃细语而流露出反对奴隶制度的弦外之音：美德和文明是北方——朝圣客家乡的属性。

---

① 马萨诸塞州历史学会 1856 年出版的精排版《普利茅斯开拓史》中，查尔斯·迪恩在"编辑前言"里详述了发现和出版布雷德福手稿的精彩故事。《普利茅斯开拓史》手稿于 1897 年回到美国，珍藏于马萨诸塞州图书馆。

② 移民石（Plymouth Rock），又称普利茅斯岩，据传是"五月花"号移民登上北美大陆后遇到的第一块石头，他们在石头上刻下"1620"字样，以纪念登陆年份。——译者注

他笔下的第一代殖民者有着令人难以置信的高尚道德，"耐心、勇敢、坚强，谦逊、天真、和蔼，文雅、可靠，心胸宽广，高贵、大方，朴素、庄重"。只有这样的北方人能够也应当代表理想主义和自由的共同目标，这正是处于四分五裂的国家所需要的，是南方奴隶主无法做到的。

朗费罗的诗作在国民想象层面点燃了钦佩朝圣客的热情之火。这本诗作一夜之间便洛阳纸贵，短短两周就在美国卖出 2.5 万本，伦敦上市当天销量达 1 万本。他们的故事被用来反对奴隶制度，同时也承载着另一个任务：担起美国生活、家庭基本准则的榜样，这意味着白人，特别是新英格兰的盎格鲁—撒格逊人似乎被工业化、城市化和移民化所包围，德国和爱尔兰的移民如浪潮般涌入波士顿、纽约以及费城等蓬勃发展的北方城市。这引发了几个问题：美国现在是什么样？它代表什么？最重要的是，谁能称为美国人？建国价值观发生了什么变化？

朝圣客是真正意义上美国人的先辈的观点在所有演讲、历史记录、叙事诗和赞美诗中发芽，而后一个全国性节日更是深深扎根于国家意识里。朝圣客踏上北美大陆、从第一个严冬中幸存后，他们在 1621 年举行了首个感恩盛宴。1623 年，他们再次庆祝，并将盛会称为感恩节。接下来的两个世纪中，新世界各地人民以不同形式、不同时间庆祝这一节日，不过仍集中在新英格兰。1817 年，纽约宣布感恩节为庆祝日，并于 1830 年将其设为本州的官方节日，这是首个除新英格兰外的州庆祝此节。

其他州随后跟进。到 19 世纪中叶，一场全国范围的感恩节运动达到高潮，领头人是萨拉·约瑟法·黑尔（Sarah Josepha Hale）。她凭创作童谣《玛丽有只小羊羔》（*Mary Had a Lttle Lamb*）而闻名。1846 年，身为当时流行杂志《戈迪》（*Godey*）编辑的黑尔发表年度社评，宣扬"美国感恩节盛宴"的美德。这样的节日，黑尔声称，能让全国上下团结在一起，理想情况下，还可以阻止酝酿中的内战爆发。

黑尔和其他人口中的感恩节，为庆祝备受珍视的美国日常生活中的传统开了先例。感恩节将不同宗教信仰、城里人和乡下人在内的群体团结起来，聚集在国家的保护伞之下，有助于所有人想起朝圣客的理想，确立上帝保佑美国的信念。

1854 年，在感恩节运动到达顶峰、内战来临前的黑暗日子，另一位海外人士发声支持朝圣客的事业。日后确认布雷德福手稿真实性的英国古文物研究家约瑟夫·亨特发表重要声明称："正是几位反对英格兰新教教会事务原有秩序之人的努力，促使新英格兰殖民地的诞生，最终，美利坚合众国建立，成为文明世界中的伟大共同体之一。"

到 1859 年，或许在布雷德福著作出版以及引起公众瞩目的作用下，包括南方 12 个州在内的 30 个州搭上了感恩节的列车。不过感恩节并没有实现赫尔的夙愿：让美国人万众一心。1861 年 4 月，美国陷入内战，代表南方各州的联盟军宣布独立，在查尔斯顿（Charleston）的萨姆特堡（Fort Sumter）向代表北方的联邦军开火。交战两年后，即 1863 年 7 月，北方军队在葛底斯堡的血腥战役中击溃了南方军，11 月，亚伯拉罕·林肯总统发表演讲，回顾过去一年的经历。尽管战争恐怖，林肯说，但这一年"风调雨顺，硕果累累"。即便战争消耗了国家"财富和力量"，不过没有"阻碍农业发展及地域开拓"。为庆祝灾难已经过去的好消息，林肯邀请"全国人民"在每年 11 月最后一个星期四庆祝"感恩节"。

从此，美国民众真诚地庆祝这一国家节日，这令朝圣客的传统与感恩节息息相关。普利茅斯历史成为小学课程的内容，教科书引入的《五月花号公约》展现了早期民主政治方面的内容。这份简短的文档说明了他们一致同意创建"公民政体"的治理原则。孩子们记住了所有美国人是移民或移民的后代。感恩节成了家庭节日，所有非宗教家庭也可团聚庆祝的节日，正如一位观察家所言："感恩节传递了最深刻的爱国主义情怀。"

然而并非所有人都认可朝圣客故事或者感恩节庆典。19 世纪 80 年代，天主教会反对感恩节作为"新教仪式"。许多南方人将其视为"北方佬日"。新英格兰骄子之一的亨利·戴维·梭罗（Henry David Thoreau）在自然主义、先验主义和禁欲主义上追逐朝圣客的鼻祖，但发现朝圣客的理想常在"商业贪婪前显得苍白无力"，梭罗对此失望至极、心灰意冷。北美原住民则否认朝圣客叙述的真实性，比如说这片土地是"荒蛮之地"。他们甚至谴责感恩节该是"悼念日"而非庆祝日。马克·吐温在 1881 年新英格兰学会的演讲中表达了支持原住民的观点。他声称真正的美国人祖先是印第安人，对朝圣客嗤之以鼻，他劝新英格兰学会"举行拍卖会出售那块'移民石'"。

　　有关朝圣客传说意义的争论持续了一个世纪。"或许，我们历史中对朝圣客记载的笔墨远比其他小团体多，"美国著名历史学家乔治·F. 威利森（George F. Willison）在 1945 年出版的书作《圣徒和陌路客》（*Saints and Strangers*）中写道，"但这些文章对朝圣客从未尝试或意在取得的成就大肆褒奖，甚至愚蠢地滥用与他们毫不相干的性格态度和品质。"

　　几年后，哈佛大学历史学家塞缪尔·埃利奥特·莫里森（Samuel Eliot Morison）在为 1952 年版《普利茅斯开拓史》所作序言中回击了威利森，甚至将夸张又提升一个层次。他写道，朝圣客是"一群深受狂热信仰激励的淳朴之人，他们面对危险无畏无惧，在新困难前足智多谋，在逆境之中坚韧不拔，这在勇气渐弱、信念动摇的不稳定时代能鼓舞人心、催人奋进。这段由伟大的人讲述的故事，让移民前辈在某种意义上成了所有美国人、所有拓荒者的精神鼻祖。"

　　现今，朝圣客的故事鲜有人提起，也不像以前那样受人尊崇，讨论也失去了往日热烈程度。与所有伟大的故事一样，朝圣客的事迹在全球化时代和不断演化的民族认同感面前似乎显得无足轻重。正如一位当代流行历史学家纳撒尼尔·菲尔布里克（Nathaniel Philbrick）所言："我在对这一民族起源神话的半信半疑中长大。头戴宽檐帽、脚穿带扣鞋的朝圣客已是节日游行和维多利亚时期糟糕诗歌中的主角。我认为没有比朝圣客和"五月花"号更能使当代美国模糊不清的事情了。"但进一步反思后，菲尔布里克表示："他们的故事没有因第一个感恩节而结束。"因此，他继续探究"五月花"号登陆后50年的故事，他发现文化和力求持续发展之间的紧张局面有很大相关性。

我们选择相反的方向，回望"五月花"号起航前70年的历史。在这种情况下，我们实际上写的是清教徒分离派前传。因此，普利茅斯可被视为发现和美国建国之路上的补给站而非始发站。毕竟，普利茅斯不是美国大地上首个永久性英国定居点，詹姆斯敦才是；从规模、财富或影响力看，普利茅斯也非当时最成功的殖民地，马萨诸塞湾殖民地才是。

作为美国人默认的建国传说，普利茅斯故事从它自身反映美国想成为什么样的国家、如何看待及展现自己的事实中汲取力量。但现在的流行观念认为，故事是有误导性的，因为其中排除、忽略、漠视、低估了美国人生活的一大重要特征：商业、贸易和企业。

这点引起了我们的注意和好奇。回顾以往，我们看到商业和商人在创立和打造北美早期殖民地、在法律和公民制度上发挥了关键作用。甚至朝圣客这一道德的典范群体，也是由伟大而谦逊的商人、企业家和商业领袖提供资金支持，并按商业公司模式组织送往美洲的。虽然管理不善，但如果没有他们的资助和商业机构的支持，朝圣客也许永远无法离开莱顿。

在朝圣客的时代前，有人已认识到商业在美国初期发挥的关键作用。此人正是托马斯·杰斐逊，他在撰写《弗吉尼亚笔记》（*Notes on the State of Virginia*）时回顾了前朝圣客时代。他视亨利七世授予约翰·卡伯特的特许状为最早的美国国家文件，认为沃尔特·雷利是首个殖民地——弗吉尼亚的创建者。在他讲述宪法制定的过程时，他还提到了托马斯·斯迈思（并将他称为史密斯）。在杰斐逊看来，雷利正是在斯迈思和其同人的帮助下，耗尽4万英镑家财建立罗阿诺克殖民地，他最终发现，自己"必须聘请他人投资冒险"。作为美国国父之一、《独立宣言》的主要作者，杰斐逊看到了国民整体和商业之间的联系。

多年以来，即便这个故事的道德主线占了上风，但其他分析家仍努力填补这段空白。1939年，哈佛大学商学院首位商业史教授诺曼·格拉斯（Norman Gras）编著了一系列有关美国伟大公司和其领导层的论文。在著作《美国商业史案例汇编》（*Casebook in American Business History*）中，格拉斯列出了众人耳熟能详的名字：约翰·雅各布·阿斯特（John Jacob Astor）、科尼柳斯·范德比尔特（Cornelius Vanderbilt）、J.P. 摩根（J.P.Morgan）等。但他把谁排在了名单之首？答案是托马斯·斯迈思和弗吉尼亚公司。格拉斯指出，斯迈思是"首位对美国产生深远影响的商人"。

但另一位更著名的史密斯——约翰·史密斯船长，波卡洪塔丝传说中的主角，新英格兰的命名人，最先、最清楚地表达正是商业冲动因素，即商业精神创造了美国。

史密斯在1616年写道："我没笨到认为还有比财富之外更强的动机去建立自治政区。"

致读者的一封信

我们在撰写和阅读 16 世纪和 17 世纪初的人物、事件及理念时，会遇到大量特殊问题，我们认为读者应该了解这些内容。

拼法、笔迹和印刷

16—17 世纪，英语拼法、大写、语法以及印刷几乎没有一致性。虽然英语正逐渐成为英格兰标准书面语言，但在这里，受过教育的人长期以来偏爱使用拉丁文写作和出版刊物。1516 年，托马斯·莫尔爵士选择用拉丁文写《乌托邦》，这本书直到 1551 年才被翻译为英文。到 1582 年，精彩记录伊丽莎白一世加冕礼的理查德·马卡斯特（Richard Mulcaster）呼吁编撰英文词典。他指出："我认为没有任何语言能比英语更好、更精练地表达出所有意象。"为强调这点，他继续说："我尊重拉丁语，但我更崇拜英语。"然而直到 1604 年，首部英语词典才编著完成。英语中许多新词汇的涌入，首先要归功于商人冒险家和殖民地指挥官的探索活动。根据《牛津英语词典》（*Oxford English Dictionary*，简称 *OED*）的记录，"1550—1650 年间，供讲英语人士所用的词汇量翻了不止一番"。

活跃在这段时期内的作家威廉·莎士比亚引入了很多新词，根据《牛津英语词典》记载，确切数字为 1489 个词语。诸如"China"（中国）及"colony"（殖民地）等词语则是由理查德·伊登提出的。数位到访北美的英国人特别重视收集印第安语言。约翰·史密斯引入了"tomahawk"（战斧）、"moccasin"（鹿皮）和"raccoon"（浣熊），其他人则引入"coribou"（驯鹿）、"moose"（驼鹿）、"papoose"（印第安幼儿）、"powwow"（巫师）、"squaw"（印第安女人）、"terrapin"（水龟）以及"wigwam"（棚屋）等词语。由于单词数量增加迅速，英语应用和获取中存在不一致性和复杂性就不足为奇了。

当然还有其他影响因素。人们按读音拼写单词，并以独特口音或地域口音发声；出版商和印刷商则遵循自己的拼写及发音规则，结果常常是一个词既有令人惊讶同时也有令人发笑的写法和读法。比如马丁·弗罗比舍的姓至少有十几种不同写法，他本人常在一篇文章中写下多个不同拼写的大名，比如"Martyne Furbisher""Ffurbisher"以及"Captayne Frobysher"等。沃尔特·雷利是另一位名字拼写方式众多的名人，我们选择这位昔日宫廷重臣自己常用的写法"Ralegh"而非现代标准的"Raleigh"。

在一篇文章中，"miner"（矿工）常写为"moyener"，"ore"（矿石）则写为"ewr"，这个词"可能由'West Countryman'（西南各郡人）的元音构成"。此外，编辑、出版人和印刷者（通常为一人兼任）的技艺也被摆在突出位置。丹尼尔·塔克（Daniel Tucker）记录的理查德·沙隆在 1606 年的航海活动中有这么一句话"we a Rived at a niland"，意思是"我们到了一座小岛"（we arrived at an island），编辑过程中可以很容易更正。

那个时代的作家和印刷人使用的大量符号和简写也与现代社会大不相同，比如"which"简写为"wch"或者用破折号表示双辅音。印刷后的字母"s"常令现代读者看成'f'，"u"常印为"V"、"i"成了"j"。因此，"subject"（项目）一词可能印成"fubicte"。"ing"后常加字母"e"，因此"promising"（充满希望的）变为"promisinge"。出版人，特别是那个时代的早期，常以首行不缩进、不分段、不用标点符号的形式出版整篇文章。1589 年首次出版的《重要航行》大受欢迎的一个原因，是行文拼写前后一致，印刷及布局排版让人读起来相对轻松省力。到此时，印刷术由呢绒商人兼布鲁日商人冒险家协会理事（后来集散地迁至安特卫普）的威廉·卡克斯顿（William Caxton）于 1476 年引入英格兰，它已经是一项成熟的技术。

如担任西班牙驻英格兰大使多年的伯纳迪诺·德·门多萨和继任者佩德罗·德祖尼加等人写的英文材料为这种"混乱局面"火上浇油。例如，祖尼加在写给菲利普三世的信件中，将沃尔特·雷利写为"Vatarrales"。

鉴于这种情况，我们常会将原始语言现代化。然而在某些时候，我们选择保留原始拼写词语，因为其通俗易懂且为词语增添了含义和色彩。比如，迪伊的"ilandish"（群岛）帝国以及克里斯托弗·纽波特的手臂在海战中被"strooken off"（砍了下来）。

对"Indians"（印第安人）的称谓

1492 年，哥伦布首次抵达新世界时，将生活在这片土地上的人称为印第安人，因为他希望同时也相信他所到之地是"India"（印度）或"the East Indies"（东印度群岛），然而事实并非如此。对于欧洲人，包括当时所用的"Peru"（秘鲁）、"Brazil"（巴西）、"the West Indies"（西印度群岛）、"New Spain"（新西班牙）、"Florida"（佛罗里达）、"Virginia"（弗吉尼亚）以及"New France"（新法兰西）等地名深深植入新世界各个角落生活的人群心中。16—17 世纪间，英国人还用各种其他说法称呼新世界的人群，但没有一个沿用至今。

现在使用的称谓有"Native Americans"（美洲原住民）、"Amerindians"（美洲印第安人）、"Indigenous people"（土著人），如果有可能，还会

使用特定部落的叫法，如"Incans"（印加人）、"Aztecs"（阿兹特克人）、"Algonquins"（阿尔冈昆人）、"Abenakis"（阿布纳基人）以及"Inuits"（因纽特人）。甚至本书讲述的时代，前往新世界的欧洲人不厌其烦地去理解和叫当地人的名字。约翰·史密斯在《通史》（Generall Historie）中详细列出了新英格兰 30 个不同部落和地区的名称，范围从北方的佩诺布斯科特（Pennobscot）到南方的马萨诸塞。

我们支持查尔斯·曼（Charles Mann）的论证。他在 1491 年和 1493 年的书中使用"Indian"的写法，他的理由简单而且无可辩驳，他说："我在北美和南美遇到的原住民都将自己称为'Indian'，这些人数占压倒性优势。"

对贵族头衔的称谓

对于拥有贵族头衔的人，我们使用姓氏称呼他们，有时也常用姓＋头衔的方式，以此避免世袭制带来的问题。以伯利勋爵威廉·塞西尔为例，有时称他为伯利男爵，有时简称伯利。塞西尔之子罗伯特·塞西尔则是索尔兹伯里伯爵一世。

货币

我们无意将当时的硬币、币值或其他货币金额、金融数据转化为现代等价值，原因在于其中涉及极其复杂的因素，而且最终结果也没有意义。我们希望读者能逐步通过大量成本、投资、收入和亏损案例的数字了解当时的经济、货币和价值情况。例如一套盔甲（25 英镑）和船只（巴克·雷利号，2000 英镑）的价值；贫困人口年收入（工人一年收入为 8 英镑）及高收入群体（国务大臣沃尔辛厄姆年入 100 英镑）；海外冒险活动成本（1500 ～ 7000 英镑不等）和财富价值（马德里·德·迪奥斯号的战利品预计达 15 万英镑）。

距离

当时对陆地和海洋的测量并无标准尺度。人们会用"走路天数"测量距离，采用加农炮射程估算长度。衡量标准也不健全。比如，不同文化对 1 里格的计算方法也不同。有的将 1 里格定为纬度的 1/25，约合 4 千米，而水手眼中的 1 里格为纬度的 1/20。骑马一天走的路程通常算作 7 里格。不过海上的距离几乎无法计算，因为没有船能在海上两点间走直线，因此按航行时间估算相对更好。

日期

1582 年前，西欧国家一直使用罗马儒略历，该历法由朱利叶斯·恺撒（Julius Caesar）于公元前 45 年提出，公元 325 年，罗马帝国大帝康斯坦丁一世（Constantine I）采纳了这一历法。不过到 1582 年，教皇格里高利十三世（Pope Cregory XIII）推出新历法，将一年天数缩减了 10 天，此举旨在同步二分二至点的圣节和节期。经过一千多年，宗教节日已和二分二至不在一天。教皇特别想修正复活节的日期。作为忠诚的天主教国家，西班牙在整个帝国范围内推行格里高利历。法国则紧随其后。但英格兰认为这是天主教阴谋，拒绝改变本国历法。约翰·迪伊曾担起设计历法替代方案的任务，他推出了名为"伊丽莎白女王万年历"（Queen Elizabeth's Perpetual Calendar）的日历，修正伦敦子午线，进而使新教英国人掌控日期。但出于各种原因，迪伊的历法没有实施。直到 1752 年英格兰才最终推行格里高利历，此时，这套历法的年天数已缩减了 11 天。因此，本书中我们使用儒略历或者旧历，这会造成一点不同：一年会从 1 月 1 日开始计算而非 3 月 25 日。

缔造新世界的 75 个冒险家

克莱门特 · 亚当斯（Clement Adams，约 1519—1587）

作家、雕刻家和家庭教师。毕业于剑桥大学，是威廉 · 塞西尔的助手之一，曾负责帮助塞巴斯蒂安 · 卡伯特刻绘 1544 年版的新地图。该版地图新增了部分有关西北航道的细节信息。地图被广泛复制流传，怀特霍尔宫（Whitehall Palace）① 后来还将地图挂在墙上。在采访理查德 · 钱塞勒后，他完成了商人冒险家协会首次航行的详细记录。

马修 · 贝克（Matthew Baker，约 1530—1613）

皇家造船师，设计建造了弗罗比舍的首艘商船"加百利号"。此外，爱德华 · 芬顿于 1582 年前往香料群岛所用的指挥舰也是出自他之手，不过这次航行最终流产。编撰了英国首部船只设计方面的著作《古英国造船的纪录片段》。后来这本书由海军官员及日记作者塞缪尔 · 佩皮斯收藏。

---

① 怀特霍尔宫是英格兰国王在伦敦的主要居所。——译者注

乔治·巴尼（George Barne，约 1500—1558）

两大"实干家"之一，是商人冒险家协会真正的缔造者之一，男装公会（Worshipful Company of Haberdashers）成员之一。1552—1553 年间，出任伦敦市长一职。他儿子的名字亦是**乔治·巴尼**（George Barne，？—1593），是莫斯科公司的理事。作为海外冒险事业的主要投资人（但他没有支持弗罗比舍的航海行动），小巴尼日后追随父亲的脚步坐上了伦敦市长的宝座。

乔治·贝斯特（George Best，约 1555—1584）

作家、船长。莫斯科公司翻译官**罗伯特·贝斯特**（Robert Best）之子，毕业于伊顿公学。弗罗比舍第二次率队航海冒险时，担任其中一艘船的船长。他所做的弗罗比舍三次出海航行记录，为英国在新世界的冒险活动提供了首份详细的报告。后在与一位世袭贵族打斗中丧生。

威廉·邦德（William Bonde，？—1576）

商人、市政长官。男装公会的成员，于 1567 年出任伦敦治安官。家境殷实，曾买下伦敦著名宅邸之一的克罗斯比庄园。一群重要商人正是在此处商议筹划弗罗比舍首次前往中国的冒险航行。

斯蒂芬·伯勒（Stephen Borough，1525—1584）

船长，海军军官。商人冒险家协会组织第一次前往中国的航行中，在理查德·钱塞勒的船队中担任船长。1555 年，成为日后广为人知的莫斯科公司的最年轻创始人之一，是前往中国的东北航道航行至白海的先驱。不过他对弗罗比舍寻找西北航道计划持怀疑态度，但他的弟弟**威廉·伯勒**（William Borough，1536—1598）却积极投身弗罗比舍出海的筹备工作中。

威廉·布雷德福（William Bradford，1590—1657）

清教徒分离派前辈移民，普利茅斯殖民地创办人之一，脱离英国国教主义者，所著《普利茅斯开拓史》在他去世后丢失。直到19世纪中期，利特尔和布朗出版社出版《普利茅斯开拓史》，这本书才得以重见光明，同时也重新点燃了公众对美国建国传奇故事的兴趣。

约翰·布里尔顿（John Brereton，约1571—约1619）

牧师、作家。曾与巴索洛缪·戈斯诺尔德一同出海前往新世界。著有《弗吉尼亚北部地区发现见闻的真实故事》，它是记载新英格兰地区情况的首个出版物（另一本是乔瓦尼·德·韦拉扎诺1524年出海航行的航海日志，该日志的意大利语版于1556年出版）。

塞巴斯蒂安·卡伯特（Sebastian Cabot，约1482—1557）

冒险家、领航员、海军军官。1597年，与父亲**约翰·卡伯特**（John Cabot，约1451—1498）一起成功出海前往新世界。此后，他对外宣称在1508—1509年的航行中发现了西北航道入口。曾在西班牙担任首席领航员，后来转而效忠英格兰，并出任商人冒险家协会（莫斯科公司前身）理事，负责寻找前往中国航道的首次出海冒险工作。

威廉·塞西尔（William Cecil，1520—1598）

最初是约翰·达德利的左膀右臂，后长期担任伊丽莎白一世的顾问。身为伯利勋爵，参与了许多重大海外冒险活动，先是牵头投资商人冒险家协会，后是支持弗罗比舍远洋航行。儿子索尔兹伯里伯爵**罗伯特·塞西尔**（Robert Cecil，1563—1612）是詹姆斯一世的顾问，小塞西尔一直追随父亲的步伐支持航海冒险事业。

理查德·钱塞勒（Richard Chancellor，？—1556）

在商人冒险家协会组织的 1553 年前往中国的首次航行中担任首席领航员，到了莫斯科与日后被称为"可怕之人"的沙皇伊凡会面，并且获得贸易特权。第二次造访莫斯科时，他增进了英格兰与俄国的商业关系。但在护送俄国大使前往英格兰的路上不幸坠海身亡。他的儿子**尼古拉斯·钱塞勒**（Nicholas Chancellor）担任多次航行活动的司务长，包括弗罗比舍的出海远洋。

汉弗莱·科尔（Humfrey Cole，？—1591）

航海仪器制造家。弗罗比舍航行中所用的仪器便出自他之手。

约翰·迪伊（John Dee，1527—1609）

数学家、宇宙学家、占星家。青少年时便当上剑桥大学三一学院的研究员。曾受雇辅导理查德·钱塞勒和马丁·弗罗比舍，帮助两人为探索前往中国的未知海域做准备。身为伊丽莎白女王最宠爱的占星家，他为女王选定了加冕日期。此外，他还为女王对新世界土地宣示所有权提供了有力历史证据，另外"大英帝国"的说法也出自他口。汉弗莱·吉尔伯特授予他现今美加边境以北的所有土地，不过他从未对这片领地宣示所有权。

弗朗西斯·德雷克（Francis Drake，1540—1596）

冒险家。首位完成环球航行的英国船长。在香料群岛的特尔纳特岛，与当地国王签定贸易合同；对美洲西北海岸的土地宣示主权，并将此处命名为新阿尔比恩；打劫大量西班牙财宝，这让他成为英格兰巨富之一。其耀眼的成就为他赢得了"恶魔"（El Draque）绰号。此外，他为殖民活动新热潮起到了助推作用。

托马斯·戴尔（Thomas Dale，？—1619）

军人、殖民地首领。1611 年，抵达詹姆斯敦（Jamestown），他开始实施严苛的军事法律，这些法律被编入《殖民地教会、道德和军事法》（*Lawes Divine, Morall and Martiall*）。负责詹姆斯敦的殖民地外扩工作，包括建立以詹姆斯一世之子亨利王子命名的亨利科（Henrico）城。为弗吉尼亚建立私人种植园扫清了障碍。1616 年返回英格兰，将波卡洪塔丝带到伦敦。后来加盟东印度公司，在印度去世。

莱昂内尔·达克特（Lionel Duckett，1511—1587）

商人，纺织品商业公会成员，莫斯科公司、皇家矿业公司理事。1572年出任伦敦市长。作为托马斯·格雷沙姆的生意伙伴，是弗罗比舍出海寻找前往中国的航道的早期支持者，与莫斯科公司其他领导层的意见相左。

约翰·达德利（John Dudley，1504—1553）

军人，大臣。先后受封沃里克伯爵（1547）和诺森伯兰公爵（1551）。身为议长，他实际上从 1549 年起将国王权力收入囊中。向伦敦商人提供所需支持，帮助他们寻找新市场。他的大儿子**安布罗斯·达德利**（Ambrose Dudley，约 1530—1590）继承了沃里克伯爵之位，小儿子**罗伯特·达德利**（Robert Dudley，约 1533—1588）加封莱斯特伯爵，并深受伊丽莎白一世宠爱。他两个儿子都是海外冒险事业的知名投资人。其中，安布罗斯的妻子**安妮**（Anny，约 1548—1604，沃里克伯爵夫人）曾支持弗罗比舍的航行，作为回报，弗罗比舍将发现的一座岛屿以安妮的名字命名。

理查德·伊登（Richard Eden，约 1520—1576）

翻译官。毕业于剑桥大学，师从托马斯·史密斯。后来担任威廉·塞西尔的秘书，1553 年时负责编译整理商人冒险家协会首次航海活动的旅行档案。1555 年又负责整理第二次航行的档案，而且此次涉及的内容规模庞大。

工作过程中，他将若干新词引入英国，包括"China"（中国）和"colony"
（殖民地）。

伊丽莎白一世（Elizabeth I，1533—1603）

19 世纪维多利亚女王加冕前，是英国在位时间最长的女王。主持了一系列航海冒险活动，促成大英帝国的诞生。美国历史最悠久的弗吉尼亚州（Virginia）取自她的昵称"the Virgin Queen"（童贞女王）。尽管她不愿向海外事业投入资金，但她鼓励殖民发展，将国家垄断权转交给沃尔特·雷利等知名冒险家。

马丁·弗罗比舍（Martin Frobisher，约 1535—1594）

海盗、武装私掠船船长，航海先驱。16 世纪 70 年代，曾先后三次负责指挥寻找西北航道的史诗般航海活动。弗罗比舍湾便是以他的名字命名。凭借在同西班牙无敌舰队作战中的出色表现，被授予骑士爵位。

威廉·加勒德（William Garrard，约 1510—1571）

商人冒险家协会两大"实干家"之一（另一位是乔治·巴尼）。身为荣誉男衣商业公会成员，1555—1556 年间担任伦敦市长，同时还是莫斯科公司理事。女儿嫁给了乔治·巴尼之子。

托马斯·盖茨（Thomas Gates，？—1622）

军人、殖民地首领。弗吉尼亚特许状登记的 8 位授权人之一。曾与殖民者在百慕大海岸遭遇海难。后来抵达詹姆斯敦，在此度过了噩梦般的严冬，这让他决定放弃殖民打算，直到新殖民者带着救援物资前来才让他回心转意。担任总督一职到 1614 年。

汉弗莱·吉尔伯特（Humphrey Gilbert，1537—1583）

大臣、殖民地开拓者、冒险家。曾在伊顿公学和剑桥大学接受教育，在伊丽莎白还是公主时就为她效力。后来从军征战，参加了夺回加来的战争，但最终以失败告终；致力于在爱尔兰建立殖民地，因在爱尔兰残酷镇压武力反抗者而备受争议（同时期获封骑士爵位）。此外，凭借撰写《论通往中国新航道的发现》及为伊丽莎白一世宣示纽芬兰的主权而被公众铭记。其子**雷利·吉尔伯特**（Raleigh Gilbert）是短命的波帕姆殖民地的首领之一。

费迪南多·戈杰斯（Ferdinando Gorges，1568—1647）

军人、殖民事业投资人。曾接替弗朗西斯·德雷克出任普利茅斯堡指挥官一职。招待乔治·维莫斯绑架到英国的三位印第安人后，开始对新世界着迷。是波帕姆殖民地的幕后发起者之一，后来，他促使新英格兰议会授予清教徒分离派专利特许状。获得了缅因地区的土地，但一直未能实现亲身前往新世界的梦想。

巴索洛缪·戈斯诺尔德（Bartholomew Gosnold，？—1607）

律师、殖民地首领。托马斯·斯迈思的亲戚，1602年，领导了前往弗吉尼亚的探险活动，将发现的两处地方命名为"鳕鱼角"和"玛莎葡萄园岛"。带着檫树返回英格兰，当时的人们相信檫树有神奇的药用价值。1606年伦敦公司组织的首次航行中，是负责人之一，此次活动促成了詹姆斯敦的建立。抵达新世界几个月后，不幸离世。

理查德·格伦维尔（Richard Grenville，1542—1591）

海军指挥官、殖民事业投资人。汉弗莱·吉尔伯特和沃尔特·雷利的亲戚。最初在爱尔兰和南美忙于殖民事业。一无所获后，与雷利合作建立罗阿诺克殖民地，1585年时指挥舰队护送殖民者前往美洲。

托马斯·格雷沙姆（Thomas Gresham，1518—1579）

知名呢绒商人。曾先后担任三位君主的财政顾问，还是莫斯科公司创始人之一，是弗罗比舍远洋活动的坚定支持者。创办了英格兰首个股票交易所——皇家交易所，这拉开了伦敦作为全球金融中心的序幕。

理查德·哈克卢特（Richard Hakluyt，约 1552—1616）

牧师、殖民主义者。学童时代在堂兄**大理查德·哈克卢特**（？—1591）的影响下走进宇宙志学世界。从牛津大学毕业后，撰写了一系列拥护支持新世界殖民的著作，特别是《1500 年来英语国家海路、陆路前往地球最远端的重要航行、航海和发现》（简称《重要航行》）一书，于 1589 年首次出版。1598—1600 年《重要航行》的内容扩充版与公众见面。是弗吉尼亚特许状登记的 8 人之一，这促进了詹姆斯敦的建立。

托马斯·哈里奥特（Thomas Harriot，约 1560—1621）

数学家、科学家、殖民地开拓者。受雇于沃尔特·雷利，学习阿尔冈昆语，并于 1585 年参加首个英国殖民航海活动前往罗阿诺克。在那里，他记载有关当地食物、商品、民族等信息，后来他依此出版了《弗吉尼亚新发现之地的简短而真实的报告》一书。1586 年返乡后，定居在爱尔兰雷利的宅邸，赢得包括数学家、占星家及望远镜使用先驱在内的诸多荣誉称号。

克里斯托弗·哈顿（Christopher Hatton，约 1540—1591）

伊丽莎白一世的宠臣之一。自 16 世纪 70 年代起，担任女王卫队队长及枢密院大臣，在海外冒险事业上发挥了重要影响。支持弗罗比舍远洋活动的记录官乔治·贝斯特，支持将大英帝国的著作献给自己的约翰·迪伊，支持用自己典型特征的盾徽形象命名弗朗西斯·德雷克的指挥挥舰为"金鹿号"。

詹姆斯一世（James I，1566—1625）

苏格兰玛丽女王之子。1603 年继承了伊丽莎白的王位。在罗伯特·塞西尔的指导下，支持殖民地事业，英国首个永久殖民地与周边的河流均以他的名字命名：詹姆斯敦及詹姆斯河。詹姆斯的长子**亨利王子**（Prince Henry，1594—1612）生前一直是弗吉尼亚殖民运动的积极支持者。

罗伯特·约翰逊（Robert Johnson，活跃期 1586—1626）

商人、殖民事业投资人、推广人。食品商业公会成员，忠实地支持托马斯·斯迈思，并出任弗吉尼亚公司财务副主管一职。编写了数本知名宣传手册，鼓励人们向詹姆斯敦殖民地投资，其中最引人注目的是 1609 年出版的《新不列颠》（*Nova Britannia*）。1617 年，当选伦敦市议员，不过在竞选弗吉尼亚公司财务主管时败给了埃德温·桑迪斯。

安德鲁·贾德（Andrew Judde，约 1492—1558）

伦敦市前市长。1551 年，呢绒危机席卷英格兰首都，其正担任伦敦市市长。后来，出任加来市长，1558 年，法国重新夺回这座英格兰占领了两个多世纪的港口城市。是建立商人冒险家协会的资深商人之一。

迈克尔·洛克（Michael Lok，1532—1620）

威廉·洛克爵士之子，亨利八世时期的"皇家商人"。是莫斯科公司的代理人。16 世纪 70 年代大力支持弗罗比舍的远航活动并因此失去家财，数次被关入债务人监狱。但其影响力还在，其制作的世界地图于 1582 年由哈克卢特重印发行。后来，加入黎凡特公司，常驻阿勒颇。

克里斯托弗·纽波特（Christopher Newport，1561—1617）

船长、武装私掠船船长。16 世纪 90 年代，因在同西班牙的海战中表现英勇而名声大噪。1592 年，其指挥的船只打劫了运宝船"马德雷·德·迪奥斯号"（Madre de Dios）。1606 年，负责伦敦公司前往弗吉尼亚的首次航行，随后又主导数次运送补给行动。后来加入东印度公司，死于印度尼西亚的爪哇岛。

菲利普二世（Philip II，又译作腓力二世，1527—1598）

西班牙国王。在获得葡萄牙国王头衔后，手握两个全球性帝国，成为世界最有权势之人。菲律宾（Philippines）便是以他的名字命名的。1556 年继承父亲的西班牙王位前，已是英格兰国王，原因在于他娶了**玛丽一世**为妻。1558 年玛丽女王去世后，向伊丽莎白提出婚约，企图以此举保住他的英格兰王位，不过他未能如愿。由于伊丽莎白支持在新世界建立基地，支持武装私掠打劫西班牙价值连城的运宝船，他命西班牙无敌舰队出击推翻伊丽莎白。1598 年去世，标志着英格兰与西班牙漫长的海上战争结束。

约翰·波帕姆（John Popham，约 1531—1607）

大法官、殖民事业投资人。最高法院首席法官，主持审理了多起著名的宫廷案件，包括沃尔特·雷利案、"火药阴谋"（Gunpowder Plot）[1] 幕后主谋案。作为费迪南多·戈杰斯的朋友，招待乔治·维莫斯绑架的两位印第安人后，对新世界产生了兴趣。出资赞助了侄子**乔治·波帕姆**（George Popham，1550—1608）前往缅因地区建立波帕姆（或称萨加达霍克）殖民地。

沃尔特·雷利（Walter Ralegh，1554—1618）

大臣、殖民事业投资人、作家。将"弗吉尼亚"这一名字永久留在了北美，同时组织建立了新世界的首个英国殖民地：罗阿诺克。后来，他参加寻

---

[1] 火药阴谋（Gunpowder Plot），发生于 1605 年，一群亡命徒密谋炸掉英国国会大厦，欲杀死正出席国会开幕典礼的国王詹姆斯一世。不过他们的目标没有实现。——译者注

找埃尔多拉多行动，并主导数次寻找罗阿诺克"消失的殖民者"的远洋活动。伊丽莎白一世最宠爱的大臣，却不招詹姆斯一世待见。詹姆斯一世将其关进伦敦塔，他在这里写下名著《世界史》。1618 年，被执行死刑。

约翰·罗尔夫（John Rolfe，1585—1622）

殖民地开拓者、烟草企业家。百慕大海岸遭遇沉船事故的殖民者之一。妻子和他们刚出生的孩子不幸遇难，后来在詹姆斯敦定居，娶了印第安女子**波卡洪塔丝**（Pocahonts，约 1596—1618）为妻。她的原名叫"玛托阿卡"，后改名为瑞贝卡·罗尔夫（Rebecca Rolfe）。两人的结合标志着第一次盎格鲁—波瓦坦战争结束。是詹姆斯敦日渐繁荣的烟草业的先驱，这一成就为脆弱的殖民地打下了稳固的经济基础。

埃德温·桑迪斯（Edwin Sandys，1561—1629）

议会议员、殖民地首领。曾与托马斯·斯迈思关系密切，1609 年，负责起草第二份弗吉尼亚特许状。由于斯迈思的缘故，参与了创办詹姆斯敦立法机构——自由民议会的工作。不过这两位挚友最终却变为竞争对手，1619 年他发动"公司政变"，总揽弗吉尼亚公司大权，同时取代了斯迈思的财务主管位置，成为公司的实际控制人。

乔纳斯·舒茨（Jonas Schütz，1521—1592）

冶金学家。英文名又称克里斯托弗，16 世纪 60 年代，曾短暂离开主人萨克森公爵待在英格兰。是新成立的矿业和电池工厂的两位专利持有人之一。1577 年，负责分析鉴定弗罗比舍带回的黑色岩石。第二次航行时，负责数百吨黑色矿石的挖掘工作，不过这些矿石最终被证实毫无价值。

亨利·西德尼（Henry Sidney，1529—1586）

大臣、行政长官。是爱德华六世儿时的密友，同时也是约翰·达德利的女婿。商人冒险家协会的创始投资人，并担任爱尔兰的军政官，即总督。妻子是**玛丽·达德利**（Mary Dudley，约 1530—1586），她与父亲、丈夫一样，对海外冒险事业兴趣浓厚。玛丽支持弗罗比舍的航海活动，其子**菲利普·西德尼**（Philip Sidney，1554—1586）是汉弗莱·吉尔伯特 1583 年发起的殖民冒险项目的重要支持人。

约翰·史密斯（John Smith，1580—1631）

军人、殖民地开拓者。在东欧作战后，于 1607 年前往詹姆斯敦援建。深入腹地勘察旅行，后来被波瓦坦部落俘虏。据他自己说，印第安公主波卡洪塔丝将他从死亡线上救下。后来成为詹姆斯敦理事，并写了数本记录他在弗吉尼亚经历的著作。是出色的宣传家，新英格兰的名字正是出自他手。

托马斯·史密斯（Thomas Smith，1513—1577）

剑桥大学教授、大臣。曾担任爱德华六世和伊丽莎白一世的国务大臣，同时他还曾担任驻巴黎大使。与儿子一起致力于在爱尔兰阿兹半岛建立英国殖民地，但最终以失败收场。不过凭借 16 世纪的社会和经济著作《论英国本土的公共福利》名垂青史。

托马斯·斯迈思（Thomas Smythe，1558—1625）

商人、市政长官、大使。曾任弗吉尼亚公司、莫斯科公司和东印度公司在内的多家贸易公司的理事。此外，还担任伦敦治安官，詹姆斯一世加封为骑士爵位后，又出任驻俄国大使。其父也叫**托马斯·斯迈思**（1522—1591），是商人冒险家协会的主要投资人。因为担任伦敦港的海关税收官，老斯迈思又被称为"卡斯特摩尔"·斯迈思。小斯迈思的外祖父是安德鲁·贾德爵士。

乔治·萨默斯（George Somers，1554—1610）

武装私掠船船长、殖民地首领。他是因飓风在百慕大海岸遇难的冒险船队的船长，他带领深陷困境的"远洋冒险号"乘客安全脱险。9个月后，殖民者前往詹姆斯敦，但萨默斯返回百慕大并死在此地。多年来，百慕大群岛一直被称为萨默斯群岛，以此向他致敬。

威廉·斯特雷奇（William Strachey，1572—1621）

殖民地长官、作家。1609年踏上前往詹姆斯敦的悲惨旅行，他搭乘的船只"远洋冒险号"在百慕大群岛海岸失事。乘坐临时船只抵达詹姆斯敦后，出任殖民地事务大臣，利用剑桥大学和格雷律师学院的教育背景，帮助托马斯·戴尔编撰殖民地法律。外界普遍认为他写的在大西洋中遭遇飓风的记录为莎士比亚创作《暴风雨》（The Tempest）带来了灵感。

弗朗西斯·沃尔辛厄姆（Francis Walsingham，约1532—1590）

行政官、大使。热忱的新教徒，在玛丽一世统治时期内远走他乡。伊丽莎白登基后返回英格兰，并出任驻巴黎大使和国务大臣。是莫斯科公司、弗罗比舍出海远洋、德雷克环球航行的积极支持者，同时也是新世界冒险事业的重要赞助人。

乔治·维莫斯（George Waymouth，活跃期1587—1611）

船长。1602年，出海寻找西北航道，不过以失败告终。三年后，渡海探索弗吉尼亚。事前向詹姆斯一世呈送打造新世界殖民地的实用手册《阿尔特斯珍宝》。带着5位印第安人返回英格兰，这些印第安人被安排与戈杰斯和波帕姆一同生活。剑桥大学年轻毕业生同时也是船员的**詹姆斯·罗齐尔**（James Rosier，1573—1609）负责此次航行的记录工作。

托马斯·韦斯特（Thomas West，1577—1618）

贵族、殖民地总督。身为德拉沃尔男爵三世，于1610年出任詹姆斯敦的总督和将军职位，此前，他为这项冒险事业投入了500英镑。他在一片大肆吹捧中抵达詹姆斯敦，因为他是首位治理美洲殖民地的贵族。不过他只在殖民地待了10个月，而且大部分时间都在船上度过。1618年再次出发前往詹姆斯敦，在途中不幸去世。

托马斯·韦斯顿（Thomas Weston，？—约1647）

商人、五金商业公会成员。当他接洽一群打算离开荷兰前往新世界建立定居点的清教徒分离主义者时，他尚是一位为生意奔波的呢绒商人。他给清教徒分离派提供了两艘船，其中一艘正是"五月花"号。不过他是冷酷无情的谈判对象，强迫这群信众在一份苛刻的协议上签字画押。一年后，又单方撤出协议。1628年，前往弗吉尼亚，买下一片种植园，并担任自由民议会议员。16世纪40年代，返回英国，并在这里去世。

约翰·怀特（John White，活跃期1577—1593）

画家、殖民地开拓者。1577年，因给马丁·弗罗比舍带回的因纽特人画肖像而名声大噪。1585年，雷利聘请他绘制罗阿诺克和当地人的画像，他为此完成了超过200张水彩画。1587年，担任第二任罗阿诺克殖民地总督。其女儿在弗吉尼亚生了孩子，这是首位诞生在美洲土地上的英国婴儿。不过他离开罗阿诺克去寻找供应给养后，再未能与外孙女见面。这也造就了美洲传奇"消失的殖民者"。1590年，再次返回罗阿诺克，但他依然没能找到这群殖民者。

休·威洛比（Hugh Willoughby，？—1554）

军人。虽然没有任何航海经验，但仍于1553年领导第一次寻找中国的航海探险。在北海迷失方向后，与船员们一起冒险在俄罗斯北海岸的巴伦支海附近过冬，最终在这片北极冰冻区被冻死。

爱德华·玛丽亚·温菲尔德（Edward Maria Wingfield，1550—约 1619）

军人、殖民地开拓者。弗吉尼亚特许状登记的 8 人之一，当选弗吉尼亚议会议长，成为詹姆斯敦首位总督。

威廉·温特（William Winter，约 1525—1589）

海军军官、殖民事业投资者。莫斯科公司创始元老之一，曾参与汉弗莱·吉尔伯特的爱尔兰殖民计划。此外，还是为监督弗罗比舍航海行动而成立的委员会的重要成员之一。

约翰·约克（John Yorke，？—1569）

商人。其家族与加来渊源甚深。是设在伦敦塔的铸币局的重要成员，后来又晋升为伦敦治安官，而且与约翰·达德利是密友。性格不羁的外甥马丁·弗罗比舍是由其抚养成人。在他的引导下，弗罗比舍毕生都献给了海洋。

英格兰商业冒险大事记

　　以下为精心选择的重要事件、出版物、航行以及殖民地等的清单，大部分（但非所有）本书中都有提及。

1492 年　在西班牙君主费迪南德国王和伊莎贝拉女王的资助下，克里斯托弗·哥伦布开启首次环球航行。他抵达了巴哈马群岛，并将登陆的岛屿命名为圣萨尔瓦多（San Salvador）。

1494 年　在教皇亚历山大六世的主持下，西班牙和葡萄牙通过《托尔德西利亚斯条约》瓜分了世界未宣示主权的地域。

1497 年　亚美利哥·韦斯普奇首次起航前往他日后称为"Mundus Novus"，即"新世界"的地方。他先后四次远航到这里。同年，约翰·卡伯特代表英格兰抵达新世界，地点可能为纽芬兰，并宣布英格兰对这里的主权。

　　瓦斯科·达·伽马也在这一年绕过非洲好望角抵达印度东海岸的卡利卡特，开辟了同印度、中国以及东印度群岛的海上贸易。

约翰·卡伯特第二次出海前往新世界，但却一去不复返。

1503 年　西班牙政府机构贸易议院成立，旨在管理西班牙海外探索、贸易及海事活动。

1507 年　马丁·瓦尔德塞米勒的世界地图首次显示了以亚美利哥·韦斯普奇的名字命名的美洲大陆。

1508 年　约翰·卡伯特之子塞巴斯蒂安·卡伯特出发寻找可能存在却又饱受争议的西北航道。

1516 年　托马斯·莫尔的著作《乌托邦》第一版与公众见面，不过这本书以拉丁文出版。

1517 年　莫尔的妹夫约翰·拉斯泰尔主导前往美洲的航行，不过船员在爱尔兰海岸爆发叛乱，航行最终宣告结束。

1519 年　约翰·拉斯泰尔的作品《四元素属性的插曲》（Interlude of the Nature of the Four Elements）问世。

1519—1521 年　西班牙士兵在荷南·科尔蒂斯的带领下征服了阿兹特克帝国，也就是现在的墨西哥。他将这里命名为新西班牙。

1519—1522 年　费迪南德·麦哲伦船队代表西班牙开启环球航行。

1524 年　佛罗伦萨人乔瓦尼·韦拉扎诺沿美洲大西洋海岸航行。

1526 年　塞巴斯蒂安·卡伯特航行到西班牙，探索了南美洲东海岸，进入普拉特河，并得到有关亚马孙银矿的消息。

1534 年　亨利八世通过《至尊法案》（*Act of Supremacy*）宣布英格兰国王为英国国教最高领袖。

1534—1535 年　法国人雅克·卡蒂尔探索纽芬兰和今加拿大地区，当时，这里被称为新法兰西。

1535 年　首部查禁法案获得通过，为解散修道院、私分教堂财产铺平了道路。

1545 年　西班牙人开始在今玻利维亚的波托西开采银矿。

1548 年　为追求寻找到达中国的航道的梦想，塞巴斯蒂安·卡伯特离开待了 30 多年的西班牙来到英国。

1549 年　托马斯·史密斯写完（但未出版）《论英国本土的公共福利》一书；凯特领导一群民众在诺福克郡附近发起暴动，抗议圈地、财富不均及其他问题。

1551 年　危机之年：货币贬值、呢绒出口下降、数百人被名为"汗热病"的疾病夺去生命。

托马斯·莫尔的《乌托邦》首次发行英文版。

1552 年　一群商人和朝臣会面，创办：探索未知地区、领土、岛屿和领域的商人冒险家合作专业协会。

1553 年　商人冒险家协会发起首次寻找通往中国的东北航道的冒险活动，船队领袖为休·威洛比爵士和理查德·钱塞勒。

理查德·伊登出版《新印度论》，即塞巴斯蒂安·明斯特的《宇宙志》译本。他将此书献给了诺森伯兰公爵约翰·达德利。

1554 年　理查德·钱塞勒抵达莫斯科，拜见日后被称为"可怕之人"的沙皇伊凡。

1555 年　商人冒险家协会更名为"探索未知领土的英格兰商人冒险家公司"，获得特许状。

理查德·伊登翻译出版《新世界简史》，该书吸收了意大利学者彼得罗·马蒂尔·德安吉拉（Pietro Martire d'Anghierar）的著作，并推广宣传钱塞勒的第二次航行，同时为英语引入"China"（中国）和"Colony"（殖民地）等词汇。

1557—1560 年　安东尼·詹金森前往莫斯科，随后走陆路前往中国，抵达布哈拉（今乌兹别克斯坦境内）。

1558 年　法国人攻下加来，这座城市是英国羊毛集散地，历史可追溯到诺曼征服，是帝国最后的遗迹。

1562 年　法国人在胡格诺派领航员让·里伯（Jean Ribault）的带领下，在今南卡罗来纳州海岸建立了查理堡（Charlesfort）。不过一年后这里便废弃了。

1564 年　雷尼·古莱纳·德·洛东尼尔（Rene Goulaine de Laudonniere）带领法国人在今佛罗里达建立了卡洛琳堡（Fort Caroline）。

1565 年　西班牙人建立圣奥古斯汀（San Augustine），这是北美大陆存活时间最长的欧洲殖民地。同年，他们洗劫了法国殖民地卡洛琳堡，让胡格诺派在新世界寻找避风港的梦想化为乌有。

1566 年　汉弗莱·吉尔伯特完成（但未出版）著作《论通往中国新航道的发现》。不过他主导寻找西北航道的提案被莫斯科公司否决。

1567—1568 年　汉弗莱·吉尔伯特和同伴尝试在爱尔兰的阿尔斯特和芒斯特建立殖民地，但最终未能如愿。

1570 年　教皇庇护五世将伊丽莎白一世开除出教会。

1572—1574 年　托马斯·史密斯和儿子小托马斯·史密斯致力在爱尔兰的阿尔斯特建立殖民地，但没有成功。

1576 年　汉弗莱·吉尔伯特的《论通往中国新航道的发现》出版发行，此时距他完成这本著作已过了 10 年。书中有吉尔伯特制作的世界地图，这是英国人绘制的最早的世界地图。

马丁·弗罗比舍带队开启他的首次新世界之行，他带回一位因纽特人和一块疑似含有黄金的黑色岩石。他声称找到了西北航道的入口（将这里命名为弗罗比舍海峡）。

1577 年　在中国公司的资助下，马丁·弗罗比舍第二次出海前往新世界。

伊丽莎白一世将弗罗比舍探索的地方命名为：梅塔因科格尼塔，意思是"未被探索过的目标"。

约翰·迪伊出版《与完美的航海技术有关的常见和罕见的记录》，书中主张建立大英帝国。

弗朗西斯·德雷克出海环球航行。

1578 年 弗罗比舍第三次也是最后一次远洋前往梅塔因科格尼塔，并将一座虚幻之岛（可能是格陵兰岛南端）命名为"西英格兰"。这是首个以英格兰名字命名的海外土地。

汉弗莱·吉尔伯特尝试出海"激怒"西班牙，但计划最终失败。他还在新世界确定了建立殖民地的位置。

乔治·贝斯特出版了关于弗罗比舍三次航行的记录。

1579 年 弗朗西斯·德雷克宣布美洲西北海岸的主权为英国所有，并将这里命名为新阿尔比恩。

理查德·哈克卢特首次出版《利用麦哲伦海峡开展贸易的论述》。

1580 年 三年环球航行后，德雷克驾驶"金鹿号"返回英国。这令他成为英国首位完成环球航行的船长。

1581 年 西班牙国王菲利普二世宣布就任葡萄牙国王，此举不仅提升了他的权力，还扩大了西班牙对全球未宣布主权领土的控制权。

1582 年 理查德·哈克卢特出版《美洲和附近岛屿的航海发现录》。

1583 年 汉弗莱·吉尔伯特第二次前往新世界，并为伊丽莎白女王宣布纽芬兰的主权。但在返乡途中，吉尔伯特消失在茫茫大海中。

1584 年 沃尔特·雷利，吉尔伯特同母异父的兄弟，获得皇家准许，以伊丽莎白一世昵称"童贞女王"（Virgin Queen）将所建立的殖民地命名为弗吉尼亚（Virginia）。

理查德·哈克卢特推出《西部殖民论》，支持雷利的冒险事业。

1585 年 雷利的首个殖民地落户罗阿诺克岛。

英国与西班牙开启旷日持久的海战。

1586 年 德雷克抵达罗阿诺克，将此处殖民者疏散并带回家乡，这意味着美洲首个英国殖民地走向末路。

负责运送补给的格伦维尔看到罗阿诺克殖民地已荒无人烟后，留下 15 人重新开垦此地，不过他们最终再也没出现在世人面前。

1587 年 约翰·怀特在罗阿诺克建立了雷利的第二个殖民地，定居人群有男、女和儿童。

怀特女儿在弗吉尼亚生下一女，这是首个在美洲出生的英国宝宝。

怀特返回英格兰筹集物资补给。

1588 年 英国舰队击败西班牙的无敌舰队。

雷利项目的殖民者托马斯·哈里奥特出版《弗吉尼亚新发现之地的简短而真实的报告》。此书内容涉及第一个罗阿诺克殖民地。

1589 年 年轻的伦敦商人托马斯·斯迈思负责打造罗利城计划。

著名的伊丽莎白一世《无敌舰队肖像》完成。

理查德·哈克卢特出版《重要航行》第一版。

1590 年　约翰·怀特重返罗阿诺克，但却没能见到 1587 年留下的殖民者。他们日后成了广为流传的"消失的殖民者"。

1592 年　满载价值 50 万英镑财宝的西班牙巨型商船"马德里·德·迪奥斯号"被英国武装私掠船打劫。

黎凡特公司成立。

1595 年　沃尔特·雷利出海前往南美寻找传说中的黄金城埃尔多拉多，不过未能成功。

1598 年　理查德·哈克卢特出版修订后长达三卷的《重要航行》的第一卷。

1600 年　英国东印度公司创立。

1602 年　巴索洛缪·戈斯诺尔德探索缅因和今马萨诸塞等地，命名了鳕鱼角、玛莎葡萄园岛等。

乔治·维莫斯远洋寻找西北航道，最终无功而返。

1603 年　执政近 45 年的伊丽莎白一世与世长辞。她将王位传给了苏格兰玛丽女王之子苏格兰国王詹姆斯六世，他因此成为英格兰国王詹姆斯一世。

雷利被关进伦敦塔，他的"弗吉尼亚总督"的头衔也被剥夺。

1604 年 英西双方签署《伦敦条约》，结束了两国间长达 19 年的战争。

乔治·维莫斯探索缅因地区，他将 5 位印第安人绑架到英格兰，分别送至费迪南多·戈杰斯和约翰·波帕姆的家中。

1605 年 盖伊·福克斯（Guy Fawkes）和一群天主教异见人士因企图刺杀詹姆斯一世而被捕。此次事件便是"火药阴谋"。

1606 年 詹姆斯一世签署《弗吉尼亚第一宪章》，授权在北美洲建立两块殖民地。

理查德·沙隆领导由普利茅斯公司组织的冒险活动，不过前往新世界的途中，沙隆被西班牙人俘虏，此事引发了国际争端。

1607 年 首个永久英国殖民地詹姆斯敦落成，建设者为伦敦公司的定居者。

巴索洛缪·戈斯诺尔德和其他殖民者在抵达美洲不久后因病去世。

约翰·史密斯船长称，他被一位年轻的印第安公主波卡洪塔丝从血腥杀戮中救了下来。

乔治·波帕姆和汉弗莱·吉尔伯特之子雷利·吉尔伯特在缅因地区建立波帕姆殖民地，又名萨加达霍克殖民地。

1608 年 波帕姆殖民地的定居者放弃新世界，这让戈杰斯和普利茅斯公司的希望破灭。

1609 年　　詹姆斯一世签署第二份弗吉尼亚特许状，投资者人数大增。

新任总督托马斯·盖茨爵士乘坐的指挥舰"远洋冒险号"在百慕大群岛遭遇海难的经历为威廉·莎士比亚创作戏剧《暴风雨》（*the Tempest*）带来了灵感。

1610 年　　在弗吉尼亚公司和英国东印度公司的资助下，亨利·哈得孙探索日后广为人知的哈得孙海峡。前一年（1609），他代表荷兰东印度公司抵达哈得孙河。

一些伦敦和布里斯托尔商人获得殖民纽芬兰的特许状，此时距汉弗莱·吉尔伯特宣示纽芬兰主权归英格兰所有已过 30 年。

1612 年　　詹姆斯一世签署第三份弗吉尼亚特许状，将殖民地范围扩展至百慕大群岛，同时授权通过公众彩票方式募集资金。

弗吉尼亚公司管理层领导下的一群商人成立西北航道公司，此举意在重新推动寻找前往中国的快速路线。

约翰·史密斯完成《弗吉尼亚地图：关于地区、商品、民族、政府和宗教的记录》。

1613 年　　约翰·罗尔夫种植的首批弗吉尼亚烟草运回英国。

1614 年　　于 1607 年抵达詹姆斯敦的首批契约佣工服役期满，他们获得了新身份：佃户。

约翰·罗尔夫与波卡洪塔丝喜结良缘，这标志着第一次盎格鲁—波瓦坦间战争结束。

1615 年   部分弗吉尼亚公司领导人建立百慕大公司（又称萨默斯群岛
        公司）。

1616 年   波卡洪塔丝——如今的瑞贝卡·罗尔夫访问英格兰并拜见詹姆斯
        一世。

        约翰·史密斯完成一部有关美洲的论著，并将那里命名为新英
        格兰。

1617 年   最大私人种植园斯迈思百户区在詹姆斯敦附近建立。此地以托马
        斯·斯迈思爵士之名命名。

1618 年   弗吉尼亚公司推出"大宪章"，引入了新的基本规则，实际上为
        自治政区。

1619 年   自由民议会举行首次会议。一位历史学家称这是"西方世界首个
        由自治人民自由选举产生的议会"。

1620 年   清教徒分离派，日后被称为"朝圣客"的宗教信徒乘坐"五月花"
        号从英格兰普利茅斯起航，他们前往北美新英格兰，并在那里建
        立了新普利茅斯。

1621 年   朝圣客庆祝首个感恩节盛会，纪念他们在新世界度过的第一个
        年头。

未来，属于终身学习者

我这辈子遇到的聪明人（来自各行各业的聪明人）没有不每天阅读的——没有，一个都没有。巴菲特读书之多，我读书之多，可能会让你感到吃惊。孩子们都笑话我。他们觉得我是一本长了两条腿的书。

——查理·芒格

互联网改变了信息连接的方式；指数型技术在迅速颠覆着现有的商业世界；人工智能已经开始抢占人类的工作岗位……

未来，到底需要什么样的人才？

改变命运唯一的策略是你要变成终身学习者。未来世界将不再需要单一的技能型人才，而是需要具备完善的知识结构、极强逻辑思考力和高感知力的复合型人才。优秀的人往往通过阅读建立足够强大的抽象思维能力，获得异于众人的思考和整合能力。未来，将属于终身学习者！而阅读必定和终身学习形影不离。

很多人读书，追求的是干货，寻求的是立刻行之有效的解决方案。其实这是一种留在舒适区的阅读方法。在这个充满不确定性的年代，答案不会简单地出现在书里，因为生活根本就没有标准确切的答案，你也不能期望过去的经验能解决未来的问题。

而真正的阅读，应该在书中与智者同行思考，借他们的视角看到世界的多元性，提出比答案更重要的好问题，在不确定的时代中领先起跑。

湛庐阅读App：与最聪明的人共同进化

有人常常把成本支出的焦点放在书价上，把读完一本书当作阅读的终结。其实不然。

时间是读者付出的最大阅读成本

怎么读是读者面临的最大阅读障碍

"读书破万卷"不仅仅在"万"，更重要的是在"破"！

现在，我们构建了全新的"湛庐阅读"App。它将成为你"破万卷"的新居所。在这里：

- 不用考虑读什么，你可以便捷找到纸书、电子书、有声书和各种声音产品；
- 你可以学会怎么读，你将发现集泛读、通读、精读于一体的阅读解决方案；
- 你会与作者、译者、专家、推荐人和阅读教练相遇，他们是优质思想的发源地；
- 你会与优秀的读者和终身学习者为伍，他们对阅读和学习有着持久的热情和源源不绝的内驱力。

从单一到复合，从知道到精通，从理解到创造，湛庐希望建立一个"与最聪明的人共同进化"的社区，成为人类先进思想交汇的聚集地，与你共同迎接未来。

与此同时，我们希望能够重新定义你的学习场景，让你随时随地收获有内容、有价值的思想，通过阅读实现终身学习。这是我们的使命和价值。

CHEERS

本书阅读资料包
给你便捷、高效、全面的阅读体验

本书参考资料

- ☑ **参考文献**
  为了环保、节约纸张,部分图书的参考文献以电子版方式提供

- ☑ **主题书单**
  编辑精心推荐的延伸阅读书单,助你开启主题式阅读

- ☑ **图片资料**
  提供部分图片的高清彩色原版大图,方便保存和分享

相关阅读服务

- ☑ **电子书**
  便捷、高效,方便检索,易于携带,随时更新

- ☑ **有声书**
  保护视力,随时随地,有温度、有情感地听本书

- ☑ **精读班**
  2~4周,最懂这本书的人带你读完、读懂、读透这本好书

- ☑ **课　程**
  课程权威专家给你开书单,带你快速浏览一个领域的知识概貌

- ☑ **讲　书**
  30分钟,大咖给你讲本书,让你挑书不费劲

湛庐编辑为你独家呈现
助你更好获得书里和书外的思想和智慧,请扫码查收!

(阅读资料包的内容因书而异,最终以湛庐阅读App页面为准)

本书中文简体字版由 Hachette Book Group, Inc. 授权在中华人民共和国境内独家出版发行。未经出版者书面许可，不得以任何方式抄袭、复制或节录本书中的任何部分。

著作权合同登记号：图字：01-2021-6854 号

图书在版编目（CIP）数据

英格兰的商业冒险史 /（英）约翰·巴特曼
（John Butman），（英）西蒙·塔吉特（Simon Targett）
著；武上晖译. --北京：中国纺织出版社有限公司，
2021.12

书名原文：New World, Inc.

ISBN 978-7-5180-9139-3

Ⅰ.①英… Ⅱ.①约… ②西… ③武… Ⅲ.①商业史
–研究–英格兰 Ⅳ.①F755.619

中国版本图书馆CIP数据核字（2021）第230586号

责任编辑：刘桐妍　　责任校对：高　涵　　责任印制：储志伟

中国纺织出版社有限公司出版发行
地址：北京市朝阳区百子湾东里 A407 号楼　邮政编码：100124
销售电话：010—67004422　传真：010—87155801
http://www.c-textilep.com
中国纺织出版社天猫旗舰店
官方微博 http://weibo.com/2119887771
天津中印联印务有限公司印刷　各地新华书店经销
2021年12月第1版第1次印刷
开本：710×965　1/16　印张：20.5
字数：312千字　定价：119.90元